农民工"关系型创业"的实践逻辑

谷玉良 著

厦门大学出版社 国家一级出版社
XIAMEN UNIVERSITY PRESS 全国百佳图书出版单位

图书在版编目（CIP）数据

农民工"关系型创业"的实践逻辑 / 谷玉良著. -- 厦门：厦门大学出版社，2024.1
ISBN 978-7-5615-9147-5

Ⅰ.①农… Ⅱ.①谷… Ⅲ.①民工-创业-研究-中国 Ⅳ.①F249.214②D669.2

中国版本图书馆CIP数据核字(2023)第196269号

责任编辑　潘　瑛
美术编辑　李夏凌
技术编辑　朱　楷

出版发行　厦门大学出版社
社　　址　厦门市软件园二期望海路39号
邮政编码　361008
总　　机　0592-2181111　0592-2181406（传真）
营销中心　0592-2184458　0592-2181365
网　　址　http://www.xmupress.com
邮　　箱　xmup@xmupress.com
印　　刷　厦门集大印刷有限公司

开本　720 mm×1 000 mm　1/16
印张　17
字数　296 千字
版次　2024 年 1 月第 1 版
印次　2024 年 1 月第 1 次印刷
定价　78.00 元

本书如有印装质量问题请直接寄承印厂调换

厦门大学出版社
微信二维码

厦门大学出版社
微博二维码

国家社科基金后期资助项目
出版说明

后期资助项目是国家社科基金设立的一类重要项目，旨在鼓励广大社科研究者潜心治学，支持基础研究多出优秀成果。它是经过严格评审，从接近完成的科研成果中遴选立项的。为扩大后期资助项目的影响，更好地推动学术发展，促进成果转化，全国哲学社会科学工作办公室按照"统一设计、统一标识、统一版式、形成系列"的总体要求，组织出版国家社科基金后期资助项目成果。

全国哲学社会科学工作办公室

序 一

谷玉良博士的《农民工"关系型创业"的实践逻辑》，为我国关系社会学研究增添了一部不可多得的原创性研究著作。我借作序的机会，谈谈读后感。

先交代一下我与作者的相识机缘，因为这体现了本书探讨的关系网络的作用。2017年仲夏，经由南开同窗学友、武汉大学罗教讲教授的安排，我访问了湖南师范大学，其间结识了该校社会学专业的两位青年教师，鲁良和谷玉良；前者研究失信问题（我为其著作《失信研究》写了序），后者研究建筑业的关系机制。那次相见，玉良简述了他的博士论文，也就是即将出版的这部著作的雏形，研究对象是农民工背景的包工头，学术议题是人际关系在其创业历程中的作用。那天交流时间短，他意犹未尽，当晚便电邮一篇期刊论文手稿给我，基于访谈和观察材料，探讨"初始关系"是否制约了"市场嵌入"的问题。我转天清晨读毕，当即回复邮件，就核心概念、中心议题、逻辑推理、主次取舍等问题提出了评论和建议，现在回想起当时的场景竟恍如隔日。

玉良于今年7月下旬送著作手稿给我，邀我作序。那时，我刚启动了一个新的大型调查研究项目，校内外事务陡增，必须亲力亲为，并且刻不容缓，所以直到该项目的探索性研究告一段落，我才有时间坐下来，静心研读书稿，并总结为三方面鲜明的特色，分别涉及研究对象、实证材料、理论建树，本书在这三方面均具较高的学术价值，这里落笔逐一说明。

一、研究对象。中外知名社会学家开展的人际社会网络分析，写进教科书并持续发挥学术影响的，我印象最深的是四项实证研究：1940年代费孝通提出"差序格局论"，研究对象是中国农村和农民；1950年代 Elizabeth Bott 提出"社会网络论"，研究对象是英国城市家庭和社会；1970年代 Mark Granovetter 提出"弱关系强度论"，研究对象是美国白领雇员；1980年代 Harrison White 提出"市场即网络论"，研究对象是美国制造商。我国自1979年恢复重建社会学以来，从社会关系视角开展的实证研究不胜枚举。玉良关注了农民工背景的建筑业包工头，分析他们"关系型创业"的实践逻辑。这是一个十分独特的社会群体，为我国关系社会学研究增加了一个富有学术价值的研究对象聚焦点。

二、实证材料。对于学者而言，判断一个新的研究对象是否真的具有价值，我认为有两条标准，一是实证材料价值，二是理论分析价值。玉良的实证材料都是直接观察和访谈所得，属于一手数据，真实、深入、具体、生动，所以具有重要的学术价值。他调查湖北省武汉市新洲区花了多年时间，深入建筑工地，开展广泛观察和跟踪考察，选择包工头群体作为研究对象，通过关系介绍和滚雪球的方式，做了30多例访谈，了解他们如何基于人际关系建构职业生涯。为了获得全面、完整的一手数据，他还访谈了研究对象的邻里、亲友、雇员，在可能的情形下走访了包工头农村老家的村民，并在湖南、山东访谈了30多例拓展性个案，以便确证调查地材料的条件真实性。这些功夫，不但体现了玉良是一位严谨的研究者，也为关系社会学的教研贡献了富有借鉴和学术研讨价值的可靠实证材料。

三、理论建树。实证研究切忌"垃圾进、垃圾出"的数据堆砌游戏，必须具有理论建树，才能获得学术留存价值。那么，现在展现在读者眼前的这部著作，具有哪些理论建树呢？1981年，"南开班"的Peter Blau教授曾强调，一个好的学术作品，论文也好，著作也罢，最为关键的是提出一个具有分析中心性的创新概念，并且围绕这个概念开展理论分析。我可以肯定地说，玉良的这部著作满足了Blau教授提倡的标准："关系型创业"是一个创新概念，他对此类型创业的实践逻辑做了富有理论建树的分析。出身于中国农村的农民工，除了致富动机和冒险精神，他们一无所有；但是融入建筑业包工头的人际网络之后，他们发现前辈包工头都是"干中学"，为此产生了"老板想象"，进而摸索出"关系识别"以及建构"内核关系"和"外围关系"的"依附—帮带"网络结构的实践路径，当该网络结构成熟丰满之后即获得进一步发展的机会和条件，最终自立门户。这就是说，"关系型创业"成为农民工群体实现身份转型与向上流动的必要途径；对于从农村走出来的建筑业包工头，"关系"不是Granovetter笔下那些白领求职者获得人力资本回报的助动器，也不是White笔下那些企业家开展市场交易的维持器，而是人力资本的学习机制和经济资本的获得机制，是向上流动的必要条件。此点，我认为正是这部著作的理论建树。

依我看，定性研究的优势是"触类"，至于所建立的理论分析逻辑是否可以"旁通"，有待于作者未来的拓展性研究，也有待于读者中的有心人在他们有兴趣的相关议题上开展验证分析，从而指出既有理论逻辑的条件性，获得进一步的理论创新。这也是谷玉良博士新著的学术意义之所在。

是为序。

边燕杰

2023.8.21 于西安交大

序 二

改革开放以来,快速的工业化、城市化和市场化加速了城乡关系的变动,数以万计农民工在不断放松束缚的制度变革中开始跨越城乡的边界,带动人口的空间再分布和身份的再定位。创业的农民工无疑是进城农民工中的佼佼者。农民工创业不仅涉及城市社会结构的变迁与城乡关系的改变,而且涉及个体社会阶层地位的流动。年轻学者谷玉良撰写的《农民工"关系型创业"的实践逻辑》一书基于城市化这一时代背景,展现出强烈的社会关怀和人文关怀,以建筑业农民工创业做包工头为例,从本土"关系"视角出发,深入剖析了创业者创业过程中"关系"运作的具体手段和"关系"发挥作用的具体机制,并在此基础上总结了农民工群体"关系型创业"的行动逻辑,为政府制定农村劳动力转移、新型城镇化、乡村振兴等重要战略、政策提供了重要依据,对于中国式现代化道路的探索具有重要的理论和现实意义。该书的学术贡献体现在以下方面:

一是提出"关系型创业"这一带有深刻本土化意涵的命题,丰富了学术界对"关系"的研究。在分析建筑工人创业实例的基础上,将"关系型创业"的模式抽象化为农民工群体的一般创业模式。"关系型创业"强调创业行为依赖关系集聚资源,同时也强调创业者在整个创业的不同阶段,根据不同创业需求随时调整关系使用的手段与逻辑,即创业者的关系运用表现出阶段性、动态性等特征。"关系型创业"的过程逻辑,既体现了农民工群体创业的不容易,同时也反映了农民工群体在使用"关系"进行创业时的创造性和能动性。

二是提出"关系型创业"是农民工群体实现身份转型与向上流动的重要途径,基于"关系型创业"实现的农民工群体向上流动表现出明显的"关系连带效应"。创业不仅仅是一种市场行为,对于以建筑工人为代表的"农民工群体"而言,创业同时也是改变个人身份、实现身份转型和地位向上流动的重要渠道。农民工群体的身份转型、地位获得与向上流动具有关系依赖的特点。通过关系网络的运作实现持续、动态的身份转型、地位获得与向上流动,造就了农民工群体向上流动的"关系通道"。在这个"关系通道"中,不断有人借助关系网络实现身份转型与向上流动。已经实现地位获得的人对关系网络中想要向上流动的人施以某种"提拔",而想要改变自身命运、争取向上流动的人则倾向于借助关系网络向社会上层"攀爬"。正是通过关系的"连带效应",农民工群体的群体性地位获得与向上流动成为可能。

三是探讨了"关系型创业"与农民工群体向上流动的关系。创业不仅仅是一种市场行为,对于以农民工为代表的"底层群体"而言,创业同时也是改变个人身份、实现身份转型和向上流动的重要渠道。从40余年农村人口流动的过程和经历来看,创业就是农民工群体实现从"农民"到"市民"的身份转型,以及向上流动的重要途径。应该说,创业使农民工群体某种程度上实现了阶层突围。

作者在研究中发现,在农民工群体"关系型创业"的实践中,"关系"并不是某种消极、过时的符号,而是一种重要的、朴素的资源整合纽带。由此我们需要注意的是,对于顶层设计者而言,不能将"关系"视为对正式制度和框架的某种"反叛"或"破坏",而应正视农民工群体创业过程中所面临的各种正式的、制度的限制,以及"关系"对于农民工群体创业的重要性。如何挖掘传统要素和非正式资源的现代价值,使其与现代市场有机结合,为市场主体适应市场环境变化和构建市场秩序服务,是政府和创业者都应该考虑的现实问题。同时,政府也要为非正式的"关系"参与市场交换创造条件,从而为新创业者,尤其是农民工创业者提供便利,使其不至于在从创业向立业转化和向上流动的过程中陷入绝境。

总之,该书结构严谨,关注现实,立足于扎实调研获得的大量有价值的田野资料,是一本有理论基础和应用价值的学术专著,值得推荐给大家阅读。作者是我的硕士和博士研究生,在学习期间就对农民工问题研究产生浓厚兴趣,发表了一系列成果;工作以后持续关注该群体,如今完成国家社科基金后期资助项目,形成专著出版,难能可贵。作者理论基础扎实,思维敏捷,具有吃苦精神,期待其继续努力,将农业转移人口问题置于中国式现代化的大背景中进行深入考察,取得更加丰硕的研究成果。

华中师范大学社会学院教授
博士生导师

2023 年 6 月

目 录

第一章　农民工创业：问题的源起与前沿　/ 001 /
　第一节　创业问题研究回顾　/ 001 /
　第二节　农民工创业研究　/ 009 /
　第三节　"关系"：理论内涵与分析视角　/ 029 /
　第四节　研究方法和案例说明　/ 036 /

第二章　创业准备期的"老板想象"与"干中学"　/ 043 /
　第一节　建筑行业特点与"关系"的运作空间　/ 043 /
　第二节　"内核"与"外围"：包工头"关系网络"的构成　/ 055 /
　第三节　包工头的分类与建筑工人的"老板想象"　/ 058 /
　第四节　"干中学"：创业知识的习得与经验传递　/ 065 /
　第五节　小结与讨论　/ 078 /

第三章　创业初期的"抱团取暖"与选择性依附　/ 086 /
　第一节　"关系"的识别与运用　/ 086 /
　第二节　"抱团取暖"："散户"包工头的生存逻辑　/ 096 /
　第三节　"选择性依附"：建筑工地包工头的"裙带关系"　/ 103 /
　第四节　"节点"复制与创业路径依赖　/ 111 /
　第五节　建筑工地上包工头的群体共生　/ 116 /

第四章　深度市场嵌入期"关系"的分化与再联结　/ 122 /
　第一节　当"关系配额"满足不了市场需求　/ 123 /
　第二节　从"内核关系"到"外围关系"　/ 132 /
　第三节　将"外围关系"带入"内核关系网络"　/ 141 /
　第四节　陌生关系"熟悉化"的市场意义　/ 152 /

第五章　"关系型创业"的机制与逻辑　　　　　　　　　　　/ 163 /
　　第一节　"关系"驱动与差别化动员　　　　　　　　　　/ 164 /
　　第二节　创业过程中"关系"的作用特征　　　　　　　　/ 172 /
　　第三节　"关系"的解释限度与拓展讨论　　　　　　　　/ 181 /

第六章　讨论："关系型创业"与农民工群体的向上流动　　/ 195 /
　　第一节　农民工群体如何实现阶层突围："关系型创业"的作用　/ 195 /
　　第二节　比较视角下的"关系型创业"与向上流动　　　　/ 223 /
　　第三节　未竟议题的讨论与反思　　　　　　　　　　　/ 232 /

参考文献　　　　　　　　　　　　　　　　　　　　　　/ 238 /

附录　调查对象基本情况　　　　　　　　　　　　　　　/ 260 /

第一章 农民工创业:问题的源起与前沿

第一节 创业问题研究回顾

一、创业动机与创业动力

在以往的研究中,学者对于创业动机基本没有较为直接的定义,往往将创业动机与创业意向、创业意图、创业倾向等概念等同。创业意向是指创业者旨在创建新企业或者为现有组织增加价值的一种心理状态,可用来解释有些人选择自我雇佣并创办自己的事业[①],也就是一种从事商业活动并实现自我雇佣的意向[②];创业意图是指个人计划创建新企业以及未来实施计划的可能性[③]。

在以往研究中,学者多从创业事件理论、社会认知理论、情境论和制度理论等理论视角进行分析。

创业事件理论认为,可行性感知和合意性感知是影响个体创业意向的两个关键因素。可行性感知是指个体对自己能力的判断,是个体关于自己是否有能力创业并成为企业家的判断;合意性感知可反映创业是否符合个体的意愿,即创业能带来的价值。[④] 有学者通过经验研究证实创业意向与可行性感知和合意性感知呈正相关,而且可行性感知比合意性感知对创业意向有更强的预测力。[⑤]

在社会认知理论中,动因是在一个包含行为、环境、认知在内的三元交

---

① WU S Z, WU L F. The impact of higher education on entrepreneurial intentions of university students in China[J]. Journal of small business & enterprise development,2008(4):752-774.

② SHAPERO A, SOKOL L. The social dimensions of entrepreneurship[J]. Social science electronic publishing,2009(8):28.

③ KICKUL J, KRUEGER N F. A cognitive processing model of entrepreneurial self-efficacy and intentionality[R].Frontiers of entrepreneurship research 2004,Babson College,Wellesley,MA,2004:607-619.

④ 马占杰.国外创业意向研究前沿探析[J].外国经济与管理,2010(4):9 15,24.

⑤ NORRIS F, KRUEGER J R, MICHAEL D REILLY, et al. Competing models of entrepreneurial intentions[J].Journal of business venturing,2000(5):411-432.

互因果关系的相互依赖的因果结构中发挥作用的,自我效能在行为中起着主导作用①,而认知在根本上是具体化和情境化的②。自我效能理论认为个体对自己能否创业成功的主观判断或感知会对个体短期内的创业行为产生十分重要的中介作用,自我效能感作为一种自我认知,会影响创业意向的产生。③ 通过实证研究,创业自我效能感对创业意愿的驱动效应也被证实,而且可以不受国家或地区的地域限制。④ 而自我效能感又会受到个人过去行为及其所产生的结果、他人经验示范效应、个人的情绪状态、外部文化、个体风险倾向等因素的影响⑤,因此这些前置因素也会间接影响创业意愿的强弱。

葛宝山和蒋海燕梳理出较为重要的五种创业意图模型:第一,Shapero的创业事件模型(简称 EE 模型)认为,创业者自身的有利性感知、可行性感知(自我效能感)和行动倾向是影响创业意图的重要因素,并指出创业者的创业经验广度与首创性会影响有利性感知和可行性感知,而个人的发展方向越明确,自我效能感越强,就越容易产生创业意图;第二,Bird 的创业点子实施模型(简称 IEI 模型)提出,创业者个人的注意力、经验以及基于特定目标的行为表现会直接影响创业意图;第三,Ajzen 的计划行为理论模型(简称 TPB 模型)指出行为态度、主观规范和行为控制感会直接影响创业意图;第四,Shook 等的创业意图组织化模型(简称 OMEI 模型)提出,创业者的心理、特质(包括性别、年龄、教育背景等人口统计特征)和认知(分为要素-知识架构、过程-倾向与启示架构)是影响创业意图的重要因素;第五,Elfving 等的经典创业意图模型(简称 CEI 模型)认为,有利性感知和可行性感知直接影响创业意图,社会规范感知与自我效能感则作为其外生前置变量。⑥

情境论则认为,个体的创业动机受特定环境影响而产生,既是经济行为又是一种社会行为。⑦

---

① 丁明磊,王春研.企业家创业的关键认知因素:创业自我效能研究[J].管理现代化,2009(3):12-14.
② GIBBS R W J. Embodiment and cognitive science[M].Cambridge,MA:Cambridge University Press,2006.
③ BOYD N G, VOZIKIS G S. The influence of self-efficacy on the development of entrepreneurial intentions and actions[J].Entrepreneurship theory and practice,1994(1):63-77.
④ KRUEGER N F, Jr, DAY M. Lookingforward, lookingbackward: from entrepreneurial cognition to neuro-entrepreneurship[A]//.ACS Z J, AUDRETSCH D B.Handbook of entrepreneurship research. New York:Springer,2010:321-357.
⑤ 马昆姝,胡培,覃蓉芳.创业自我效能研究述评[J].外国经济与管理,2008(12):59-64.
⑥ 葛宝山,蒋海燕.创业意图经典模型评介与整合研究框架构建[J].外国经济与管理,2013(11):11-20.
⑦ 马占杰.国外创业意向研究前沿探析[J].外国经济与管理,2010(4):9-15,24.

制度理论学派认为制度创业的动机主要包括功能压力、经济压力、政治压力和社会压力。①

在实证研究中,个体及家庭因素也成为研究者关注的重点。家庭背景会影响创业者借助社会网络得到的信息的丰富度,家庭资金储备会影响创业者初始资金支持,进而间接影响创业动机;而家庭成员创业的示范效应会直接影响创业的动机与态度,榜样作用是影响个体创业意向和决策的关键因素之一;在个体层面,个人受教育程度越高越容易产生自我雇佣的创业意愿,而且男性具有更高的创业自我效能感,进而会产生比女性更强的创业意向。②

二、创业环境及其内涵

以往研究对创业环境概念的界定和划分较为多元,至今尚未有定论。有学者认为,创业环境是指创业者在创业过程中必须认识和掌控的各因素总和,并认为创业环境一般包括政策(制度)环境、金融环境、创业服务环境、创业文化等要素。② Fogel指出创业环境包括金融支持、非金融支持、创业和商业技能、社会经济条件、创业活动相关政策和程序五个方面。③ Gartner则认为创业环境包括创业意愿、技术转移程度、资源的获得性以及政府的干预作用等。④ Austin等人将创业环境界定为不受创业者控制但会影响创业者创业成功与否的因素总和,主要包括宏观经济环境和社会政治环境。⑤ 在较为主流的观点中,制度环境是学界研究较多的因素,Baumol曾研究指出,特定时空中的游戏规则(即制度环境或制度设置)对企业家活动具有重要影响。⑥

在制度环境研究方面,基本分野为制度经济学派和制度理论学派。制度经济学派把制度分为正式制度和非正式制度,如张东刚认为制度规则约束可划分正式制度安排或正式规则约束、非正式制度安排或非正式规则约

---

① 方世建,孙薇.制度创业:经典模型回顾、理论综合与研究展望(续)[J].外国经济与管理,2012(9):15-25.

② GNYAWALI D R, FOGEL D S. Environments for entrepreneurship development: key dimensions and research implications[J]. Entrepreneurship theory and practice, 1994(4):43-62.

③ FOGEL G. An analysis of entrepreneurial environment and enterprise development in hungry[J]. Journal of small business management,2001(1):103-109.

④ GARTNER W B. A conceptual framework for describing the phenomenon of new venture creation[J]. The academy of management review, 1985(4):696-706.

⑤ AUSTIN J, STEVENSON H, SKILLERN J W. Social and commercial entrepreneurship: same, different or both[J]. Entrepreneurship theory, 2006(1):11-20.

⑥ BAUMOL W. Entrepreneurship: productive, unproductive, and destructive[J]. Journal of political economy,1990(5):893-921.

束。① 制度理论学派把制度大致分为在个体或组织层面的与实践相关的制度、在产业层面的与标准相关的制度、在国家层面的与政策相关的制度三种类型②,将制度环境主要分为规制环境、规范环境和认知环境三个方面。规制环境主要指影响企业经营管理行为的法律法规、行业规范与程序政策,包括法制水平、政策完善程度及执行力度、金融发展状况、知识产权保护力度等;规范环境指"某地区社会在长期的历史演进中,逐步积累、沉淀并被社会大众广泛认可接受的价值观念、风俗民约及行为规范等",主要体现为民众对于创业活动的观念、态度及理解支持程度;认知环境指"人们用以解释特定活动或现象的广泛共享的知识与技能",反映了特定地区创业者及新创企业整体创业知识、创业能力及创业技术水平。③

而在持系统论的观点中,对创业环境的划分则更加系统化、具体化。池仁勇将创业环境视为一个社会大系统,将其细分为创业网络、风险管理系统、企业孵化系统、创业者培育系统和成功报酬系统,并指出若缺乏良好的创业环境,创业很难展开。④ 在 GEM⑤ 概念框架中,创业环境分为九个维度,即金融支持、政府政策、政府项目、教育和培训、研究开发转移、商业环境和专业基础设施、国内市场开放程度、实体基础设施的可得性、文化及社会规范。张玉利、陈立新将创业环境具体分为政府政策与工作程序、社会经济条件、创业与管理技能、金融与非金融支持。⑥

另外,在创业环境的研究中也慢慢出现了"环境"与"情境"概念的纷争。Spilling 大致把创业情境等同于创业环境⑦,也有学者认为创业情境与创业环境概念有所不同,认为情境概念更强调区域层面不同要素对于创业的影响和要素之间动态复杂的关系⑧。然而在实证研究中,虽然借用了有区分度的概念,其内容仍然具有很强的同质性。Welter 构建的创业情境概念框架包括商业、社会、空间、制度四个方面,商业情境即组织运营环境,社会情

---

① 张东刚.论中国近代化过程中的制度安排与变迁[J].南开经济研究,1994(5):73-79.
② 方世建,孙薇.制度创业:经典模型回顾、理论综合与研究展望(续)[J].外国经济与管理,2012(9):15-25.
③ 袁明达.特困地区制度环境、创业动机与农民工新创企业成长:基于武陵山和罗霄山片区的调查分析[J].湖北民族学院学报(哲学社会科学版),2019(4):78-85.
④ 池仁勇.美日创业环境比较研究[J].外国经济与管理,2002(9):13-19,49.
⑤ 即 Global Entrepreneurship Monitor,由英国伦敦商学院和美国百森学院共同发起成立,旨在研究全球创业活动态势和变化的研究项目。
⑥ 张玉利,陈立新.中小企业创业的核心要素与创业环境分析[J].经济界,2004(3):29-34.
⑦ SPOLLING O R. The entrepreneurial system: on entrepreneurship in the context of a mega-event[J]. Journal of business research, 1996(1): 91-103.
⑧ 林嵩.创业情境研究综述与展望[J].外国经济与管理,2012(7):35-41,60.

境主要指创业者的社交网络和家庭情境,空间情境是指创业选择区位,制度情境包括正式或非正式的制度、社会对于创业的一般看法[1];Kristiansen 在对创业商业情境的研究中也把其视同商业环境[2]。

最后,有学者认为,企业对环境做出的有效反应越频繁,取得创业成功的可能性就越大,并指出国际创业环境的影响作用。[3] 因此,在全球化背景下,也应充分考虑国际、国内两个不同的创业环境,并关注国际环境对国内创业环境与创业活动的作用机制。

三、中国特殊的创业环境与创业动机

中国社会具有不同于西方社会的社会结构与发展历史,而创业理论多起源于西方社会,中国本土创业研究多是借用西方创业理论进行实证研究,较少产生理论成果,但中国情境下的创业研究需要在借用西方理论的基础上,考虑中国本土化的特殊性因素。张玉利等人曾指出中国创业情境的独特性主要体现为制度转型和社会结构,我国在制度转型、文化传统和新兴经济体等因素的共同作用下产生了情境独特性。[4] 在制度转型方面,我国通过渐进式改革方式,形成以国家为主导的经济发展模式,在计划体制仍占据主导地位的环境中,政府掌握了重要经济资源的主要分配权,因此更加注重关系维系和组织稳定。有学者认为在中国转型经济环境中,创业者考虑的不仅有市场竞争问题,还有更为重要的政治、制度问题。[5] 另外,关系网络作为非正式治理机制,可以降低商业活动中的交易成本与风险,并且由于制度性障碍会制约创业资源的获取[6],关系网络在某种程度上弥补了正式制度单一资源配置的不足[7]。最后,中国独特的农耕文明和儒家文化使得中国形成了以关系亲疏远近为基础的差序格局[8],因此在商业活动中更加注

---

[1] WELTER F. Contextualizing entrepreneurship: conceptual challenges and ways forward [J]. Entrepreneurship theory and practice,2011(1):165-185.
[2] KRISTIANSEN S. Promoting African pioneers in business: what makes a context conducive to small-scale entrepreneurship? [J]. Journal of entrepreneurship, 2001(1): 43-69.
[3] 朱秀梅,张妍,李明芳.国际创业研究演进探析及未来展望[J].外国经济与管理,2011(11):21-28.
[4] 张玉利,杨俊,戴燕丽.中国情境下的创业研究现状探析与未来研究建议[J].外国经济与管理,2012(1):1-9.
[5] 张建君,张志学.中国民营企业家的政治战略[J].管理世界,2005(7):94-105.
[6] PENG M W, HEATH P S. The growth of the firm in planned economies in transition: institutions,organizations,and strategic choice.[J]. Academy of management review,1996(2):492-528.
[7] XIN K R, PEARCE J L. Guanxi: connections as substitutes for formal institutional support[J]. Academy of management journal,1996(6): 1641-1658.
[8] 费孝通.乡土中国[M].北京:三联书店,1985.

重关系网络和非正式制度在创业中的作用。总之,转型中的中国情境为创业者提供了机会与约束并存的特殊环境。①

格耶瓦里和福格尔认为有利的创业环境会创造更多的创业机会,促进创业倾向的形成。② 基于创业环境对创业倾向的影响,在中国独特的创业环境中,创业动机也呈现出一定的特殊性,从而产生了不同于西方社会的较为独特的创业动机。刘志成和吴能全曾针对中国近代创业研究指出,爱国情结成为当时实业家投身创业的重要动机,但西方企业家往往更看重经济利益,并没有非常强烈的国家情结,这可能和企业家起源成长的社会经济文化环境与时代背景有关。③ 而张玉利等人认为,在我国,制度政策驱动力可能对创业动机的形成产生更大影响,创业活动和中小企业基于政策因素而不是市场力量进行集聚。也有国外学者指出,个人主义是驱动美国创业活动发展的重要因素,但中国创业者在个人主义倾向方面与美国创业者并无显著差异。④ 另外,特殊的社会环境也会影响到身处社会中的个体,因此在个体层面,汤勇认为在中国本土情境下,影响创业动机形成的因素主要包括成就感、个体独立与内在因素。⑤

因此,基于中国不同于西方社会的社会结构与本土特征,中国创业环境及创业动机的特殊性应受到更多关注,在中国情境下的创业研究应合理纳入这一特殊性因素进行实证研究,并努力发展出本土化创业理论。

四、创业过程及其影响因素

Busenitz等人把创业过程界定为创业者在与机会互动的条件下开展组织活动,并实现价值创造的过程,指出创业研究应该重点关注创业者、环境、机会、组织方式这四个要素及其交叉部分。⑥ 也有学者指出,创业过程的核心要素是创业机会,创业过程本质是机会的发现与开发过程,而资源是创业

---

① 项国鹏,李武杰,肖建忠.转型经济中的企业家制度能力:中国企业家的实证研究及其启示[J].管理世界,2009(11):103-114,129,187-188.

② GNYAWALI D R,FOGEL D S. Environment for entrepreneurship development:key dimensions and research implications[J]. Entrepreneurship theory and practice,1994(4):43-62.

③ 刘志成,吴能全.中国企业家行为过程研究:来自近代中国企业家的考察[J].管理世界,2012(6):109-123.

④ HOLT D H. A comparative study of values among Chinese and U.S. entrepreneurs:pragmatic convergence between contrasting cultures[J]. Journal of business venturing,1997(6):483-505.

⑤ 汤勇.关于影响创业家形成创业动机与实现创业成功的若干因素研究[J].西华大学学报(哲学社会科学版),2012(2):91-96.

⑥ BUSENITZ L W,WEST G P,SHEPHERD D , et al. Entrepreneurship research in emergence:past trends and future direction[J]. Journal of management,2003(3):285-308.

过程的基础保障,团队则是发现、开发机会,整合资源的主体。① Sahlman 也提出一个包括环境、机会、人和资源、交易行为四要素在内的过程模型。② 基于不同的理论视角,国外学者相继提出包括机会、资源和创业团队的三要素经典模型,包括个体、环境、机会和实施策略的过程模型等不同创业过程模型;国内学者苏郁锋等人也试图构建了本土创业过程模型,核心是"创业者—机会—制度环境"之间的互动关系,包括围绕"制度约束—创业者—机会"的内在机制和围绕"新创企业—制度演化—机会持续发展"的外在机制。因此围绕创业机会,人、资源、决策等因素均通过网络关系这一桥梁被聚集整合在一起,共同构成创业过程的关键影响因素。

在资源因素方面,主要包括资源基础理论、资源依赖理论、资源拼凑理论、资源优势理论、组织学习理论、社会网络理论等理论视角,并且资源的异质性和稀缺性,使得资源因素成为无法替代和模仿的重要因素,资源成为企业开展创业活动的基础。有形资源和无形资源都成为创业研究关注的重点,尤其是知识资源、关系资源等无形资源的作用,如 Naudé 等人通过对在国外创业的中国企业进行实证研究,指出知识资源构成了企业的核心竞争力。③ 柳青和蔡莉认为资源开发过程是创业过程的核心问题,并将资源开发过程分为资源识别、资源获取、资源整合和资源利用四个核心环节。资源识别环节主要包括评价初始资源、细化资源需求和确定资源来源;资源获取环节主要包括外购、吸引和积累,通过外购和吸引获取外部资源,并通过与资源主体建立关系,利用网络关系识别和获取外部资源,而无法从外部直接获得的特殊资源需要采取内部积累的方式获得;资源整合环节主要包括稳定调整、丰富细化和开拓创造;资源利用环节主要包括调动、协调和配置。④ 而当创业者面对环境约束和资源依赖的双重挑战时,需要创业者采用资源拼凑的方式来最大限度地发挥既有资源的价值,并充分开发其潜在利用价值推动创业过程;在进行资源拼凑时,他们往往采取手段导向型和基于社会关系网络的创业资源拼凑手段,其中,基于社会关系网络的资源拼凑也被称

---

① 苏郁锋,吴能全,周翔.制度视角的创业过程模型:基于扎根理论的多案例研究[J].南开管理评论,2017(1):181-192.

② SAHLMAN W A. Some thoughts on business plans[M]//SAHLMAN W A, STEVENSON H H, ROBERTS M J. et al. The entrepreneurial venture. 2nd ed. Harvard Business School Press, 1999.

③ NAUDE W, ROSSOUW S. Early international entrepreneurship in China: extent and determinants[J]. Journal of international entrepreneurship, 2010,8(1):87-111.

④ 柳青,蔡莉.新企业资源开发过程研究回顾与框架构建[J].外国经济与管理,2010(2):9-15.

为"网络拼凑",现存、潜在的关系网络都将成为创新性整合资源的重要渠道。① 借助网络关系,实现资源的拼凑与整合,有助于挖掘、开发资源的最大价值。

在创业机会因素方面,主要存在机会识别观、发现观、创造观三种机会观。基于机会识别观,创业活动主要是由创业者个体对机会的警觉性和对决定资源配置的手段—目的框架的感知这两方面因素驱动的。② 刘志成和吴能全认为机会警觉不仅指经济范畴内的机会,也指社会、政治等方面的机会,并通过对近代创业的研究指出基于中国典型的伦理本位社会特征,情感性关系转化为工具性关系,尤其是政商关系网络的构建有利于创业发展。③ 由于不确定性被视为机会的来源,因此,为降低创业风险,更为确定的网络关系成为创业者获取机会的重要途径之一。在创业机会与网络关系方面,借助网络关系,创业者接触到更多异质性的、潜在的创业机会,并更有能力识别、发现甚至创造创业机会。嵌入网络关系的创业者在社会维度方面的特征(如社会阶层等)在推动创业活动方面具有重要作用,占据知识创造机构与资源持有者之间"结构桥"位置的个体往往更容易发现创新性机会。④

在创业者因素方面,方世建等人指出,只有具有知识优势的创业者才可能发现和开发利用由市场缺陷催生的机会②;也有学者认为创业者能力作为创业过程的关键因素,其价值在于确保创业者识别有价值的机会并顺利实施资源整合和机会开发。⑤ 因此,如何利用并整合资源、机会、环境等外部客观因素,人的主观能动性发挥了极大的作用,创业者也成为创业过程的核心因素。基于创业者特质视角,创业能力是创业者或企业的禀赋,即包括人格特质、技能和知识在内的个人特质,因此在个体层面,以往学者大多把创业能力看作创业者的个人天赋;而基于机会视角、管理视角、关系视角等则认为创业能力是组织中利用、整合各项有形与无形资源的能力,因此在组织层面,往往把创业能力定义为组织根据识别的市场机会获取所需资源以

---

① 梁强,罗英光,谢舜龙.基于资源拼凑理论的创业资源价值实现研究与未来展望[J].外国经济与管理,2013(5):14-22.
② 方世建,孙薇.制度创业:经典模型回顾、理论综合与研究展望(续)[J].外国经济与管理,2012(9):15-25.
③ 刘志成,吴能全.中国企业家行为过程研究:来自近代中国企业家的考察[J].管理世界,2012(6):109-123.
④ 张玉利,杨俊,戴燕丽.中国情境下的创业研究现状探析与未来研究建议[J].外国经济与管理,2012(1):1-9,56.
⑤ 葛宝山,蒋海燕.创业意图经典模型评介与整合研究框架构建[J].外国经济与管理,2013(11):11-20.

开发机会或者建构新市场机会的能力。① 在以往研究中,组织特征、外界环境、先前经验、创业警觉性、认知和学习风格、个人特质等因素往往成为影响创业者能力的重要因素。另外,在不同的创业阶段,往往会需要创业者发挥不同的创业能力。在新企业创建阶段,创业者的创业构想能力、承诺能力、关键机会识别能力较为重要;在成长阶段,机会评估和利用能力、构建关系网络能力有利于企业成长发展;在成熟期,战略能力和组织能力等组织层面的创业能力影响了企业能否可持续发展。①

在决策方面,制定和实施合理的战略决策对于企业获得并保持竞争优势,进而促进企业成长与发展是至关重要的。Franco 和 Haase 研究认为创业决策失误是导致创业失败的重要原因之一。② 创业决策常常分为因果逻辑、效果逻辑、即兴而作、探试决策四种决策方式,因果逻辑主要以目标为导向、以预测为基础,根据回报最大化原则关注可预测范围。③ 然而在高度不确定的创业过程中,这种逻辑存在很大的局限性,因此效果逻辑在充分考虑不确定性的基础上加强与外部资源的互动,建立利益共同体来获得更多资源支持,以行动为导向,通过整合、利用既有手段不断调整新企业的成长决策和行动策略,形成一个持续更新的"手段—目的"链条,不断推进企业成长发展。④ 另外,即兴而作的决策方式往往是为了应对存在不确定性和时间压力的情况,探试决策则常出现于高度不确定和快速动态变化的创业情境中,由于这两种决策方式更加快捷且成本低廉,在应对不确定、高速变化、决策时间短的情况时展现出一定的优势,但这两种决策方式在成本低廉的同时也带来了高风险,它们更考验创业者及其团队的主观能动性和创业能力,其决策效果更难控制和预判,也常常成为企业发展的转折点。

第二节 农民工创业研究

1980 年代以来,我国农村劳动力大规模流动外出,进入城市务工、经商,催生出一个数量规模庞大的农民工群体。截至 2022 年底,我国农民工总人数约为 2.96 亿人。其中,外出农民工 1.71 亿人。进城农民工数量持续增长,农民工群体内部也开始不断分化。约有 30% 的农民工就业已经初步

---

① 尹苗苗,蔡莉.创业能力研究现状探析与未来展望[J].外国经济与管理,2012(12):1-11,19.
② MARIO FRANCO, HAASE H. Failure factors in small and medium-sized enterprises: qualitative study from an attributional perspective[J]. International entrepreneurship and management Journal,2010(4):503-521.
③ 郑秀芝,龙丹.基于过程观的创业决策研究述评与展望[J].外国经济与管理,2012(8):11-17.
④ 张敬伟.新企业成长过程研究述评与展望[J].外国经济与管理,2013(12):31-40.

表现出一定程度的"去体力化"和"去农民工化"。统一的"农民工"身份类属已然难以掩盖其群体内部业已出现分化的事实。① 经过30余年的发展与变迁,农民工在高、中、低端劳动力市场中皆有分布。务工者、经商者,甚至是从政者,群体身份开始分化。这种分化一方面是流动人口内部职业分工使然,另一方面是由其职业发展的轨迹不一所导致的。尤其是个体或群体的农民工创业,成为农民工群体内部分化的重要动力和原因。

一、农民工返乡创业

在全球经济下行和我国"三期叠加"的经济新常态背景下,我国城镇产业结构会进行转型升级,大量传统产业会外迁甚至被淘汰,现代产业资本有机构成普遍较高,因此在双重因素共同作用下,我国农民工城镇就业环境进一步恶化,城镇就业空间不断被挤压。② 在这样的经济背景下,我国农民工返乡潮现象愈发普遍。石智雷、谭宇等人的研究发现,当前中国返乡农民工群体中有3/4的回流农民工倾向于创业。③

根据农业农村部统计数据显示,截至2022年底,全国返乡入乡创业人员数量累计达到1220万人。④ 大量农民工、科技人员等返乡下乡人员加入新型职业农民队伍,成为建设现代农业的主力军⑤;人社部2020年发布的最新数据显示,我国返乡创业人员80%为农民工,2.8亿农民工为返乡创业提供了动力,农民工正在成为返乡创业的主力军,进入快速增长阶段。⑥ 由此可见,我国返乡创业农民工将成为乡村建设的重要人力资源,助推农村经济发展。国家统计局局长宁吉喆在就2018年国民经济运行情况答记者问中提及,随着中西部交通、基础设施改善和区域发展战略实施,农民工返乡创业呈现出就地就近进入二、三产业的趋势。⑦

在返乡创业农民工群体中,男性农民工创业比例远超女性农民工,年轻已婚男性农民工是农民工创业的主体。而婚姻为年轻已婚男性提供了天然

---

① GRUSKY D B. Social Stratification: class, race, and gender in sociological perspective [M]. Colorado: Westview Press, 2001: 438-446.
② 曹宗平.经济新常态下农民工返乡创业的多重动因与特殊作用[J].广东社会科学,2019(3):23-30,254.
③ 石智雷,谭宇,吴海涛.返乡农民工创业行为与创业意愿分析[J].中国农村观察,2010(5):25-37.
④ 光明网,https://m.gmw.cn/baijia/2023-02/17/36372410.html.
⑤ 国家统计局,http://www.stats.gov.cn/tjsj/zxfb/201908/t20190829_1694202.html.
⑥ 中华人民共和国人力资源和社会保障部,http://www.mohrss.gov.cn/SYrlzyhshbzb/dongtaixinwen/buneiyaowen/202001/t20200120_356481.html.
⑦ 国家统计局,http://www.stats.gov.cn/tjsj/sjjd/201901/t20190121_1645944.html.

的创业同盟者——配偶,因此在合伙型、家庭型和独立型等农民工创业类型中,家庭型创业占据首位。① 另外,返乡农民工的创业活动是深深嵌入农村社会之中的,业缘关系、血缘关系和地缘关系在"互识社会"中具有高度的重叠性,因此很多企业本身就是一个扩大了的家庭。②

在农民工返乡创业业态的研究中,由于调研时间和选取地区样本的差异,会呈现不同的结论,但总体来说,大多数返乡农民工会选择非农产业开展创业活动。黄振华根据全国 27 个省份获得的问卷为研究基础,指出农民工返乡创业的行业较为多元,差异性并不大,选择建筑业、运输业创业的农民工数量相对较多。③ 而甘宇通过对三峡库区返乡创业农民工的考察,指出大部分返乡创业农民工会选择服务本地居民的业态,或选择自己熟悉的种植、养殖等业态。在返乡农民工创业所选业态中,频数最高的四类业态为"住宿和餐饮业"、"批发和零售业"、"农、林、牧、渔业"和"居民服务、修理和其他服务业",业态选择较为单一。④ 在区位选择上,多数回流农民工的创业区位选择在县域范围内,选择在地级市创业的比重最低,其创业的行业选择和形式偏好也具有一定的地域分层特征。⑤

根据国家统计局《2018 年农民工监测调查报告》,1980 年及以后出生的新生代农民工占全国农民工总量的 51.5%;在新生代农民工中,"80 后"占 50.4%,"90 后"占 43.2%,"00 后"占 6.4%。⑥ 这说明青年农民工已经成为农民工群里中的主力军,因此返乡创业青年农民工也成为研究的关注点。王西以吉林省为例,指出返乡创业青年农民工的文化程度比老一代农民工显著提高,其平均年龄为 26 岁,以男性为主,有超半数的人处于未婚状态。⑦ 林龙飞和陈传波根据 2017 年人社部就业促进司和中国人民大学农业与农村发展学院联合开展的"全国返乡创业调查"数据,较为全面地分析了返乡创业青年的个体特征、经营特征与创新特征。数据显示:在个体特征方面,男性青年占主体,女性青年的比例也不断提升,初中学历的青年是返乡创业最活跃的群体,超九成的返乡创业青年有配偶,新生代返乡创业青年以已婚男性为主;在经营特征方面,青年农民工返乡创业多集中在与农业有

---

① 潘旦.自组织增权视角下的农民工创业能力提升[J].求索,2019(2):66-73.
② 李培林.中国乡村里的都市工业[J].社会学研究,1995(1):20-29.
③ 黄振华.我国农民工返乡创业调查报告[J].调研世界,2011(8):36-39.
④ 甘宇.可持续生计分析框架下的返乡农民工创业业态选择研究[J].四川师范大学学报(社会科学版),2019(4):68-76.
⑤ 刘迎君.禀赋特质:农民工回流创业与地域分层意愿[J].贵州社会科学,2017(3):133-140.
⑥ 国家统计局,http://www.stats.gov.cn/tjsj/zxfb/201904/t20190429_1662268.html.
⑦ 王西.吉林省返乡青年农民工创业研究[J].现代交际,2014(10):1-3.

着天然联系的非农产业上,即与农、林、牧、渔相关的第三产业,而在新型经营平台中创业的青年比例较低,此外,新生代返乡创业青年对现代性基础设施的需求比老一代返乡创业者更加强烈,激烈的竞争是返乡创业青年面对的最大经营困难;在创新特征方面,青年创新能力不足,缺乏自主创新技术,大多是依靠模仿、购买和政府的帮扶进行创业,绝大多数返乡创业青年依旧采用传统的实体售卖方式,互联网创新应用不足,返乡创业创新指数偏低。①

虽然近几年农民工返乡创业的趋势大好,但目前部分地方仍然存在政策落实不到位、融资难、用地难、人才聘用难、技术获得难等问题。因此许多学者围绕目前农民工返乡创业的困境与问题展开了深入研究。张秀娥等学者认为我国农民工返乡创业的困境主要在于金融支持缺失、政府扶持力度不够、创业教育与培训不足、农村基础设施落后、商业环境不完善、市场开放程度低等方面。② 甘宇也指出返乡创业农民工对外融资困难是普遍性问题,正规融资渠道和非正规渠道都不畅通。正规金融机构会出于规避风险的考虑,严格管理涉农贷款,导致审核流程较长且门槛较高;而非正规渠道融资成本比正规渠道融资高,增加了农民工的借贷负担。③ 对于返乡创业的新生代青年农民工来说,创业资金不足、创业技术匮乏、创业观念落后也是创业面临的主要问题。④

(一)返乡创业农民工的创业动机

笔者通过文献梳理发现,我国学者关于返乡创业农民工创业动机的讨论主要集中在创业动机内容与类型、影响因素与产生原因等方面。

邓婉婷和岳胜男等认为,农民工创业的主要动机是增加收入、融入城市和实现自我价值。⑤ 也有学者将农民工的创业动机归纳为生存型、成长型及价值型三种类型。⑥ 李含琳从经济学的角度出发,认为农民工返乡创业既包含主观的经济动机,也存在客观的社会起因,城市二元体制排斥和产业

---

① 林龙飞,陈传波.返乡创业青年的特征分析及政策支持构建:基于全国24省75县区995名返乡创业者的实地调查[J].中国青年研究,2018(9):53-61,10.
② 张秀娥,王冰,张铮.农民工返乡创业影响因素分析[J].财经问题研究,2012(3):117-122.
③ 甘宇.可持续生计分析框架下的返乡农民工创业业态选择研究[J].四川师范大学学报(社会科学版),2019(4):68-76.
④ 谢勇才,张雅燕.新生代农民工返乡创业的战略设计:动力、制约因素与发展策略[J].江西农业大学学报(社会科学版),2013(2):209-215.
⑤ 邓婉婷,岳胜男,沙小晃.新生代农民工创业意向调查实践报告[J].学理论,2011(18):107-112.
⑥ 朱红根,康兰媛.金融环境、政策支持与农民创业意愿[J].中国农村观察,2013(5):24-33,95-96.

梯度转移是促使农民工返乡创业的外部推动力。① 张秀娥、孙中博等人通过比较传统农民工和新生代农民工的外出动机的不同来探讨新生代农民工返乡的创业意愿,认为传统农民工主要出于经济动机而选择外出,而新生代农民工的外出动机主要是追求个人的发展和更好的城市生活环境,他们独立、财富和成就的动机更强。② 因此,城市务工收入水平较低、生活成本高、资源分配不公平等因素使得新生代农民工难以在城市中实现自我发展,他们在城市推力下被迫选择回乡创业来实现个人追求。而林龙飞和陈传波则认为,绝大多数返乡创业青年是机会型主动回乡,主要原因是想要回到家乡进行发展,而不是迫于城市压力的生存型被迫返乡;在肯定经济动因的基础上,笔者还关注到,青年农民工返乡也会受到家乡情怀与故土情结的影响,家庭责任与乡土情结是重要动机;而良好的社会网络关系、优惠政策支持、资源优势等家乡环境的改善也是推动青年农民返乡创业的动因。③

关于衡量个体的创业动机强度,本书主要从主观意识和客观条件两个维度④出发,即从主、客观两个方面分析返乡农民工创业动机的影响因素。

在主观意识层面,关于创业动机的来源,国外学者 Shane 认为创业动机是一种自发性意愿,其来源包括成就需要、自我效能感、控制源、创业目标等个性特质。⑤ 熊智伟等通过研究返乡创业失败农民工的再创业意向,认为可行性感知和合意性感知对返乡农民工再创业意向形成具有明显正向作用,即家庭主观态度、社会创业氛围等因素均间接正向影响再创业意向的产生,而风险感知呈弱反向作用;并进一步分析认为,追求财富动机影响大于生存动机和成就动机。⑥ 张秀娥、孙中博等人的研究表明,新生代农民工对自身能力与外部资源可获得性的担忧、家乡人对于返乡创业的态度都会影响其返乡创业的意愿。⑦ 林龙飞和陈传波通过对返乡创业青年的研究,也认为配偶的支持会推动青年返乡创业,家人的支持可以为创业者提供心理

---

① 李含琳.对我国农民工返乡创业问题的经济学思考[J].青海师范大学学报(哲学社会科学版),2008(5):1-6.
② 张秀娥,孙中博,韦韬.新生代农民工返乡创业意愿的经济学思考[J].学习与探索.2013(12):117-121.
③ 林龙飞,陈传波.返乡创业青年的特征分析及政策支持构建:基于全国 24 省 75 县区 995 名返乡创业者的实地调查[J].中国青年研究,2018(9):53-61,10.
④ 潘旦.自组织增权视角下的农民工创业能力提升[J].求索,2019(2):66-73.
⑤ SHANE S. Prior knowledge and the discovery of entrepreneurship burial opportunities [J]. Organization science,2000(11):448-469.
⑥ 熊智伟,黄声兰.外出农民工创业区位选择影响因素研究[J].东北农业大学学报(社会科学版),2018(5):27-33,53.
⑦ 张秀娥,孙中博,韦韬.新生代农民工返乡创业意愿的经济学思考[J].学习与探索,2013(12):117-121.

支持,并在一定程度上缓解其压力,发挥正面推动作用,增强其返乡创业动力。①

在客观条件层面,顾桥、梁东等人基于马斯洛需求层次理论认为创业动机主要来源于经济需要和社会需要。② 创业动机的影响因素大致可以分为制度环境、城乡差异、家庭资源和个人特征等方面。

良好的制度环境可以在客观上激发返乡农民工的创业动机。潘旦认为国家层面的宏观制度环境以及地方政府微观制度环境都会影响农民工群体的创业意愿及创业能力,地方经济发展及地方政府的治理观念、措施、政策执行情况等会影响微观制度环境,进而影响返乡创业者的创业意愿。③ 蔡宜旦和汪慧的研究也表明,采取扩展融资的优惠政策、降低创业的准入门槛、构建创业保障制度可以助推农民工返乡创业。④ 因此,良好的制度环境与政策条件有利于返乡农民工获取技术、资金等各方面的资源支持,减少创业成本,刺激返乡农民工产生创业动机。

基于城乡差异对比的研究多运用推拉理论进行分析。李彦娅和谢庆华通过对金融危机、产业转型升级、乡村振兴三个时期的返乡创业潮的考察,认为不同时期农民工返乡创业的动机都可以通过需求理论和推拉理论进行解释⑤,站在理性经济人的立场上考虑自身、乡村的发展需求,结合城乡两地的推力和拉力的影响作用,最终形成返乡创业的动力。曹宗平也基于城乡差异探讨农民工返乡创业的推力和拉力,认为城镇产业转型升级和人工成本增加所引发的低端产业转移和裁员、城镇高生活成本、城镇制度壁垒造成的融入困难等因素都是农民工返乡创业的重要推力;而农村日益完善的基础设施建设、支持创业的优惠政策、家乡丰富的社会资本、前期返乡农民工成功的示范效应等因素都成为农民工返乡创业的重要拉力。⑥

由于个体深深嵌入家庭单位之中,因此家庭资源和个人特征因素总是被放在一起进行考虑。农民工自身的心理素质是农民工返乡创业导向中最

---

① 林龙飞,陈传波.返乡创业青年的特征分析及政策支持构建:基于全国24省75县区995名返乡创业者的实地调查[J].中国青年研究,2018(9):53-61,10.
② 顾桥,梁东,赵伟.创业动机理论模型的构建与分析[J].科技进步与对策,2005(12):93-94.
③ 潘旦.自组织增权视角下的农民工创业能力提升[J].求索,2019(2):66-73.
④ 蔡宜旦,汪慧.助推"返乡创业潮"的政策思考:浙江省青年农民工返乡创业意向调查研究[J].青年探索,2010(4):59-64.
⑤ 李彦娅,谢庆华.农民工返乡创业的动力机制研究:基于三次返乡创业高潮的调查[J].重庆社会科学,2019(7):99-110.
⑥ 曹宗平.经济新常态下农民工返乡创业的多重动因与特殊作用[J].广东社会科学,2019(3):23-30,254.

关键的因素,对于农民工是否选择回乡创业的边际效应最大。① 其次,孙浩和杨治辉认为男性农民工创业的可能性比女性更低,已婚、有宗教信仰的农民工创业可能性更高,农民工创业可能性与收入等级、家庭人口数成正向关系,与工作整体满意度呈反向关系。② 石智雷、谭宇等人也认为女性返乡农民工的创业意愿高于男性,并且交际能力和生产积极性、家庭财富积累水平对返乡农民工创业意愿具有正向影响,个人信仰、在外务工状况、家庭经济水平自我评价对于返乡农民工的创业意愿影响显著,而返乡农民工的年龄和文化程度,家庭资源禀赋中返乡农民工人数、外出务工人数、劳均文化程度、家庭总收入和户主文化水平对其创业意愿均没有显著影响。③ 也有研究指出,人力资本、社会资本对农民工返乡创业意愿产生显著影响,但内部各因素会具有不同的影响效果。在人力资本中,以往经验对农民工创业意愿具有正向影响,而包括知识、技能、经验在内的受教育程度和专业技能却对其返乡创业意愿产生负向影响;在社会资本中,农民工创业意愿与常联系朋友数量、信任度呈显著正相关,与农民工朋友的单位性质呈显著负相关。④ 另外,基于对创业动机类型的细分,朱红根和康兰媛通过实证研究证明,性别和家庭人均收入对农民工成长型创业动机有显著促进作用,风险偏好和社会资本对农民工价值型创业动机产生显著正向影响,是否学到了技术对农民工成长型和价值型创业都具有显著影响,年龄对农民工价值型创业具有负向影响,而婚姻、文化程度、兄弟姐妹数对成长型和价值型创业的影响并不显著。⑤

(二)返乡农民工创业的影响因素

在个体特征方面,笔者主要从农民工的年龄、心理素质、受教育水平(文化素质)、身体状况、创业能力等方面分析其影响作用。潘旦认为,创业是否能够取得成功的主要因素是农民工自身的创业能力。⑥ 创业能力素质主要表现为机会感知能力和组织协调能力⑦,良好的机会感知能力与组织协调

---

① 张秀娥,王冰,张铮.农民工返乡创业影响因素分析[J].财经问题研究,2012(3):117-122.
② 孙浩,杨治辉.社会保障满意度对农民工创业的影响效应:基于中国家庭追踪调查数据(CFPS2016)的考察[J].湖南农业大学学报(社会科学版),2018(5):54-61.
③ 石智雷,谭宇,吴海涛.返乡农民工创业行为与创业意愿分析[J].中国农村观察,2010(5):25-37.
④ 廖传景,林婉清,邵丹,等.中国返乡农民工研究现状与趋势:基于CNKI 505篇核心期刊的知识图谱分析[J].内蒙古农业大学学报(社会科学版),2018(5):12-17.
⑤ 朱红根,康兰媛.金融环境、政策支持与农民创业意愿[J].中国农村观察,2013(5):24-33,95-96.
⑥ 潘旦.自组织增权视角下的农民工创业能力提升[J].求索,2019(2):66-73.
⑦ 张秀娥,王冰,张铮.农民工返乡创业影响因素分析[J].财经问题研究,2012(3):117-122.

能力有助于企业抓住机会信息并有效利用;也有学者从学习创新能力、实践活动能力、资源运营能力、自我管理能力这四个维度分析农民工群体的创业能力[1]。而文化素质的高低会影响农民工对于商业市场形势的判断、创业机会的识别与利用、创业决策的做出等方面,因此农民工受教育水平越高,越具有学习能力和创新能力,能够更准确地把握商机,从而成功创业。[2] 甘宇、邱黎源等人也认为人力资本中受教育程度对创业收入具有促进作用,而外出务工经历可以在一定程度上弱化返乡农民工受教育程度差异所导致的收入差异[3],因此农民工外出务工经历会对创业收入有更大影响。另外,打工经历在增强农民工心理素质和文化素质、拓展社会资本与关系网络等方面也具有积极的调节作用。[4]工作年限越长,务工时期职务层次越高,社会交往能力越强,其创业能力也越好,越能助力创业的成功。[5]另外,年龄也是影响创业的重要因素,但不同学者的研究结论出现分歧。袁明达认为,创业者年龄对农民工新创企业成长具有显著的正向影响[4],而孙浩和杨治辉指出年龄与农民工创业之间呈现出"倒U"结构,且其拐点位于40岁左右[5],甘宇等人[6]也得出类似结论,这可能是基于年龄对创业不同侧重方面的影响产生的差异。对性别因素的研究普遍认为男性返乡农民工会获得较高的创业收益[7],更容易取得创业成功。最后,创业是风险较大的商业活动,创业者的心理素质对创业活动有一定的影响。心理素质越高的人,越能承受创业过程中的风险,并最终走向成功。[8]

在外部因素方面,张秀娥、王冰等人指出创业环境是影响农民工创业的关键性外部因素。[9]而关于创业环境所包含的内容范围,国内外不同的学者有不同的见解,结合多位学者的研究经验,外部创业环境主要包括市场和

---

① 李萍.能力结构与新生代农民工创业质量[J].华南农业大学学报(社会科学版),2016(2):42-51.

② 潘旦.自组织增权视角下的农民工创业能力提升[J].求索,2019(2):66-73.

③ 甘宇,邱黎源,胡小平.返乡农民工人力资本积累与创业收入的实证分析:来自三峡库区的证据[J].西南民族大学学报(人文社科版),2019(3):107-113.

④ 袁明达.特困地区制度环境、创业动机与农民工新创企业成长:基于武陵山和罗霄山片区的调查分析[J].湖北民族学院学报(哲学社会科学版),2019(4):78-85.

⑤ 孙浩,杨治辉.社会保障满意度对农民工创业的影响效应:基于中国家庭追踪调查数据(CFPS2016)的考察[J].湖南农业大学学报(社会科学版),2018(5):54-61.

⑥ 甘宇,邱黎源,胡小平.返乡农民工人力资本积累与创业收入的实证分析:来自三峡库区的证据[J].西南民族大学学报(人文社科版),2019(3):107-113.

⑦ 范波文.中国农村地区农民创业研究:动机、模式与效果[D].上海:上海财经大学,2023.

⑧ 袁小平.基于心理资本视角下大学生创业素质提升路径研究[J].中国成人教育,2016(22):75-78.

⑨ 张秀娥,王冰.农民工返乡创业问题的SWOT分析与对策[J].求索,2011(9):76-78.

商业在内的经济环境、制度环境、教育和职业培训等。

在经济环境因素的研究中,学者认为良好的商务环境可以为创业企业在获得、使用创业资源与服务方面提供帮助,金融支持不仅可以在创业起步阶段解决创业者的资金困难,更会给返乡创业的农民工以心理上的安全感与可靠感,起到正向激励作用[①],并且非正规融资的可得性可以正向显著影响创业收入。[②] 于欣誉等人针对农民工返乡创业的信贷约束问题进行文献梳理总结,发现我国农户普遍面临着正规金融信贷约束,来自供给型和需求型的信贷约束制约着返乡农民工从事创业活动,并且由于中国特殊的农地产权抵押贷款环境,缺乏必要的产权制度和抵押制度,农户难以将规模较小、碎片化的土地作为有效抵押品进行融资,正规金融机构也较难接受农地作为抵押品;[③]再加上我国农村信贷市场不完善,限制了民间金融活动[④]借贷、融资困难成为返乡创业者开展创业活动的主要阻碍。

在制度环境因素的研究中,袁明达将制度环境划分为规制环境、规范环境及认知环境,并认为这三种制度环境对农民工新创企业成长均具有正向影响,在引入经济性动机、社会性动机、成就性动机作为调节变量之后,得出结论:经济性动机仅正向调节认知环境、规范环境与农民工新创企业成长间关系,社会性动机仅正向调节规制环境、规范环境与农民工新创企业成长间关系,成就性动机仅正向调节规制环境、认知环境与农民工新创企业成长间关系。[⑤] 另外,基于中国城乡二元结构的特殊国情,返乡农民工在户籍身份上仍然是农民,因此新农保、新农合等与农民利益联系最密切的社会保障政策也会影响其返乡创业活动。在周广肃和李力行[⑥]、郭云南和王春飞[⑦]等人的研究基础上,孙浩和杨治辉研究指出,社会保障满意度对农民工创业有明显的促进效果,并且对不同类型农民工的创业影响存在显著的地域差异。[⑧]

教育和培训是创业活动开展的必要条件,也是创业者将潜在商业机会

---

① 陈方.返乡创业农民工的家庭负债、金融需求与金融支持:基于河南和甘肃的调查数据[J].重庆理工大学学报(社会科学),2018(12):50-58.
② 孔宁宁.加强农民工返乡创业金融支持构想[J].山东人力资源和社会保障,2020(7):38-40.
③ 于欣誉,郭伟,李国正,等.乡村振兴下农民工返乡创业的信贷约束:一个综述[J].广西社会科学,2018(12):181-185.
④ 李锐,朱喜.农户金融抑制及其福利损失的计量分析[J].经济研究,2007(2):130-138.
⑤ 袁明达.特困地区制度环境、创业动机与农民工新创企业成长:基于武陵山和罗霄山片区的调查分析[J].湖北民族学院学报(哲学社会科学版),2019(4):78-85.
⑥ 周广肃,李力行.养老保险是否促进了农村创业[J].世界经济,2016(11):172-192.
⑦ 郭云南,王春飞.新型农村合作医疗保险与自主创业[J].经济学(季刊),2016(4):1463-1482.
⑧ 孙浩,杨治辉.社会保障满意度对农民工创业的影响效应:基于中国家庭追踪调查数据(CFPS2016)的考察[J].湖南农业大学学报(社会科学版),2018(5):54-61.

变为现实的基础,返乡农民工的教育与培训工作会直接影响农民工文化素质的提高和创业相关知识的获取。① 并且创业培训可以在一定程度上弱化返乡农民工受教育程度差异所导致的收入差异,弥补农民工受教育水平较低的不足②,提高创业收入。甘宇指出由于返乡农民工受教育程度普遍较低,即使受到地方政府的创业培训,也仅是获得政府服务流程等方面的知识,对其创业过程中的具体经营和发展系统提升帮助不大。③

另外,也有许多学者对于创业过程中创业区位选择、业态选择等更具体的创业活动的影响因素展开讨论。

在创业区位选择研究中,熊智伟和黄声兰通过对江西、安徽两省返乡创业农民工和留在广东、浙江两省就地创业的外来农民工的调研发现,在政策因素中,政策扶持在农民工选择创业地点时会产生较大影响,农民工会比较打工地和家乡的创业扶持政策,选择具有更利于创业的政策环境的区位,而政府服务效率未能发挥较显著的影响作用;在社会经济因素中,打工地老乡数量、家乡土地和房产、异地房租都会直接影响农民工对创业区位的选择;在家庭因素中,尤其是配偶态度会对区位选择产生重要影响,而子女数量和老人负担情况并不会影响;在个人特征中,性别、年龄和文化程度均未形成影响,而追求身份和户籍转变的心理因素会影响农民工创业区位的选择。④ 而且不同创业地域半径的创业形式和包括初始禀赋、务工禀赋积累、家庭禀赋拓展在内的禀赋特质均会影响创业区位选择:在回流农民工创业区位选择中,合伙创业和个人创业的农民工选择县级市的比例相对更高,而家庭创业的农民工选择乡镇及以下地域创业的比例相对更高,并且家庭禀赋更充足会对更高层级的创业区位选择有更大的支持;男性和教育年限高的农民工更倾向于选择县城开展创业;农民工也会结合自身务工经历中行业经验和技能优势来自行匹配价值效益最大化的地域层级。⑤

在业态选择研究中,甘宇基于可持续生计分析框架从人力资本、社会资本、金融资本、自然资本、物化资本等方面分析农民工创业过程中的业态选择,认为通联成本高、产业空心化、融资困难等外部环境制约和人力资本存

---

① 张秀娥,王冰,张铮.农民工返乡创业影响因素分析[J].财经问题研究,2012(3):117-122.
② 甘宇,邱黎源,胡小平.返乡农民工人力资本积累与创业收入的实证分析:来自三峡库区的证据[J].西南民族大学学报(人文社科版),2019(3):107-113.
③ 甘宇.可持续生计分析框架下的返乡农民工创业业态选择研究[J].四川师范大学学报(社会科学版),2019(4):68-76.
④ 熊智伟,黄声兰.外出农民工创业区位选择影响因素研究[J].东北农业大学学报(社会科学版),2018(5):27-33,53.
⑤ 刘迎君.禀赋特质、农民工回流创业与地域分层意愿[J].贵州社会科学,2017(3):133-140.

量少、风险偏好较小的内部动力不足共同导致了农民工在进行业态选择时较为保守和单一,难以将创业产业链延长并获得更可观的收益,而选择农、林、牧、渔业的返乡创业农民工基本文化程度较低,对社会资本的依赖程度较高。①

(三)相关讨论

1.返乡创业与乡村振兴

2018年9月26日,中共中央、国务院印发的《乡村振兴战略规划(2018—2022年)》明确提出坚持城乡融合发展、加快农业转移人口市民化、鼓励社会人才投身乡村建设、发展壮大乡村产业、培育新产业新业态等理念,并从培育壮大创新创业群体、完善创新创业服务体系、建立创新创业激励机制等方面助力农村创业发展,激发农村创新创业活力。产业兴旺、生态宜居、乡风文明、治理有效、生活富裕是乡村振兴战略的总要求,实现农业农村现代化是总目标。乡村振兴战略对产业兴旺的总体要求,势必会鼓励和吸引更多农民工返乡创业,"创业扶贫"将会成为未来农村扶贫发展的新路径。② 因此,返乡创业与乡村振兴之间存在着正向促进与反向推动的相互作用关系,二者互为影响。③

一方面,返乡创业对乡村振兴的正向促进作用主要体现在:

其一,激活人力资本,为实施乡村振兴战略提供有效载体。乡村精英的回流是乡村振兴推动的关键,人力资源的流动推动了社会资本、金融资本向农村倾斜,返乡创业过程中发挥中小创业企业的支撑作用,带动农村就业,解决农村剩余劳动力就业问题,提高农村人均收入水平,实现农民增收和生活富裕,有利于推动乡村基础设施逐步完善和公共服务日臻完备,全面建成小康社会。

其二,有利于推进供给侧结构性改革和农村经济结构调整。返乡创业推进了农村产业振兴,内生型传统产业和外移型现代产业都能有发展空间,改变农村单一经济发展结构,适度消化过剩低端产能,拉动关联产业发展,促进一、二、三产业的融合发展,推动供需在更高层次上动态平衡。激活产业扶贫,通过主动扶贫造血的方式推动脱贫攻坚,是预防返贫的内生性长效机制。

---

① 甘宇.可持续生计分析框架下的返乡农民工创业业态选择研究[J].四川师范大学学报(社会科学版),2019(4):68-76.
② 刘溢海,来晓东.农民工返乡创业与精准扶贫共域性研究:基于乡村振兴战略视域[J].技术经济与管理研究,2020(1):119-123.
③ 周倩,许传新.农民工返乡创业与乡村振兴关系解析[J].中南林业科技大学学报(社会科学版),2018(6):68-73.

其三，促进农村社会的现代化。返乡农民工带来城市的现代化文明和现代生活方式，传播现代文明，促进乡风文明建设，重塑乡村文化的多重价值，为乡村振兴提供文化支撑，并推动相关文化产业发展。农民工回流有利于实现绿色生产与生态环保的良性互动，打造美丽乡村，实现生态宜居。另外，农民工回流有利于促进农民民主法治意识的提高，营造农村社会良好的治理氛围，降低社会综合治理成本，实现有效治理。根据国家统计局《2017年农民工监测调查报告》，进城农民工依靠政府和法律维权的意识在增强，当权益受损时，进城农民工选择向政府相关部门反映和通过法律途径解决的总占比过半。[①] 因此，有外出务工经历的农民工在接受法治观念后返乡，可以发挥其能人效应，起到模范带头作用，带动村民民主法治意识的提升，并积极引导村民有序参与农村基层管理，强化村民的自我管理与自我服务能力，构建自治、法治、德治相结合的乡村治理体系。[①]

其四，返乡创业为贯彻新发展理念和解决社会基本矛盾提供契机[②]，有利于促进人、产、城融合发展，整合经济、社会和生态效益，有利于化解人民日益增长的美好生活需要和不平衡不充分的发展之间的矛盾。

另一方面，乡村振兴对农民工返乡创业的反向推动作用主要体现在：

其一，在乡村振兴战略的大背景下，各级政府都积极提供包括土地政策、投融资政策、税收政策、产业政策、社会保障政策等在内的政策支持和配套的创业服务，并通过多渠道宣传，形成"大众创业、万众创新"的良好社会氛围，提供具有支持力的制度环境，推动农民工返乡创业。

其二，乡村振兴下农民工个人生存、财富、成就、收益预期和效用预期动机都会刺激其返乡创业，并且农民工对个人公平社会地位的诉求也会产生强大的推动作用。[③] "收益预期动机是返乡农民工在不确定条件下，根据个人直觉和经验判断创业存在高于同期打工的收益……效用预期动机是在政府大力宣传鼓励返乡农民工创业的舆论背景下，创业者基于对政府的高度信任，认为政府在审批、准入、税收以及创业培训等方面的政策支持是创业成功的最大保障。"[④] 由于在中国特殊的城乡二元户籍制度下，农民工游走在城市与农村之间，介于市民和农民之间的第三种身份使其常常处于半城市化的边缘状态，在城市中社会地位相对弱势，在身份和心理上融入困难。

[①] 国家统计局，http://www.stats.gov.cn/tjsj/zxfb/201804/t20180427_1596389.html.

[②] 曹宗平.经济新常态下农民工返乡创业的多重动因与特殊作用[J].广东社会科学，2019(3):23-30,254.

[③] 周倩,许传新.农民工返乡创业与乡村振兴关系解析[J].中南林业科技大学学报(社会科学版),2018(6):68-73.

[④] 郭群成.返乡农民工创业行为研究[D].咸阳:西北农林科技大学,2011.

作为农民工群体主力军的青年农民工,其就业短工化现象也较为普遍,城市务工的长期经济收益预期较低,个人发展空间与社会地位的获得相对较难,加之城市生活节奏较快、薪资与物价非同步性增长、城市生活成本较大等劣势共同促使农民工返乡。而乡村振兴战略鼓励农民工积极参与乡村建设,强化乡村振兴人才支撑与队伍建设,突出人的主体性,使农民的主体地位得到凸显,获得感、幸福感、安全感不断提升,在心理层面吸引农民工返乡创业。另外,乡村振兴战略有利于缩小城乡发展差距,农村更低的生活成本、关系网络更丰富的熟人社区、更亲近自然的生态环境等优势日益凸显,加上一定的政策保障和产业发展空间,返乡创业的收益预期比城市打工更大,返乡创业也可以提升个人及家庭在农村社会的社会地位。因此,乡村振兴突出了农村生活与创业的优势,刺激了农民工基于生存、财富、成就、收益预期和效用预期动机选择返乡创业,以取得更高的经济收益与社会地位、更舒适的生活环境。

2.返乡创业与新型城镇化、就近市民化

返乡创业能够为新型城镇化建设创造有利条件,促进就近就地市民化。农民工返乡是农民工就地市民化的有效载体,是实现以人的城镇化为核心的新型城镇化的有效途径,能有效推进其就地市民化进程。[1] 由于返乡农民工为农村社会带来了城市现代化的生产生活方式,因此农村社会在文化、经济、社会、政治等层面发生了一系列现代化转变,进而推动本地农民的在地市民化进程。例如农村社会的传统思想观念和伦理价值会受到一定程度的冲击,而返乡农民工的创业行为也会使农民日益摆脱土地的束缚,拓展多种非农产业,推动生产生活非农化和规模化经营。返乡农民工通过创业获得较高的社会经济地位,外出务工经历也使他们具有更丰富的阅历、更高的交往能力和技能等,他们往往可以成为基层治理的中坚力量。[2] 与此同时,在政治、经济等方面都有一定影响力的创业者发挥模范效应,进一步传播城市现代化的生产生活方式,促进农民在地市民化发展。并且返乡创业农民工与非返乡创业农民工在就地市民化程度上呈现出明显的群体差异,即返乡创业农民工在价值观念、身份认同、经济适应和生活方式等方面比非返乡创业农民工市民化程度要高。[3] 另外,返乡创业与新生代农民工市民化在

---

[1] 罗竖元.返乡创业质量与农民工就地市民化:基于湖南、安徽与贵州三省调查数据的实证分析[J].南京农业大学学报(社会科学版),2018(6):69-78,159.

[2] 田先红.在地市民化:农民工返乡的村庄社会后果[J].华南农业大学学报(社会科学版),2012(2):109-117.

[3] 罗竖元.返乡创业视角下农民工就地市民化的群体差异:基于湖南、安徽与贵州三省调查数据的实证分析[J].贵州师范大学学报(社会科学版),2016(3):52-60.

空间、时间、速度上实现了三维协调,并且和他们对转变职业身份、提高自身素质、改变传统不科学生活方式和行为方式的需求也十分契合。①

农民工返乡创业也在一定程度上改善了农村和城市之间的单向流动格局,促进多种资本和人才的双向流动,缩小长期由于城乡二元结构导致的城乡发展差距,推动城乡融合发展。随着农民工群体"二次分化"的加剧,市民化的引导策略应遵循"分类市民化""分类治理"等差异化原则。② 乡村振兴注重发挥"人"的能动性,也同样关注"人"在此过程中的获得感、幸福感与安全感的提升,在引导一部分人才回流农村参与乡村建设、培育乡村本土人才并实现就地市民化的同时,也鼓励部分农民工回流到中小城镇实现就近市民化。通过建立专门的领导机构负责和统一协调处理农民市民化过程中的各种矛盾和问题,改革传统的城乡二元治理体制并优化农村劳动力转移和农民市民化的环境等措施③,留住有能力、有意愿在中小城镇发展的农业转移人口,缓解大城市人口压力,推动中小城镇现代化建设和可持续发展,构建大中小城市和小城镇协调发展的城镇格局。

二、农民工进城创业研究

农民工城市创业是指在城市从事自雇就业的农村进城者。一般来说,从自雇就业的角度划分主要有生存型和机会型两种类型。生存型的自雇就业主要表现为通过正式劳动力市场难以实现稳定就业,因而选择非正式就业机会。严格来说,生存型自雇就业不能称为创业行为。而机会型自雇就业则更多地表现为创业行为。因此,从自雇的角度来说,创业农民工主要指的是以机会型自雇就业为主的那部分农民工。

总体来说,农民工创业主要以返乡创业为主,进城创业农民工的比例总体较低。目前虽然没有关于进城农民工创业的确切数据,但根据朱志胜基于中国流动人口动态监测数据的估算方法和发展趋势来看,截至2021年底,我国机会型的自雇农民工数量占全部农民工数量的比例仍然不足10%。④ 在有限的农民工创业案例中,其主要创业领域也表现出一定的同

---

① 张秀娥,孙中博.返乡创业对新生代农民工市民化的推进作用[J].东北师大学报(哲学社会科学版),2014(2):37-40.
② 罗竖元.返乡创业质量与农民工就地市民化:基于湖南、安徽与贵州三省调查数据的实证分析[J].南京农业大学学报(社会科学版),2018(6):69-78,159.
③ 文军.农民市民化:从农民到市民的角色转型[J].华东师范大学学报(哲学社会科学版),2004(3):55-61,123.
④ 朱志胜.中国农民工进城自雇佣行为:规模、特征与进入机制[J].现代经济探讨,2019(12):116-125.

质化特征。来自《人口研究》编辑部的调查报告表明,当前我国农民工在城市的就业层次总体较低,在创业中同样主要集中在劳动密集型和低附加值、低准入门槛的行业,如制造业、批发零售业、餐饮业、建筑业等领域。[①] 然而,尽管农民工的城市创业比例总体不高,但创业对于进城农民工而言却具有重要的意义。一方面,创业是农民工城市适应与社会融合的重要表征。一些研究表明,农民工城市创业可以显著增加农民工的经济资本,从而进一步提升其城市适应能力。[②] 另一方面,从生命历程的角度来看,创业实际上就是农民工城市社会融合逐步展开的过程。从经历城市务工,到初次创业,再到逐渐稳定和发展转型等,构成了农民工创业的典型过程。创业行为不仅可以显著提升农民工创业者的城市社会融入意愿,同时也能极大提升农民工子女后代城市定居的可能。[③]

农民工城市创业受诸多因素影响。人力资本、金融政策、社会网络、制度环境,甚至是流动情况等都被视为影响农民工城市创业的主要因素。人力资本对于农民工进入初次创业与进入此次创业转折点均有显著影响。[④] 正是人力资本对农民工创业的深刻影响,一些研究提出了加强农民工创业培训以提升农民工创业能力与创业成功率的建议。[⑤]

创业是一种对社会资本,尤其是经济资本要求相对较高的行为。因此,金融支持被视为对农民工创业有重要影响的因素。有研究认为,对于创业行为来说,农民工只有在资金积累到一定程度或资金来源有所保障时,才可能付诸创业实践。[⑥] 而白云等人的研究则表明,金融资源的缺失是进城农民工创业面临的最大困难之一。正是由于缺乏足够的金融资本和金融支持,农民工不能创业、不敢创业,创业成功率较低等。[⑦] 因此,建立健全针对农民工创业的金融一揽子政策,对于鼓励、支持农民工城市创业具有积极意义。

---

① 朱宇.新生代农民工:特征、问题与对策[J].人口研究,2010(2):31,55-56.
② 聂洪辉.新生代农民工创业与城市适应研究[J].四川行政学院学报,2014(2):74-77.
③ 孙文中.生命历程视角下农民工的创业型社会融入[J].深圳大学学报(人文社会科学版),2018(6):111-120.
④ 李俊.人力资本与农民工城市创业绩效[J].华南农业大学学报(社会科学版),2018(6):42-51.
⑤ 韩娟."资产建设"理论视阈下农民工城市创业精准教育与培训研究:基于CHIP数据的分析[J].宁波大学学报(教育科学版),2020(5):55-62.
⑥ 张晓梅,王妍妍.新生代农民工进城创业的社会支持影响因素测度:以哈尔滨为例[J].江汉论坛,2017(4):41-46.
⑦ 白云,刘广民.新生代农民工城市创业的金融排斥对策研究[J].哈尔滨学院学报,2019(1):43-45.

除了金融政策和人力资本等因素外,以往的研究中普遍指出了户籍制度的存在对于农民工创业行为的潜在影响。户籍制度的存在在城乡之间制造了社会福利、公共服务、公民权利等的城乡区隔。这导致农民工创业可能遭遇包括创业支持政策、正式制度支持、劳动力市场机会等诸多方面在内的一系列创业障碍[①]。不过,随着户籍制度改革的不断推进,尤其是自2014年以后取消农业户口与非农业户口性质区分和由此衍生的蓝印户口等户口类型后,城乡居民在户籍方面的区隔问题在一定程度上得到解决。不仅如此,绝大部分大中小城市都已经取消了农民工的落户限制,农业转移人口市民化取得显著成效。在这样的背景下,由户籍制度衍生出的对农民工城市创业的诸多障碍被部分消除。当然,与创业有关的一系列金融与社会服务政策仍然有待健全。

与其他因素相比,社会资本是对农民工进城创业有直接影响的重要因素。许多相关研究都指出了社会资本之于进城农民工创业的重要性。在对影响农民工城市创业社会资本因素的研究中,关系网络是被讨论较多的要素。在一些研究看来,农民工城市创业就是一个农民工充分利用迁出地社会网络的过程。来自地缘和血缘关系构成的原生社会网络,为农民工城市创业提供了最持久和最稳定的支持网络,同时也降低了他们的城市适应成本。[②] 在支持农民工城市创业的关系网络方面,必须区分所谓的"强关系"和"弱关系"。来自中国的经验与实证研究都共同强调了"强关系"网络对于农民工创业社会资本支持的重要意义。比如李俊的研究发现,受市场竞争和弱关系不稳定性的影响,进城农民工的创业更多地建立在强关系支持的基础之上。尤其是资金、核心技术、决策支持、市场信息等,都严重依赖强关系网络,而弱关系仅在农民工城市创业中起辅助作用。[③] 也有研究从区分不同类型关系资本的角度探讨关系网络对于创业的影响,如聂洪辉将农民工城市创业所依赖的社会资本划分为继承型社会资本、发展型社会资本和移植型社会资本三种类型。其中,继承型社会资本指向原生家庭提供的创业支持,即来自农民工家庭提供的支持;发展型社会资本更多的是指农民工在城市打工过程中积累的关系网络,及其所提供的资源;移植型社会资本主要指向农民工的乡土社会关系网络及其所提供的资源支持。农民工的创业

---

① 才凤伟,王拓涵.新生代农民工的城市创业与国家政策[J].经济与管理,2012(7):29-33.
② 才凤伟.乡村社会网络:"原生"和"再生":新生代农民工城市创业的网络构型[J].中国青年研究,2014(7):83-89.
③ 李俊.社会资本与农民工城市创业绩效研究:基于东部13城市数据的分析[J].兰州学刊,2018(3):173-184.

过程总体上表现出社会资本利用从继承型、移植型向发展型的转变。①

需要指出的是,通过"强关系"网络获得的社会资本进行的创业,更多地表现出非正式创业的特点。要实现非正式创业与正规经济之间的对接,还需要新的主体的介入。朱华晟等人对城市边缘区农民工创业行为的研究发现,尽管农民工多数情况下的创业行为表现出明显的非正式性特征,但通过诸如职业中介和劳务公司等"中间人"角色,农民工能够实现非正规创业经济与当地正规经济的共生与融合。② 此外,由于"强关系"网络的存在,社会资本的继承、发展方面呈现出一定程度的扎堆现象,即通过关系网络获得社会资本支持创业中,可能出现很多人扎堆在同一领域进行创业的情况。对湖南新化文印产业扎堆创业现象的分析发现,缺乏创新和机会识别能力,可能导致农民工难以跳出创业路径依赖和固有经营模式,从而使得创业逐步落入低水平"陷阱"。③ 因此,以关系网络渠道获得社会资本进行创业必须注意可能存在的低水平"陷阱"问题。

与返乡创业不同,城市创业所需的各类社会资本更多,能够获得的社会支持,尤其是非正式社会支持更少,创业失败风险和所承受的压力更大。这也是当前农民工城市创业总体比例较低的重要原因之一。

三、总结与评论

总的来看,30多年的流动使农民工群体内部已然发生较大且明显的分化。而分化的原因,一方面在于经济发展中不同农民工职业分化和职业流动的差异,另一方面也在于个人机遇的不同。那些通过打工实现积累进而进行个体创业并取得成功的人,已然开始表现出一定的身份转型,甚至是向上流动。应该说,创业已经是农民工实现身份转型的重要路径。不过从以往的研究来看,对农民工创业问题的研究,主要集中在农民工返乡创业问题上。主要原因在于:

首先,农民工虽然在流动务工的基础上有了一定的资本积累,但总体上经济条件仍然并不优越。实际上大部分的农民工打工获得的工资仅能支撑家庭生活条件的改善和生活水平的提升。在城市中,落户显然是较困难的事,在务工所在城市创业对于绝大部分农民工来说都比较困难。因此,事实

---

① 聂洪辉.社会资本视角下新生代农民工的城市创业与适应[J].中共杭州市委党校学报,2015(3):54-61.
② 朱华晟,刘兴.城市边缘区外来农民工非正规创业动力与地方嵌入:基于苏州市胥口镇的小样本调查[J].经济地理,2013(12):135-141.
③ 普蓂喆,郑风田,傅晋华.农民工城市扎堆创业成因探析:基于创业自我效能视角[J].南京农业大学学报(社会科学版),2016(6):61-77.

上在城市创业的农民工比例较低。在此背景下，一些有创业意愿且具备一定条件的农民工选择返回家乡创业。一来创业成本较低，二来家乡熟悉网络中具有能够支持其创业的天然社会资本。因此，农民工的创业实际上更多表现为返乡创业行为。

其次，近年来我国大力推动农村城镇化发展和乡村振兴建设。在上述政策推动和时代潮流裹挟下，加之政府大力支持有条件的返乡农民工独立发展新式农业和自我产业，返乡农民工创业的意愿和积极性明显提升。地方政府也为返乡农民工创业提供了各种支持，如优先提供创业培训、为返乡创业农民工提供创业平台、为返乡创业农民工入驻工业园提供便利条件和税费优惠等。而大量返乡农民工创业，实际上是人口流动背景下城乡要素相互融合的具体体现。这对于农村城镇化和乡村振兴发展有着重要意义。也正因如此，返乡农民工创业问题引起了学术界的普遍关注。

在农民工返乡创业之外，还存在一些明显的创业行为，比如集群创业、城市创业等，虽然整体数量与返乡农民工创业相比还较小，但却具有重要的现实意义：

其一，农民工城市创业是农业转移人口市民化的重要基础和具体表现。一直以来，农民工在城市务工、经商都表现出明显的候鸟式流动的特征。尽管近年来农民工家庭流动和举家迁移的比例有所提高，但实际在城市落户实现稳定生活的比例仍然较低。经济条件和职业稳定性是主要的制约因素。而在城市创业成功意味着农民工的职业稳定性有所保障，同时对其在城市落户生活也提供了相应的经济保障。

其二，对社会资本不足的农民工来说，通过创业实现身份转型和向上流动具有重要的案例典型性和示范意义，因为它代表了农民工群体实现向上流动的一种重要路径和可能。

当然，在城市成功创业对于农民工群体而言绝非易事。那么，对于资金缺乏、社会资本不足的农民工来说，他们如何实现个人创业，以及通过何种渠道弥补自身创业资本的不足，是十分值得探讨的。

改革开放后，社会资源的市场交换特征日益明显。在市场交换关系路径中，个体的自由流动资源基本上通过市场交换和社会关系网络获得，其流动的社会资本积累也具有明显的民间性和非常规性特征。这就为我们提供了一个可供解释的具体路径，但要理解关系视角下个人的创业行为，还必须将其置于特定的社会背景下加以考量。

社会关系是植入特定社会背景中的。作为一种社会性的建构，社会关系中的文化内涵与文化创痛对社会关系的引导作用必须得到强调。关系性的秩序是具有社会理解力的行动者互动的产物,而共享的文化传统则是秩序存在的基础。正是基于文化传统的指引,处于市场和社会关系中的行动者才能对什么是可行的、有希望的,以及可能导致财产和社会的所得与所失达成共有的默契。因此,社会关系中的文化传统及其内涵是行动者间经济协调的工具,其内在地具有集体性和社会性。从这个意义上来说,有不同文化传统的市场行动者,由于不具备建立社会关系默契的条件,因而很难建立那种为市场所需要的社会关系。[①] 由此,我们或许可以推论,基于共享的社会背景与文化传统的个体将社会关系嵌入市场中更可能取得成功,而具有共享社会背景的个体所创造的社会关系网络对于个体镶嵌市场的支持作用也更大。格兰诺维特在对1880年至1925年间美国电力工业的发展进行研究时指出,当时在经济和技术上都并非最有效的电力模式之所以能够脱颖而出,主要是因为当时的电力模式起源于友谊、相似的经历、共同依赖、公司连锁和新的社会关系的积极创造,是具有共享文化与社会背景的个体通过社会网络资源动员而建构起来的。

总的来说,关系在个体求职和创业中的作用在很多研究文献中都得到了强调。[②] 以往对"社会关系网络与劳动力市场结果之间是否存在真实作用关系"的质疑[③],如今也被许多学者证实[④]。不过,即便如此,对关系与创业的研究至今仍然至少存在三点问题。其一,以往研究对经济行动如何"嵌入"社会关系结构中进行了大量论证,但对被嵌入的经济行动本身却甚少关注,也没有深入阐释何种社会关系怎样影响了人的经济行动。[⑤] 在关于社会关系与求职过程的研究中,研究者探索的重点也主要在于不同社会关系的属性、关系在个人求职过程中的不同作用、关系资源的特征,而非关系的使用者。[⑥] 比如,格兰诺维特和边燕杰关于强关系与弱关系的假设、波特的结构洞理论对关系结构的说明[⑦]、边燕杰等对社会关系类型的划分[⑧]等。嵌

---

① 李林燕.关系、权力与市场:中国房地产业的社会学研究[M].北京:社会科学文献出版社,2008.
② 郭红东,丁高洁.社会资本、先验知识与农民创业机会识别[J].华南农业大学学报(社会科学版),2012,11(3):78-85.
③ MOUW T. Social capital and finding a job:do contacts matter? [J]. American sociological review,2003,68(6):868-898.
④ GERBER T P, MAYOROVA O. Getting personal:networks and stratification in the Russian labor market,1985—2001[J]. American journal of sociology,2010,116(3).
⑤ 符平."嵌入性":两种取向及其分歧[J].社会学研究,2009(5):141-164,245.
⑥ 吴愈晓.社会关系、初职获得方式与职业流动[J].社会学研究,2011(5):128-152.
⑦ BURT R S. Structural holes:the social structure competition[M]. Cambridge:Harvard University Press,1992:119.
⑧ 边燕杰,张文宏.经济体制、社会网络与职业流动[J].中国社会科学,2001(2):77-89,206.

入市场中的人际关系,不是社会活动的副产品,更不是代表结构力量和趋势的空洞形式,而是一种社会建构。它代表了一个突生过程,是在知情的参加者中反思性生成的。① 因此,脱离关系的使用者讨论人际关系显得空洞而缺乏深度。其二,对关系网络作用的讨论经常还涉及本土化的"关系"和西方"社会关系资本"的争辩。立足本土"关系"视角的研究者认为,讨论关系网络对个人创业的作用必须强调本土"关系"特有的人情、面子等文化因素的重要性;而持西方"社会关系资本"视角的研究者,其分析更多建立在社会资源理论、社会资本理论、社会交换理论、理性选择理论等西方社会学理论的基础之上,强调关系网络中资源流动的交换性和互惠性,两种视角的分歧由来已久。其三,对关系作用的常识和已经取得的共识经常导致研究者在谈及关系对个人创业的作用时陷入"简单化约"的陷阱,忽略了在不同具体情境中关系作用的特殊性与复杂性。

正因上述问题的存在,戈尔德等人才呼吁,"与其过分地纠缠视角和文化差异的争论,不如关注关系在不同社会环境里的具体运作方式及其功效,这样的研究方向才更富有理论价值"。②

笔者所调研的地区出现了大批由建筑业农民工转型发展而来的建筑业包工头。③ 在同一个地区涌现出数量较多的建筑业创业包工头绝非偶然现象。他们是如何实现创业的,显然是值得深入讨论的议题。在个人人力资本与社会资本先天不足的情况下,基于地缘、亲缘和业缘等建立起的共享的社会关系网络在这些建筑业包工头的创业过程中扮演着重要角色,起到了重要作用。本研究通过参与观察和深度访谈等资料收集方法,返回建筑业包工头群体创业实践与市场嵌入过程中去,讨论包工头式创业是如何可能的,以及他们是如何通过"关系"的运作实现自己创业的。

---

① HAMILTON, FEENSTRA. The organization of economies[M]// BRINTON M C, IVEE V. The new institutionalism in sociology. New York: Russell Sage Foundation, 1998.

② GOLD T, GUTHRIE D, WANK D. An introduction to the study of guanxi[M]// Social connections in China: institutions, culture, and the changing nature of guanxi. Cambridge: Cambridge University Press, 2002: 3-20.

③ 改革开放以来,中国建筑业发展迅速,尤其是农村建筑工人进城做包工头,催生出一些著名的"包工头之乡",如吉林省德惠市郭家镇,近年来出了几百个建筑包工头,其中资产过千万的有上百人,资产过亿的有数十人。而广东省吴川的500多名亿万富翁,多为建筑业包工头出身。

第三节 "关系":理论内涵与分析视角

一、实践行动中的"关系偏好"

"拉关系""走关系"被认为是中国人日常行为实践的一大特点。现实生活中,人们实际上不仅处于多重的关系网络之中,比如亲缘关系、地缘关系、业缘关系等,还在具体的行动中乐此不疲地运用"关系"以达到特定的目的,甚而为达到某种工具性目的,有意识地建立和拓展自己的关系网络。"关系"渗透在人们日常生活的各个领域,如在找工作时运用关系、在子女就学时托关系、在医院就医时找关系等。关系运作已然成为中国人日常行为决策与计谋的内在逻辑。实际上,现实生活中即便有的行动能够在没有关系运作的情况下就可以达成目标,行动者也会有意识地借助关系运作来辅助实践行动。即便在行动者可控制和有能力实现目标的情况下,关系也已经成为行动者达成目标的第二重保障,至少在行动者的心理层面能起到使人"安心"的作用。以上种种,表现出中国人日常生活与实践行动中独特的"关系偏好"。

本土语境下的"关系"要特别区别于西方社会资本视域下的"关系资本"。与西方关系网络强调关系的类体制性、组织性、规范性、建构性和获致性等不同,中国人的"关系"更多地具有个人层面的特征,主要用来表示庇护、权力运作和行动者与结构之间的权宜等。[①] 就中国的"关系"而言,个人或许事实上处于某种关系网络之中,但个体未必意识到自己的组织和团体归属,甚至个人所处的关系网络并不具有团体和组织等特性。这主要是因为,其所处的关系网络大抵不是个人主动、自愿联结加入的结果,因此意识不到或不愿遵从其中的规范。事实上,就"关系"与个体所属的前后逻辑来说,在本土化的"关系"语境下,更强调"关系"相对于个体选择的先在性,即在个体所意识到并主动联结和自愿加入之前,已经事实上处于某种关系网络之中。"关系"的非自愿性与无选择的结构性导致其偏向是一种社会事实,更加具有社会实在论的特征。不仅如此,中国的"关系"还具有翟学伟所说的捆绑与松绑的二重属性。[②] 即个人所属的无选择性的"关系"虽然具有捆绑性,但从这一重捆绑关系出发,个人还可以基于自己的特定利益建立第

---

① 翟学伟.从社会资本向"关系"的转化:中国中小企业成长的个案研究[J].开放时代,2009(6):60-69.

② 翟学伟.关系研究的多重立场与理论重构[J].江苏社会科学,2007(3):118-130.

二重,甚至多重松绑型的关系。在松绑型关系的建立过程中,个人具有积极主动性、自主性和理性的一面。并且在建立松绑型关系的过程中,个体既可以对捆绑型关系网络做选择性激活,也可以将其进一步扩张,或重新搭建新的关系网。本土化的"关系"因此表现出多重性和远近亲疏等特征。费孝通先生因此将中国的这种人际关系形象地界定为"差序格局"式关系,即"以己为中心,像石子一般投入水中,和别人所联系成的关系,……像水的波纹一般,一圈圈推出去,愈推愈远,也愈推愈薄"。① 许烺光更是强调了中国人际关系的情境性,表示要理解本土"关系"的特殊性,就要进入"关系"特定情境。

二、"关系"嵌入与经济行动的"社会性"

对关系网络的研究,大抵是建立在对创业和求职过程的考察上的。不过在这之前,关系网络对于创业和择业行动的作用却经历了市场与社会关系的长期辩论。

非正式的社会关系能够在个人择业过程中起重要作用,前提是社会关系对市场的无形嵌入,即经济体系嵌入社会关系②。而这种嵌入在波兰尼之前,甚至在波兰尼时代,却一度被认为是不现实的。虽然波兰尼某种程度上认为市场与社会有一定关系,但在大多数时间里,他一直坚持认为市场是独立于社会的自主性存在。在社会学领域同样如此。在相当长的时间里,社会学家都存在这样一个共识,即市场是一个"去社会性"(desocializing)的场所。因此,"社会学家更多地倾向于讨论市场如何限制并削弱了社会关系"③。对此,格兰诺维特坚持认为,"市场是社会性的建构,波兰尼高估了现代市场不受其他因素影响的自主性"④。为此,格兰诺维特长期坚持致力于探索市场和经济行为是如何社会性建构起来的。格兰诺维特的贡献在于,"他将社会关系视作对市场有独立影响的社会结构性要素,从而克服了新制度经济学对经济制度的功能主义解释倾向"⑤。而在其后的近 20 年时间里,格兰诺维特的追随者同样试图进一步讨论经济性的行为及其过程、制度、如何与

---

① 费孝通.乡土中国与生育制度[M].北京:北京大学出版社,2013:27.
② POLANYI M. Personal knowledge: towards a post-critical philosophy[M]. London: Routledge & Kegan Paul, 1958:91-92.
③ DIMAGGIO P, LOUCH H. Socially embedded consumer transactions: for what kinds of purchases do people most often use networks? [J]. American sociological review, 1998,63(5): 619-637.
④ GRANOVETTER M. Economic action and social structure: the problem of embeddedness [J]. American journal of sociology,1985,91(3):481-510.
⑤ 詹姆斯·科尔曼.社会理论的基础[M].邓方,译.北京:社会科学文献出版社,1990:353.

社会相关联,以及相互之间产生了怎样的关系。虽然格兰诺维特并未能从本体论的意义上彻底打破市场与社会世界相分离的预设[1],但以他为开创的相关研究已经向我们揭示出所有的经济行为都有其特定的社会背景,而正是这个社会背景对市场中的经济行为产生了根本性的影响。[2] 从这个意义上来说,关系对于求职和创业活动的重要作用,就表现为关系成了个体创业过程中经济行动的社会背景。

对经济行动的社会关系背景的讨论,为研究社会性的关系资本在市场中的作用奠定了基础。伯利指出,社会关系网络的重要性在于,它是创业者创业信息与社会支持的来源,同时也是企业获得外部资源的重要渠道。[3] 奥德里奇和齐默也认为,社会关系网络是创业者外部资源的重要来源途径,也是创业者分享市场信息的重要来源。[4] 对地区性创业群体与家族企业发展历程的研究表明,具有强关系的个人更有可能尝试创业。[5] 弱关系为创业者提供资源和信息,而强关系主要为创业者提供情绪等动力支持。[6] 虽然通过关系获取资源实现求职和创业的可能性受到一定程度的质疑,比如麦克芬森等人[7]指出,社会网是一种同质性(homophily)的现象,即人们倾向于跟自己特征(如性别、种族、教育、家庭背景以及其他社会经济地位特征)比较相似的人交朋友或发生联系,因此个体的社会关系资源不是随机的,而是选择性的。莫尔[8]在此基础上提出了更为尖锐的批评,他认为由于同质性的原则(高地位的人有更好的社会网络资本),所以社会关系与劳动力市场结果之间的因果关系可能是虚假的,真正起作用的可能是某种未被观察到的人力资本或其他地位特征变量。但众多的经验研究已经一再表明,即使在技术上(使用内生转换模型)处理了内生性,社会网络和社会资本的正面作用仍是显著存在的,即它们与劳动力市场结果变量之间的因果关

---

[1] 符平."嵌入性":两种取向及其分歧[J].社会学研究,2009(5):141-164,245.
[2] 斯威德伯格.经济学与社会学[M].安佳,译.北京:商务印书馆,2003:146.
[3] BIRLEY S. The role of networks in the entrepreneurial process[J]. Journal of business venturing,1985,1(1):107-117.
[4] ZIMMER C, ALDRICH H. Entrepreneurship through social networks[M]//SEXTON D L, SMILOR R W. The art and science of entrepreneurship,1986:3-23.
[5] DAVIDSSON P. The domain of entrepreneurship research: some suggestions[J]. Working paper,2003.
[6] JENSSEN J I, KOENIG H F. The effect of social networks on resource access and business start-ups[J]. European planning studies,2002,10(8):1039-1046.
[7] MCPHERSON J M, LYNN S L, JAMES C. Birds of a feather: homophily in social networks[J]. Annual review of sociology,2001(27):415-444.
[8] MOUW T. Social capital and finding a job: do contacts matter? [J]. American sociological review,2003,68(6):868-869.

系是真实的。① 个体创业所需要的经营知识的确可以通过"观察性学习"的方式获得。② 尤其是在家族式创业企业中,准创业者在家族企业中可以近距离地观察、体会创业与管理的经验,从而在"观察性学习"中提升自身默会知识的获取能力。③

关系是重要的,非正式的关系联结比正式联结在个人创业资源的获取中扮演着更为重要的角色。④ 应该说个体的创业活动是嵌在已经存在的社会关系网络中的。⑤ 关系对市场的嵌入,能够显著减少个体流动与创业的交易费用,并帮助其迅速获得相关信息,从而节约个人成本。⑥

在实际的社会流动与求职过程研究中,格兰诺维特是较早关注关系类型与求职之间关系的学者。格兰诺维特通过对麻省282名白领人士求职过程的研究发现,大多数白领研究对象找工作是通过非正式的个人关系实现的,而非正式的招聘广告和职业介绍所。对于这样一种现象,格兰诺维特解释认为,这可能是因为非正式的弱关系比强关系更可能带来非冗余信息的流动和传递。此后,波特在格兰诺维特弱关系强度研究的基础上进一步发现了关系网络中的结构洞问题。他强调,关系网络中处于结构洞位置、起关系联结作用的人为"关系桥",并指出"关系桥"个体由于拥有独特的信息和控制优势,可以以此为自己谋取更多的利益。⑦ 林南对纽约小世界包裹传递和奥尔巴尼地、纽约等地求职者的研究也同样发现,相比较强关系,弱关系在联结更高社会地位的群体、传递多元信息方面作用更大,因此更有利于工具性行动的开展。

当然,也有研究对弱关系在求职中的作用进行质疑,认为关系的强弱与求职结果好坏之间并不存在必然的联系。换句话说,通过强关系与弱关系找到的工作和获得的职业地位,并不存在明显必然的好坏差异。比如,戈利考对英国阿拉丁渔场、卢顿汽车公司和中部钢铁厂等工人求职的

---

① GERBER T P, OLGA M. Getting personal: networks and stratification in the Russian labor market, 1985-2001[J]. American journal of sociology,2010,116(3).
② 曾仕强.中国式管理[M].北京:中国社会科学出版社,2005:44.
③ 理查德·帕斯卡尔,安东尼·阿索斯.日本企业管理艺术[M].乌鲁木齐:新疆人民出版社,2001.
④ BIRLEY S. The role of networks in the entrepreneurial process[J]. Journal of business venturing, 1985,1(1):107-117.
⑤ ZIMMER C, ALDRICH H. Entrepreneurship through social networks[M]//SEXTON D L, SMILOR R W. The art and science of entrepreneurship, 1986: 3-23.
⑥ 周大鸣,田洁.经营型移民的社会流动:以东莞虎门智升学校为例[J].江西农业大学学报(社会科学版),2013(1):4-11.
⑦ BURT R S. Structural holes: the social structure competition[M]. Cambridge MA: Harvard University Press,1992:119.

研究就发现,强关系在工人求职和职业获得方面同样发挥了重要作用,尤其是在失业和远距离职业流动方面,强关系比弱关系起到了更重要的作用。戈利考因此认为,格兰诺维特的弱关系假设忽视了强关系在情感和道德等层面的潜在作用。个人求职与创业结果的差异并不总是受到弱关系的影响。

虽然弱关系和关系强度在求职与创业方面所起的作用以及对求职结果的影响一度受到质疑,但研究者还是普遍意识到,在创业过程中,基于个体社会网络(无论是强关系还是弱关系)传递的信息、经验、知识、情感等依然具有重要价值。个体或集体通过其社会网络,提高各自的相对竞争优势,获取实惠和收益,体现出了关系资本的工具性意义,并得到了学术界的认可。[①]

社会资本研究中所涉及的社会网络是具有特定理论所指和情境意涵的。就概念本身来说,社会资本视域下的关系网络是一种体制性的和组织起来的关系,强调的是关系的组织性、规范性。这正是费孝通先生所说的西方关系的"捆、扎、把"式特点和梁漱溟所强调的西方关系的"集团性"。相比较"关系网络","社会网络"的表述或许更加准确。西方社会资本视域下的社会网络是个体有意识、主动建构的结果,是个体选择加入不同的组织、团体等建立起来的稳定的、有保障的关系。在这样的社会网络中,个人对相互之间的信任、人与人之间的互惠和必须遵守的规范有清醒的认识。这在布迪厄、科尔曼和林南的社会资本界定中都有所体现。概而言之,这里的社会网络具有建构性的特征。如翟学伟所说,社会资本讨论的关系网络是个体自愿联结的各种方式,诸如市场、俱乐部、志愿者、非政府组织等,而信任、规范与互惠等原则是关系网络联结的黏合剂。实际上,也正是社会网络所具有的规范、信任等特点,使研究者在讨论其与市场的关系和嵌入中能够自然地将二者联系在一起,因为社会网络的上述特征正是市场所需要的品质。也正是在这个层面上,我们可以像斯威德伯格那样说,市场上的经济行动是具有深刻的社会背景的。

三、"关系"的解释逻辑

如果说实用性是一种解释的话,就代表"关系"具有某种工具性的意义。金耀基指出,将"关系"使用作为一种策略,通过调动关系中的资源实现一定

---

① ROBERT P. Making democracy work: civic traditions in modern Italy[M]. Princeton, NJ: Princeton University Press, 1993.

的社会和个人目标,是中国人的一大特点。① 关系的工具理性解释将关系视为个体间有意识建立起来的用以达成某种目的的手段、策略。在创业研究中,"关系"也更多地被视为是一种工具,是创业者用以获得资源和能力的重要途径。万克在对企业家结网行为的研究中就指出,在特定的制度环境下,企业家之所以热衷于与政府官员等"拉关系",主要目的在于获得商品、原材料、土地、金融等的许可或支持,并免遭行政干预和其他政治影响。②

从工具理性的角度理解"关系"的作用,将"关系"视为一种谋求利益的策略和手段,意味着消解了本土"关系"的特殊性,导致本土化的"关系"与西方社会资本视域下的"关系网络"并无二致。因为作为解释个人网络、社会资本和礼物经济的一个概念,这在任何社会中都能得到证明。③ 对本土创业问题的研究不能完全脱离本土"关系"的文化内涵。

在文化论者看来,中国社会有着不同于西方国家独特的社会生活构成方式,而"关系"则是这种独特社会生活构成方式的文化根基。④ 将"关系"视为根植于文化的思想传统,凸显并提高了"关系"的社会本体论位置。

"关系"之所以被视为根植于文化的思想传统,得益于儒家思想经久不衰的传承与解释。金耀基指出:"关系"作为一个社会—文化概念,深深地植入儒家的社会理论当中。④儒家思想的核心旨趣是追求和谐有序的理想社会的建立。也正是由于儒家思想提出的那个时代礼崩乐坏的混乱社会秩序,儒家思想才大力倡导并推崇具有伦常和人情意味的德性"关系"。⑤ 儒家思想认为,总体社会的和谐是以社会成员对角色关系的恰当处理为前提的。⑥ 基于对不同角色的认识和理解,人们在处理关系时所遵循的情谊标准和行为方式也不同。胡适将儒家思想中对不同角色关系的区别解释为"伦"的差异⑦:

---

① 金耀基.人际关系中人情之分析[C]//杨国枢.中国人的心理.台北:桂冠图书公司,1988:88.
② WANK D. Commodifying communism: business, trust, and politics in a Chinese city [M]. Cambridge: Cambridge University Press, 1999.
③ GOLD T, GUTHRIE D, WANK D. An introduction to the study of guanxi[M]// Social connections in China: institutions, culture, and the changing nature of guanxi. Cambridge: Cambridge University Press, 2002:3-20.
④ KING Y-C. Kuan-hsi and network building: a sociological interpretation[J]. Daedalus, 1991,120(2):63-84.
⑤ 翟学伟.关系研究的多重立场与理论重构[J].江苏社会科学,2007(3):118-130.
⑥ 张德胜.儒家伦理与秩序情结:中国思想的社会学诠释[M].台北:巨流图书公司,1989.
⑦ 胡适.胡适学术文集·中国哲学史[M].北京:中华书局,1991:83.

　　　　人与人之间有种天然的或人为的交互关系。如父子、兄弟是天然的关系。夫妇、朋友是人道的关系。美中关系便是一"伦"。每一伦关系都有一种特定标准的情谊行为。如父子之恩,朋友之信,这便是属于特定伦从关系的"伦理"。儒家的人生哲学认定个人不能单独存在,一切行为都是人与人交互关系的行为,都是伦理的行为……

　　对中国人伦理角色和关系处理方式的理解和阐释,源于对中国人家庭关系和角色的认识。梁漱溟就曾明确地指出:中国文化原本就起源于家庭,比照家庭中的孝悌,中国形成了一套关于如何处理人与人之间关系的文化。这就是梁漱溟所说的,中国社会文化呈现的是"伦理本位"特征。何为"伦理"？梁漱溟解释说:"人和人相与之间,就有了伦理关系。伦者,伦偶,指人们彼此之相与。人与生下来便有与他相关系之人,如父母、兄弟等。是故,伦理关系始于家庭,首重家庭。"①

　　不过,儒家强调"伦理始于家庭,而不止于家庭"②。"每一个对于其四面八方的伦理关系,各负有其相当义务;同时,其四面八方与他有伦理关系之人,亦对他负有义务。全社会之人,不期而辗转互相连锁起来,无形中成为一种组织。"②也就是说,中国人以家庭关系推广发挥,以伦理组织社会。这种以伦理关系相连接形成的"组织","它没有边界,不形成对抗。恰相反,它由近及远,更引远而入近;泯忘彼此,尚何有于界划？自古相传的是'天下一家',四海皆兄弟。②传统宗法社会虽然封闭性、排他性强,但由此出发的中国伦理关系并未限于狭隘的宗法限制,直至超越宗法,因而才有了父子、夫妇、兄弟此三"伦"以外的君臣、朋友二"伦"。"关系"之"伦"的远与近所形成的等差次序,也就造就了费孝通笔下所形容的中国人"差序格局"式的人际关系。

　　儒家所强调的伦常关系,是人际关系中一种理想的和谐状态。为保持人与人之间关系伦理的稳定性,儒家强调"个人要在一个矩阵或架构中定位自我,在其中,每个个体都要将其心灵与人际关系维持在一个令人满意的程度之上"。许烺光将这种人际关系的状态命名为"心理群性内衡"③。而对个体的这种要求就建立在儒家思想所提出的"仁"之上。这种"心理群性内衡"式的令人满意的"关系"中,个体存在于与他人的关系之中,"你中有我,

---

① 梁漱溟.中国文化的命运[M].北京:中信出版社,2010:134.
② 梁漱溟.中国文化要义[M].上海:上海人民出版社,2011:79.
③ 尚会鹏.许烺光的"心理-社会均衡"理论及其中国文化背景[J].国际政治研究,2006(4):13-143.

我中有你"。"仁"指引着个体建构稳定的社会关系,从而将自己安置和整合于社会世界当中。

从文化的高度不断返回中国传统文化思想的精髓,从儒家文化中寻求对本土化"关系"特殊性的解释,是"关系"文化论研究者的普遍解释路径,也是在东亚和儒家文化圈中"关系"具有普遍性和重要性的比较合理的原因。儒家思想所倡导和推崇的理想人际关系状态对后世中国人的人际交往产生了深远的影响。在文化惯性的影响下,长久以来,中国人的人际关系持续地表现出交互性和紧密性的特点,社会也因此表现为一种伦理本位的社会。

在对"关系"作用的解释方面所表现出的工具性与本土"关系"的文化意涵之争,主要源于研究者对"关系"的讨论重点在于不同关系的属性、作用、关系资源的特征,而非关系的使用者。① 即研究者通常将静态的关系网络放在不断变化的创业过程中,考察静态关系之于创业的作用②,从而忽略了具体经济行动中关系使用者的主观能动性,及其对关系的创造性运用。此外,对经济行动如何"嵌入"社会关系结构的研究偏好,导致研究者对被嵌入的经济行动本身缺乏关注,也未能深刻揭示具体经济行动背后关系网络的动态演化。③ 嵌入市场中的关系网络,不是社会活动的副产品,更不是代表结构力量和趋势的空洞形式,而是一种社会建构。它代表了一个突生的过程,是在知情的参加者的反思中生成的。④ 要弥合"关系"的"工具性"与文化性分歧,必须将"关系"置于持续动态建构的视域中,才能真正理解"关系"在个体创业中的具体作用和逻辑。

第四节　研究方法和案例说明

一、研究对象

建筑业从业工人数量多,在 4000 万建筑工人中,农民工所占比重高达 85% 以上。而全部农民工就业领域分布中,建筑业也是农民工就业最集中的行业之一。包工头作为建筑业农民工从业的组织者和建筑业劳务分包链

---

① 吴愈晓.社会关系、初职获得方式与职业流动[J].社会学研究,2011(5):128-152.
② 谭云清.网络嵌入特征、搜索策略对企业开放式创新的影响研究[J].管理学报,2015(12):1780-1787.
③ 符平."嵌入性":两种取向及其分歧[J].社会学研究,2009(5):141-164,245.
④ HAMILTON, FEENSTRA. The organization of economies[M]// BRINTON M C, IVEE V. The new institutionalism in sociology. New York: Russell Sage Foundation, 1998.

条中的下游群体,在建筑行业中具有重要地位。而就目前来看,建筑行业包工头的来源主要是农村走出来、长期从事建筑行业的领场师傅和建筑工。他们由农民、建筑工向包工头的创业和身份转型可以视为是建筑业农民工向上流动的一种表现。

本研究以建筑业包工头为研究对象,考察建筑业工人创业做包工头何以可能;在此基础上,考察建筑业工人通过创业做包工头实现阶层突破和向上流动的路径。

二、研究方法

本书的研究对象是从农村走出来,在长期从事建筑行业的基础上通过个体创业逐渐实现身份转型的建筑业包工头。这个群体本身并不是一个同质性的群体,实际上,由于建筑行业劳务分包层次较多,建筑业专业领域不同,包工头本身又分为不同层次和类型。同时,由于以往研究对包工头不同程度的忽视,以及建筑业包工头本身的非建制性特征,目前尚没有对建筑业包工头的大型调研和统计资料,对这个群体的规模和整体状况缺乏直观的了解。这就导致量化研究很难确定其准确的抽样框。因此,对建筑行业包工头的研究难以通过严格的抽样方法对整体进行估计。

为解决上述方法论困境,本研究将以案例研究为主,通过案例研究,深入研究对象的日常生活和工作中去,并通过口述访谈不断返回其创业历史过程中去,以深入理解包工头的向上流动过程。在实际的访谈过程中,采取扩展个案法,不断获得新的访谈个案,即通过一个包工头,去接触另外熟悉的包工头,不断扩展访谈样本的容量。

(一)案例研究法

案例研究法是一种研究从所处情境中难以分离出来的现象所使用的方法,它既是一种数据收集的方法,更是一种研究方法[①]。它包括单个案研究和多个案研究两种情况。从各种研究方法适用的条件(表1-1)来看,案例研究法适用于回答"怎么样"和"为什么"的问题。通常情况下适用案例研究法时,研究者在研究实施前,通常无法对研究对象实现有效控制,尤其是当研究对象处于特定的情境中时。

---

① 罗伯特·殷.案例研究设计与方法[M].周海涛,史少杰,译.重庆:重庆大学出版社,2005:7.

表 1-1　不同研究方法的适用条件

研究方法	研究问题的类型	是否需要对研究过程进行控制	研究焦点是否集中在当前问题上
实验法	怎么样、为什么	需要	是
调查法	什么人、什么事、在哪里、有多少	不需要	是
档案分析法	什么人、什么事、在哪里、有多少	不需要	是/否
历史分析法	怎么样、为什么	不需要	否
案例研究法	怎么样、为什么	不需要	是

资料来源：罗伯特·殷.案例研究设计与方法[M].周海涛,史少杰,译.重庆：重庆大学出版社,2005：7.

从研究的具体过程和侧重点来看,案例研究具体分为三种类型：探索性案例研究、描述性案例研究和解释性案例研究。所谓探索性案例研究,指的是研究问题和研究假设不确定前,凭借研究者的理论素养,在直觉线索的情况下进入田野了解社会现象,并收集相关资料,形成案例,后根据研究收集的案例资料来确定研究问题和提出理论假设。一般情况下,探索性案例研究由于不是最终的案例研究,因此常被视为其他类型案例研究或其他方法研究的前奏,而不是一种独立的研究方法。描述性案例研究是对个体的人、社团、社区等的生命历程、焦点事件及其过程进行深描,通过扎实的经验事实,发展相应的理论和检验相关理论假设。它适用于对人、社区、组织等的研究。相较另外两种案例研究,解释性案例研究更加注重特定案例背后的因果机制及其解释。它寻求案例背后不同变量之间的相互关系及其因果解释。一般来说,解释性案例研究更加适用于研究"为什么"和"怎么样"一类有关因果关系的问题。[①]

案例研究法的本质在于,它是一种实证研究,在现实生活环境中研究社会现象。其所研究的社会现象与所处的社会情境之间紧密相关,因此需要运用多种资料收集方法,通过不同渠道收集资料,汇总进行综合分析,并且事先需要理论假设的指导,以减少研究困难和避免走弯路。案例研究是一种实证研究,大部分案例研究资料的收集是定性的。常用的资料采集方法包括文献法、访谈法、参与观察法等。

案例研究法具有方法论上的独特性。从方法论的角度讲,案例研究法

---

① 罗伯特·殷.案例研究设计与方法[M].周海涛,史少杰,译.重庆：重庆大学出版社,2005：15-16.

的优点在于,它研究问题的现实性、资料收集的广泛性、适用范围的针对性、因果解释的不可替代性。① 不过,案例研究由于所研究的对象的个案特征,其研究的理论贡献、个案的代表性、从经验到理论的提升和案例研究的意义等通常受到严重质疑。此外,当案例研究的对象和所处环境的边界模糊时,也会增加案例研究的困难。②

案例研究很大程度上更像是典型调查。典型调查通过对典型案例全面、历史的考察和分析,能够达到对事物性质的深入理解,但由于案例研究缺乏范围上的广度,结论往往具有很强的条件性。③ 鉴于案例研究存在的方法论困境,"走出个案"似乎成为解决上述困境的唯一办法。在超越个案研究的路径和方法方面,格尔茨追求的是通过个案"深描"来实现对既有理论的启迪;而布洛维则通过反思性科学在民族志研究中的应用来实现从"特殊"中抽取"一般",从"微观"到"宏观",并将"现在"和"过去"联系起来以预测"未来",即所谓的"扩展个案法"。④

不过,虽然上述两种超越个案的尝试都在理论上对既往的案例研究进行了方法论上的改造,但由于对现实世界的实体论假定,理论上的超越仍然受到研究事实的限制。原因在于,源于地方性的经验概括及其所形成的地方性知识总是会受到总体异质性的挑战。那么,走出个案实际上已然面临实体论事实层面的困境。对于这个问题,王富伟在有关"个案研究的意义及其限度"的讨论中提出了这样的解决路径:我们可以将世界视为"非实体"的,而是"关系性"的,持非实体性的本体论观点就是要将整体中的个体视为相互关系、相互联结的关系性整体,而非独立个体的总和,因此,案例研究就可以在"关系性整体"中通过理论与经验之间的往返澄清理论要素发挥作用的情境性条件,进而在新的适用边界下创新理论。⑤ 关系具有本体论意义上的地位,只有从事物之间关系的角度构建研究对象,将个体视为具有一定关系的整体之内的一部分,从"个体向整体的扩展与推论"这一根本问题才能真正被把握。⑥

对于建筑业包工头来说,在建筑行业内,他们无疑是一个具有内在联系

---

① 阮思余,王金红.案例研究法的优长与质疑[J].山东科技大学学报(社会科学版),2011(6):53-60.
② STAKE R E. Qualitative case studies[M]//DENZIN N K, LINCOLN Y S. The sage handbook of qualitative research, Sage Publications, 2005:444.
③ 费孝通.学术自述与反思[M].上海:三联书店,1996:13.
④ BURAWOY M. The extended case method[J]. Social theory, 1998,16(1):5.
⑤ 王富伟.个案研究的意义和限度:基于知识的增长[J].社会学研究,2012(5):161-183.
⑥ 布迪厄,华康德.实践与反思:反思社会学导引[M].李康,李猛,译.北京:中央编译出版社,1998.

的"关系群体"。当然,这里的"关系"不仅是说包工头之间彼此存在这样或那样的熟悉关系,同时也是指处于文化共享和相似行为模式中的包工头,其基本的生命历程和工作生活环境具有内在的联系。就这一点来说,对包工头的案例研究可以不必过于看重整体,对"个体"的过程、事件和行动的深描同样能够达到"管窥"整体的目的。实际上,正如奥尔德罗伊德所说的,我们本来就不可能获得有关纯粹"本体"的知识,我们所掌握和了解的知识总是"客观因素"和"主观因素"相结合的产物。[1] 对包工头的认识同样如此,我们不太可能获得有关全部包工头的直观认识。不过,通过对不同特定情境中包工头创业过程的深描,我们依然能够获得有关这个群体的一般想象。至于案例研究的意义是否具有普遍性的问题,我们可以从格尔茨那里获得答案:"个案研究追求更大相关性并不依赖于'从小地方捕捉大世界'这样的前提"。[2] 也就是说,案例研究的地点虽然有明确的边界,但研究的问题并不局限于特定的场域,它可以超越地方性,而具有一般层面的意义。[3]

在本研究中,我们依循"关系性"本体论的观点,将建筑业包工头视为有内在联系的"关系群体"。在"关系整体"中对所研究的包工头进行界定,难免要对包工头进行一定程度的形式化抽象。而正是在这个抽象化的过程中,本书的研究对象不断地明确,边界也逐渐清晰。反过来,通过对所选定的包工头的研究,我们才能够明确说明所确定的研究对象及其案例研究在何种程度上能够代表包工头整体,或者说,我们在所选定研究对象基础上所做的研究对于研究这个包工头整体具有怎样的"部分贡献"。

(二)研究方法的具体操作

1.研究设计

首先,确定研究的问题,即处于共享关系网络中的建筑业包工头群体的创业是如何成为可能的。研究问题直接反映了案例研究的目的。其次,确定研究的理论假设倾向,即在利用现有关系视角对建筑业包工头群体性创业机制进行分析的基础上,与以往创业理论和研究进行理论对话和学理检视。

2.对研究案例的甄选

案例研究可以使用一个案例或多个案例。而本书确定研究案例对象是一个群体而非个体,但从研究对象处于同一地区而言,案例本身属于群体案

---

[1] 奥尔德罗伊德.知识的拱门:科学哲学和科学方法论历史导论[M].顾犇,郑宇建,郑斌祥,等译.北京:商务印书馆,2008.
[2] 格尔茨.文化的解释[M].韩莉,译.南京:译林出版社,1999:28.
[3] 王富伟.个案研究的意义和限度:基于知识的增长[J].社会学研究,2012(5):161-183.

例,即将新洲地区建筑业包工头视为一个独特案例,看成独立的整体进行全面的分析和解释。

3.调研计划和相关数据收集

案例研究的数据来源主要包括三种:文献阅读、直接观察,以及研究者实地拜访个案研究的场所,并且记录相关的数据。本研究采用直接观察和实地访谈的方法收集一手资料。在具体访谈对象的选择方面,在新洲地区选择30位建筑业包工头进行访谈,通过滚雪球的方式,扩大调查对象的规模,深入建筑工地现场,深度了解建筑业包工头的关系共享与运作。此外,笔者还围绕与建筑业包工头有关系的其他对象,比如邻里、亲戚、好友、建筑工人等,通过对这些与包工头有紧密联系的人的访谈,全面了解包工头的关系网络,同时调查包工头所在村的村民和建筑工人。通过这些与建筑业包工头有一定关系的群体,不仅可以侧面了解建筑业包工头创业的过程,同时也能够通过他们的评价视角表现建筑业包工头的身份和社会地位,对建筑业包工头的创业过程有更加全面直观的认识和理解。

三、案例介绍与调查对象基本情况

研究选取湖北省武汉市新洲区作为调研地点。新洲区位于武汉市东北部,建筑业是新洲区的支柱产业,新洲区也是湖北省有名的建筑大区,被誉为"中国建筑之乡",截至2022年底,新洲区纳入统计数据库的建筑企业共400多家,其中一级建筑企业70多家,二级以上资质建筑企业90多家,三级建筑企业200多家,建筑业从业人员21万余人,建筑业总产值达1799.37亿元,是武汉市首个产值超千亿元的行政区;建筑业年纳税超过10亿元人民币,占全区公共财政收入的30%以上。新洲区建筑企业当前有400家左右,其中劳务分包企业多达300余家,特级资质建筑企业2家,一级资质企业56家,二级资质企业41家。新洲区拥有武汉市规模较大的建筑人才队伍,全区共有建筑业专业技术人才近2万人,中高级技术职称的建筑人才3000多人,注册建筑师多达2300人,项目经理700多人。在广大农村地区,有很多外出从事建筑行业的建筑工人,也有很多以建筑业闻名的村、寨、湾等。

总的来说,新洲地区建筑行业发展水平较高,建筑从业人员规模大,人员较为集中,建筑工人创业做包工头的数量多,且集中。这一背景为本研究探讨建筑业工人创业做包工头的路径与实践逻辑提供了调查研究的有利条件。田野调查共访谈了31位包工头、8位建筑工人。本书通过对当地农村出身从事建筑行业的包工头的调查,全面分析建筑业包工头创业的过程与逻辑。

需要指出的是，为了拓展本研究的讨论范围，在以湖北省武汉市新洲区为调研地点的基础上，我们还在湖南、山东等地通过田野调查补充了一些新的调查对象。其中，在山东调查了 11 位包工头和 9 位进城创业农村流动人口，在湖南调查了 12 位包工头和 7 位进城创业农村流动人口。通过拓展个案，笔者发现了一些新的经验现象，从而补充了一些新的经验资料。本研究希望以此建构农民工关系型创业的一般图景。

第二章　创业准备期的"老板想象"与"干中学"

第一节　建筑行业特点与"关系"的运作空间

要深刻理解建筑业农民工到包工头的身份转变、创业行为与创业过程，必须将个体的际遇置于更大的本土劳动实践背景中去。将个体的努力与制度背景联系起来，考察非制度性的手段、逻辑如何在制度性的背景下成为可能。包工头的身份转变、创业行为与创业过程是在我国建筑业特殊的制度体系中实现的，而这种特殊的制度就是当前建筑业得以运转的内在逻辑——劳务分包制。

一、包工制的历史演变

包工头是伴随劳务分包制，或者说包工制的演变发展而来的，是建筑业劳务包工制体系中除发包方、建筑工人之外的重要主体之一。所谓劳务分包制是指施工总承包企业、专业承包企业的劳务作业发包人将承包工程中的具体业务发包给劳务分包企业或劳务作业承包人等，通过层层分包完成工程项目的纵向分配过程。[①]建筑业包工制则指的是建筑工程由建筑公司承办后，层层分包给大大小小不同规模的包工队，建筑工人在包工头的组织和带领下进行劳动。[②]

20世纪50年代至80年代间，我国建筑行业主要采取单一固定用工制模式，形成了一批国营建筑公司。公司的员工多数是由新中国成立初期的解放军通过技术培训后直接转化而来的。建筑工人通过国家统一安排分配到建筑公司，建筑工人与建筑公司之间维持稳定的终身劳动雇佣关系，采取固定工资制，受到国家良好的劳动与社会保障。建筑业从业人数也迅速扩张。到1980年时，我国国营、集体建筑企业雇佣的建筑工人数量

---

① 王超.工程建设项目劳务用工模式研究[D].北京:北京交通大学,2009.
② 任焰,贾文娟.建筑行业包工制:农村劳动力使用与城市空间生产的制度逻辑[J].开放时代,2010(12):5-23.

已经接近 1000 万人①。这一时期我国建筑行业发展主要形成了以"国营建筑公司—建筑合作社—乡镇建筑队"为梯队的模式。

　　1980 年代后,为适应经济体制改革与发展的需要,建筑业劳务用工制度开始改革。改革的关键词是"效率"大于"保障"。国营和集体建筑企业是重点改革的对象。1981 年 10 月,中共中央、国务院颁布的《关于广开门路、搞活经济、解决城镇就业问题的若干决定》指出,"要实行合同工、临时工、固定工等多种形式的用工制度,逐步做到人员能进能出。"合同工与临时工等多种形式劳动用工制度的发展,打破了终身雇佣制对工人的束缚,解放了大批建筑业劳务工人,成为我国劳务用工制度改革的破冰之举。1984 年,在前一阶段就业用工制度改革的基础上,国务院颁布《关于改革建筑业和基本建设管理体制若干问题的暂行规定》,对合同制、临时工、固定工等多样性的劳务用工制度实行进一步改革。《规定》指出,"国有企业除必需的技术骨干外,原则上不再招收固定职工"。在建筑行业内,国有建筑企业进一步减少固定工人的比例,积极推行劳动合同制。劳务工人与管理层的分离,以及广泛推行的劳动合同制,将原来体制内的固定工人推向了市场。灵活雇佣的劳务关系在市场交易框架内得以迅速发展。建筑企业内的固定工人所占的比重也从 1980 年的 72% 下降到 1999 年的 35%。②

　　在劳务合同制改革和固定工人大量流失的背景下,建筑行业在两个方面开始发生巨大变化。一是建筑企业管理层与劳务层的分离,劳务层被推向市场。在劳务层脱离管理层后,建筑业劳务层由于固定工人的流失,企业不得不大量使用从固定用工制分流出来的灵活雇佣工人。为提高建筑企业效率与活力,同时降低个人雇佣和灵活雇佣成本,建筑企业开始以承包制的模式,与不同技术、专业的建筑工人队伍进行合作。二是建筑业工人成分开始发生变化。1980 年代前,受严格的户籍制度限制,城市建筑业工人主要以城市居民为主。1980 年代后,随着城乡人口流动限制减少,大量农村劳动力进城务工。原有的城市居民,因建筑业劳动强度大、作业环境差、收入低等原因,逐步退出建筑业一线工人队伍,取而代之的是大量进城农民工。这两方面结合起来,逐渐形成了以总承包、专业承包和劳务分包企业为需方,以农民工为主的建筑业劳务工人为供方的建筑业包工制。自 1980 年代到 2000 年左右,在市场化改革推动下,由于体制内建筑工人向市场的释放以及劳动力的自由流动,建筑业逐渐发展成了不同规模、多种形式、不同等

---

　　① 建设部建筑管理司,中国建筑文化中心.新中国建筑业五十年 1949—1999[M].北京:中国三峡出版社,2000:5.
　　② 潘毅,卢晖临.暴力的根源:揭开建筑业拖欠的面纱[N].南风窗,2009-02-11(4).

级的行业体系,大致形成了以"国营建筑企业—集体建筑企业—股份制建筑企业—包工头"为梯队的模式。建筑业的项目也由总承包公司、专业劳务公司和包工头通过发包、分包、承揽、施工等环节共同完成。

二、劳务分包制发展的内在逻辑

建筑业用工制度的改革实质上是建筑业发展模式的变革。从1950年代以来几次建筑业发展模式变革的历程来看,建筑业劳务用工制度具有一定的制度路径依赖特征。[①] 项目制定、工程管理与具体施工职能分化,劳务用工制度的用工权力从集中于上层到开始逐步下放到具体的建筑企业,甚至是众多散兵游勇的包工队的包工头身上。用工制度更加趋向市场化、自由化和多样化,正式用工制度逐渐被正式与非正式并存的用工和工人组织模式取代。在本土环境下,建筑业包工制和普遍非正式用工模式之所以出现并能在当下得以普遍发展,既有深刻的经济、社会与政治基础,也是现有市场环境下建筑业发展的需要使然。

第一,市场化改革后,大量农村非正式、非建制建筑包工队进城从事建筑业活动,进一步刺激了国有建筑企业的市场化改革。建筑业正式建制性劳务用工模式与非正式劳务组织模式在很长一段时间里并存,形成了劳务层级相对较长的链条。计划经济体制下,国有建筑企业在国家统一配置体系中有大量工程建设项目运营,有相对充足的资金,因此长期实行管理层和劳务阶层相结合的模式。但在市场经济体制改革背景下,各类市场建筑企业和非正式建筑包工队伍的存在分摊了建筑业大量市场份额,国有建筑企业没有稳定、持续的工程来源,原有的公司劳务层成为企业日常支付的沉重负担。只有通过管理层与劳务层的剥离,降低劳务层人力成本的支出,进一步降低工程建设成本,才能和那些自由、零散包工队伍竞争。因此,原国有建筑公司的劳务阶层大部分被迫剥离出来。建筑企业管理层与劳务层剥离的一个后果是,在工程承包建设过程中,建筑公司需要从市场上积极寻求专业劳务公司和拥有建筑工人人力资源的包工队的合作。因此便在建筑业领域初步形成了正式建制型建筑业承保公司和非正式包工、施工队伍相结合的劳务分包体系。

第二,包工制的兴盛是在我国户籍制度改革所造成的城乡二元经济、社会格局的基础上所发展而来的,是农民工"拆分型的劳动力使用模式"在空间生产领域中的具体体现。通过包工制,原本在户籍制度限制之下割裂

---

① 刘静.建筑劳务用工制度变迁与对策研究[D].陕西:西安建筑科技大学,2010.

的农村劳动力的使用与再生产被纳入一个更受限制的空间,它将再生产策略与中国空间和地理的不平等相结合,既满足了城市发展的需要,又满足了资本的弹性积累需要。①

第三,规模和专业化程度不同的建筑工人组织团体与队伍为建筑业劳务分包制提供了运行条件。目前,我国建筑业劳务分包模式主要有两种形式,一种是成建制的、专业注册的劳务公司;另一种是非成建制的,未进行专业公司注册,但通过合作、无证挂靠等形式运作的小型建筑业劳务队伍。这些小型包工队多由一些有一定建筑工具、有多年建筑工作经验和技术的包工头,在个人资源、关系的基础上组织有一定建筑劳动经验和技能的人从事劳务作业。这些正式成建制的和非正式的小型包工队也构成了目前建筑业领域劳务分包体系的基本架构。而这些也都源于我国政府对建筑业领域专业劳务分包注册企业的资格有明确的规定。这些规定不同程度上限制了大部分实力有限的包工队注册成为专业劳务分包公司的可能。从而导致了一大批不同类别、规模的小型包工队的存在。它们与专业劳务分包公司并存,为建筑行业多层劳务分包制度的存在与发展奠定了基础。根据《建筑劳务分包企业管理暂行规定》和 2001 年《建筑企业资质管理标准》等相关条例规定,建筑劳务分包企业是指建设工程中从事木工、砌筑、抹灰、石制作、油漆、钢筋、混凝土、脚手架、模板、焊接、饭金、架线、水电暖通安装等十三个类别工程的企业;同时对这十三类专业类别企业的注册资格进行了严格设定,具体如表 2-1 所示。

表 2-1　我国建筑行业专业劳务分包公司注册资格

序号	分包类别	资质级别	资金要求	注册规模及要求(人)	单项合同额度
1	木工作业	一级	≥30 万元	≥20,中、高职称≥10	≥150 万元
		二级	≥10 万元	≥10,中、高职称≥5	≥50 万元
2	砌筑作业	一级	≥30 万元	≥50,中、高职称≥25	≥150 万元
		二级	≥10 万元	≥20,中、高职称≥6	≥50 万元
3	抹灰作业	无等级	≥30 万元	≥50,中、高职称≥25	≥150 万元
4	石质作业	无等级	≥30 万元	≥10	≥150 万元
5	油漆作业	无等级	≥30 万元	≥20,中、高职称≥10	≥150 万元
6	钢筋作业	一级	≥30 万元	≥20,中、高职称≥10	≥150 万元
		二级	≥10 万元	≥10,中、高职称≥3	≥50 万元

---

① 任焰,贾文娟.建筑行业包工制:农村劳动力使用与城市空间生产的制度逻辑[J].开放时代,2010(12):5-23.

续表

序号	分包类别	资质级别	资金要求	注册规模及要求（人）	单项合同额度
7	混凝土作业	无等级	≥30万元	≥30，中、高职称≥15	≥150万元
8	脚手架作业	一级	≥50万元	≥50，中、高职称≥25	≥250万元
		二级	≥30万元	≥20，中、高职称≥6	≥150万元
9	模板作业	一级	≥30万元	≥30，中、高职称≥15	≥150万元
		二级	≥10万元	≥15，中、高职称≥8	≥50万元
10	焊接作业	一级	≥30万元	≥20，中、高职称≥10	≥150万元
		二级	≥10万元	≥10，中、高职称≥5	≥50万元
11	水暖电安装作业	无等级	≥30万元	≥30，中、高职称≥15	≥150万元
12	钣金作业	无等级	≥30万元	≥20，中、高职称≥10	≥150万元
13	架线作业	无等级	≥50万元	≥60，中、高职称≥30	≥250万元

十三类建筑专业劳务分包公司，在注册资金、职称要求和单笔合同金额等方面的规定，除石质作业外，其他专业作业领域的劳务公司注册资格对于一般的进程农民包工头来说，门槛都相对过高。尤其是注册资本、职称要求和单笔合同额度规定对农民工来说是很难具备的条件。除此之外，大部分农民工出身的普通包工头，其个人能力有限，缺乏管理和经营专业公司的能力，企业发展抗风险能力差，一旦破产，就有可能导致经济上灾难性的后果。而且，经过专业注册的建筑劳务分包公司，其正式的劳动合同式用工模式与包工队灵活的用工模式也不同。底层分散的建筑队伍普遍采取灵活、非正式的用工模式，能够有效控制工人雇佣成本，还可以避免专业公司的税费负担。这也是一些即便有注册资金能力的普通农民工出身的包工头不愿意注册专业建筑劳务分包公司的重要原因。

第四，在市场化背景下，建筑业自身的生产特性及其发展的需要，也极大程度上推动了劳务包工制的发展。从建筑业自身的特点来看，首先，"建筑业的工作进度和流程受到自然天气一定程度上的影响，工程进展具有不确定性"。[①] 建筑业工作环节复杂，许多施工环节需要在室外进行，比如抹灰、砌墙等。一旦遭遇雨雪等恶劣天气，就无法施工作业。其次，建筑业工程周期一般较长，整体行业所涉及的材料供应等环节受到市场和整体经济环境波动影响较大。经济发展的稳定性、市场供需情况、物价的变动、工人

---

① 沈原.市场、阶级与社会：转型社会学的关键议题[M].北京：社科文献出版社，2007：232.

劳动情况等,都可能影响到建筑材料的供需和市场价格。① 最后,建筑业施工很大程度上依赖于建筑工人的经验和技术,不同阶段和不同施工环节所需要的技术差别较大,不同工序之间的衔接、配合要求很高②,因此,建筑业施工过程中的不确定性因素较多。受上述生产条件的限制,建筑行业生产流程无法进行标准化,也难以实现完全的机械化,因而保留了大量的活劳动。如何有效管理劳动就成为建筑业的一大难题。而劳务分包制将不同生产环节和流程的分化与肢解,以及多包工队协作的模式恰恰满足了对活劳动的灵活管理。③

从市场发展的需求来看,建筑业在整个产业链中是基础性产业,相对低端的劳动力产业需要大量廉价劳动力。而建筑业本身由于项目周期短、工程更换频繁等原因,需要较为灵活、弹性的用工模式。这样既能减少建筑业工人雇佣、培训和社会保障的成本,同时也能够保持稳定的工人来源。劳动力的自由流动和市场化虽然提供了大量自由可雇佣劳动力,但建筑行业对于稳定、熟练工的需求仍然很高。这也是目前大量非正式普遍用工模式的小型、灵活建筑队伍得以存在和发展的重要原因。

第五,在建筑业领域中,正式的工程管控与非正式的普遍用工模式相结合,劳务包工制在整个建筑业领域的生产和组织过程中发挥了重要的作用。对上而言,通过正式的项目发包与管理控制,资金垫付式的运作形式得以存在并发展,缓解了上游总承包公司和一些大型专业建筑企业以及土地资本的资金困境、降低了虚拟资本运营的压力。对下而言,包工制通过非正式的用工和组织制度对建筑工人进行更加灵活而有效的调控,保证了建筑业劳动力的雇佣弹性、使用弹性和工资支付弹性。④

三、建筑业工人组织形式与劳务分包模式

(一)建筑行业劳务工用组织形式

当前我国建筑行业劳务用工和组织形式主要有四种:一是独立的外部劳务分包企业;二是国有建筑企业控股的自建劳务公司;三是施工总承包企业和专业承包企业所拥有的劳务作业班组;四是以非建制形式存在的零散用工的包工头队伍,采取挂靠形式承揽施工作业。这四类劳务用工形式各

---

① STEVEN G A. Unionized construction workers are more productive[J]. The quarterly journal of economics, 1984, 99(2):251-274.
② 沈原.市场、阶级与社会:转型社会学的关键议题[M].北京:社科文献出版社,2007:232.
③ 潘毅,卢晖临,张慧鹏.大工地:建筑业农民工的生存图景[M].北京:北京大学出版社,2012:93-94.
④ 贾文娟.入厂包工国企新型用工方式及其对劳资关系的影响[J].中国工人,2014(10):41-44.

有其特点：

首先，独立的外部劳务分包企业，是在二级建筑市场中独立承担分包业务，并有单独管理人员对劳务进行管理的劳务分包公司。当然，在市场扩大化和生产拓展的今天，这类劳务分包公司不仅提供劳务人员，同时也可以提供建筑材料和施工机械等。

这类劳务企业一般有两种劳务输出形式。一是向建筑项目零散地提供建筑业作业人员或管理人员，并且根据所提供劳务人员的能力收取相应的费用；二是以劳务承包形式揽接工程项目的一部分工作。由企业所拥有的劳务承担施工作业和管理工作。使用这类独立外部劳务分包企业的好处在于，这类劳务输出与用工形式具有很大的灵活性和适应性，能够弥补一般施工企业作业能力不足和设备不全等问题，还能够减轻项目建设过程中烦琐的业务管理工作。除项目建设中关键性的技术、质量和资料等业务内容外，其他劳务管理和现场管理等均可由外部劳务企业负责；当然，风险分担和减轻损失也是建筑项目使用这类劳务企业的重要原因。一般来说，独立的外部劳务公司具有相对成熟的劳务施工经验和较高的资质。在建筑项目实施过程中一旦发生建筑事故，劳务公司可以自行承担责任，能够有效分担和降低施工总企业的风险。

其次，国有劳务施工企业控股的自建劳务分包企业。这类劳务输出企业与独立外部劳务公司类似，同样需要在二级建筑市场寻求和承接建筑项目。不过，这类企业由于有国有劳务施工企业控股，因此项目来源主要是国有施工企业指派，少部分业务从外部建筑企业获得。

再次，施工总承包企业和专业承包企业自有劳务作业班组。这类劳务作业班组一般与施工企业和专业承包企业签订有长期稳定的劳动合同。作业班组的劳务工人可以视为总承包企业与专业承包企业的正式职工。企业对施工班组的劳务工人进行专业培训，并对他们的使用和权益负有责任。不过，由于这类劳务组织形式成本高，大部分建筑企业已经实现了与劳务层的分离，只保留了一些核心骨干人员，如技术型和管理型人才。大多数施工现场作业人员由企业外部独立的劳务工人提供。这类劳务组织形式解决了劳务层与管理层之间的脱节问题，建筑项目由建筑公司独立完成，减少了项目管理费用。而且由于工人与企业签订长期稳定的劳动合同，且经过长期、专业的技能培训，能够有效保证施工质量和建筑周期。

最后，以非建制形式存在的零散用工的包工头队伍，采取挂靠形式承揽施工作业。相较上述三种劳务企业，零散包工队伍一般规模较小，资质较低或没有资质，所承接的工程项目也一般为中小型建设项目。他们与建筑公司之间往往是临时雇佣关系。这类包工队伍由于没有注册劳务公司，缺乏独立承接建设项目的资格，因此往往挂靠在有资质的建筑公司或劳务公司下面，通过缴纳一定的管理费和保证金，获得独立揽接项目的资格。具体来说，这类包工队伍主要有三种类型：

一是相对稳定的包工队伍。这类包工队伍一般由较早进入建筑行业的人组织起来，长期为专业和大型的施工承包企业提供劳务工人。但为了追求利润最大化，降低成本，避免交税，因此未注册劳务公司与营业执照，没有建设资质。但这类包工队伍由于组织结构完整，管理班子与施工队伍人员配备齐全，管理也相对规范，且较正式建制类劳务公司成本较低，因此，一些专业承包企业与大型建筑公司也与其建立了相对稳定的劳务合作关系。

二是层次较低的无证挂靠型小型包工队伍。这类包工队伍由于规模小，资金不足，包工头缺乏专业的企业管理和经营能力，因此没有注册建筑执照。但为了承揽项目，挂靠在专业的劳务公司下面，向其缴纳建筑保证金，劳务公司为其提供资质保证。目前，绝大多数建设工程项目都有这类包工队伍存在。尤其是在中小型建设项目中，零散挂靠的包工队伍基本承担了工程项目不同专业类型的劳务作业。

三是空手套白狼型。主要是一些在建筑业市场中拥有一定关系的人，能够接到建设项目，但其本人并没有劳务工人队伍。这些人接到项目后通过中介、转包等形式，分包给其他建筑队伍，从中获取转包和介绍费，以此获得经济利益。这类空手套白狼型包工头转包现象普遍，容易破坏建筑业劳务分包中的劳务关系和市场秩序。一旦发生建筑事故，由于分包、转包关系杂乱，很难找到责任人，建筑工人的权益往往难以得到保障。

（二）劳务分包模式

劳务分包制是建筑业运行的基本形式。建筑行业由于专业分工多，产业链长，因此分包模式多样。从当前建筑行业运行的基本情况来看，比较常见的主要有两种分包模式：双包模式（也称劳务大清包模式）、纯劳务清包模式。这两类分包模式因各自作业内容而有所区别。

首先，纯劳务清包模式，即在工程项目中只负责工程的劳务作业的分包模式，其他如建筑材料等则由项目部负责。纯劳务清包模式由工程项目部建立施工作业班组，并与各施工作业队伍签订劳务用工承包合同。这种模式的特点是，施工工人的组织和管理由施工作业班组或队伍自行解决，通常是包工头负责各自施工队伍的组织与管理工作，项目部支付包工队伍一定的工人组织和管理费用。项目部因此节省了自身的施工管理成本。一般来说，这种模式也包括两种形式：一种是所有劳务大清包；另一种是分专业的分项清包。建筑业专业分工多,包括木工、砌筑、抹灰、石制作、油漆、钢筋、混凝土、脚手架、模板、焊接、饭金、架线、水电暖通安装等十三个类别。所谓劳务大清包,主要指的是施工作业队伍负责建筑工程项目中,所涉及的多种或所有劳务项目。这类劳务大清包一般对施工作业队伍要求较高,需要多专业的劳务作业队伍协同完成。一般只有拥有多工种施工队伍的大型劳务公司才能胜任;而分项目劳务清包则主要是施工作业队伍只负责工程项目中的一个专业项目的劳务作业任务。这类分项目劳务清包一般要求较低,施工作业队伍只需要擅长一种专业施工项目即可。一般来说,这类包工队伍规模较小,专业性较强,多为一些零散包工队伍。

纯劳务清包模式中的劳务分包队伍具有较强的施工自主性,对施工队伍的工人组织和管理负有完全责任。建筑公司和项目部因此省去了工人组织管理任务。但由于施工队伍的自我管理通常缺乏专业性,对于施工进度与施工执行力等缺乏掌控,因此,需要项目部加强对施工队伍的监督与管理。

其次,双包模式,即劳务清包与材料清包同时分包的形式。建筑工程项目的实施除了施工作业外,还需要使用相应建筑材料。双包模式是纯劳务清包模式基础上增加了建筑材料承包的扩大化分包模式。除了建设工程主要施工材料如混凝土、钢筋、型材等特殊材料外,其他如施工周转材料、机械、模具等辅助材料都由施工队伍负责解决。这类承包模式要求施工队伍具有较强的协同作业能力、较高水平的经济实力、一定程度的管理水平、相对稳定的施工作业队伍,并且要求一定的行业声誉,能够独立完成所承包的作业任务。这类扩大化的清包模式要求施工队伍具有较强的自我管理能力,因此施工队伍内部一般都拥有自己的管理层。管理层要对不同专业的施工作业和材料配备队伍有直接的管理,做到"目标一致,令行禁止",才能实现工程施工过程中的真正协同作业。这类承包模式的优点是施工队伍最大化承包了工程建设的业务,建筑公司和项目部只需要对总体工程及其进度进行把握即可。这就节省了项目部的管理精力。但缺点是项目部要支付承包队伍较高的管理费用,省心但不省钱。而且,由于这类大清包模式承包业务较多,工作内容的界定、材料价格的确定和工作界限的划分往往模糊,一旦施工队伍自身处理不善,就可能给项目部带来极大麻烦,演变成既不省钱也不省心的局面。

四、建筑行业中"关系"的运作空间

"关系"在建筑行业中的运作空间强调的是建筑行业中"关系"运作的可

能性及其必要性。这种可能性与必要性与建筑行业本身的特点有关,换句话说,建筑业本身的运行逻辑、特点和模式等,为关系的运作提供了一定的制度空间。具体而言,表现在以下三个方面:

首先,建筑业融资渠道少,劳务分包制自上而下的资金垫付和风险分担模式导致下游劳务分包队伍承担了巨大资金风险和压力,而由于包工头自身社会资本有限,从与自身有关系的网络中的他人那里获得支持,成为包工头融资和抵抗风险的重要途径。"关系"提供了民间借贷的公共信用基础与道义前提。建筑业的运转需要大量资金支持。上到土地招投标、建筑材料购买,下到工程施工过程中工人工资的发放,都需要大量资金。建筑业资金缺口扩大的同时,融资渠道却相对较少。建筑行业虽然具有产业链长、辐射面广、带动能力强等优势,但该行业本身现代化水平并不高,且标准化程度低,技术含量不足,尤其是具体施工过程和环节,缺乏技术性。因此,对外融资的吸引力相对较弱。除了极少数大型建筑企业通过股份制上市改革,能够以较低成本融资外,绝大部分建筑企业只能通过银行贷款实现筹资。而其他小型建筑企业和大量非建制类(未注册)建筑包工队伍由于授信额度不足和担保抵押能力差,很难获得银行贷款。正是因为建筑行业项目结算周期长,融资渠道少,建筑业通过劳务分包制通过自上而下的劳务分包,采取层层资金垫付的形式,将资金不足的压力逐级分担。其结果是下游小型建筑企业以及非建制零散包工队伍承担了较大的资金压力。超过90%的建筑施工合同是在建筑公司提供担保和下游施工队伍资金垫付的情况下完成的。这些垫付资金包括工人工资、材料购买资金、项目管理费用等。大量垫付资金给包工头带来了较大的资金压力,在个人资金不足、银行贷款困难的情况下,通过非正式渠道融资就成为包工头的最主要途径。"关系"显然在非正式融资过程中起重要作用。表2-2所示是建筑业主体融资的常见六种渠道。

表 2-2 建筑业主体融资渠道

融资渠道	描述	特点与风险	应用情况	融资成本	融资规模
银行贷款	银行将一定额度资金及以一定利率贷放给需求者,并约定期限付利还本的一种经济行为	融资速度快,手续简单,按期付利,到期还款	最高	中,平均年利率10.3%	2013年商业银行的建筑业贷款余额约25720亿元

续表

融资渠道	描述	特点与风险	应用情况	融资成本	融资规模
上市融资	将经营公司的全部资本等额划分为股票形式,经批准上市流通公开发行。由投资者直接购买,短时间内可筹集到巨额资金	融资速度快,规模较大。但是门槛高,发行股票限制条件多	极少	中	2011—2013年,共有13家建筑企业成功上市,并融资264亿元
债券融资	企业通过金融机构,按法定程序发行、承诺按期向债券持有者支付利息和偿还本金的融资行为	融资成本低,周期长,发行条件较严格	少	较低,4%~7%	2013年,共有68家建筑企业通过债券及票据融资共1100亿
信托融资	通过金融机构,由信托公司向最后贷款人进行的融资活动	融资速度快,可控性强,融资规模符合中小企业需求	少	较高,10%以上	2013年,建筑业信托融资规模不足500亿元
内部员工融资	企业向内部员工进行借贷的筹资方式,是民间借贷的一种,在施工企业较为普遍	融资速度快、可控性强,融资额度有限	较普遍	中	未知
民间借贷	公民之间、公民与法人之间、公民与其他组织之间借贷	手续简便,利率由口头协商或随行就市,期限相对较短且不确定,债权方可随时收回贷款	民营建筑企业和非建制包工队主体中非常普遍	高,20%左右	超过1万亿

资料来源:鲁班咨询网,http://wenku.baidu.com/org/view? org＝lubanway&tab＝1&cid＝89♯org-tab.

从表2-2可以看出,民间资本借贷虽然成本相对较高,但总体融资规模却较大,且在民营企业和非建制包工队伍中相对较为普遍,是建筑业主体融资的最主要途径之一。民间借贷通常发生在具有强关系的个体之间,通过弱关系借贷的形式也通常有一位与借贷双方都有强联结的第三方中介人。[①] 应该说,"关系"提供了民间借贷公共信用的基础和道义互助的前提。

---

① 班涛.弱关系型民间借贷的运行逻辑与实现机制:以山西田村调查为例[J].北京社会科学,2016(3):7.

其次，劳务分包制中分包主体包括正式建制型（注册类）和非建制型（非注册类）两种类型。非建制型分包主体承担了建筑工程项目中较大比重的施工作业任务。在劳务分包模式中，无论是双包模式（包工包料）还是劳务纯清包模式，都有不同专业的零散包工队伍在活动。这些零散包工队伍要么与建制型建筑公司合作，采取无证挂靠形式参与劳务分包中底层施工作业活动，要么与规模较大的包工队伍长期合作，分包某一专业领域的劳务作业。这些零散包工队伍（无证挂靠型、较为稳定型、空手套白狼型）在正式的劳务分包中一般较少直接参与正式的、市场化的项目招投标过程，而是通过各种非正式的"关系"获得参与劳务分包的机会。

一般来说，建制型建筑企业目前多数只保留了管理层，此外还包括少数技术骨干人员。中标工程项目后，建筑企业需要从市场中寻找专业劳务施工队伍进行合作。从目前建筑行业劳务用工组织形式来看，主要有两种：一种是基于市场关系的独立外部劳务用工和国有建筑企业控股自建的劳务输出公司；另一种是基于非正式合作关系，以零散包工头为主的自由劳务输出形式。第一种劳务输出形式更具专业性，拥有相对完整的劳务作业和管理人员配置，但由于成本相对较高，多数情况下只有有实力的建制型建筑企业选择此类劳务用工形式。另一方面，另三包工队伍自由的工人组织与劳务输出形式由于成本相对较低，也成为建制型建筑企业劳务用工的主要选择之一。零散包工队伍要获得建筑公司"青睐"，必须建立在良好的施工质量和声誉基础之上。而从建筑公司的角度讲，为获得稳定、优质的劳务支持，与特定的包工队伍长期合作显然是必要的。这种合作就建立在双方有意识建立的非正式"关系"基础之上。

对于非建制型零散包工队伍来说，根据资质差别和实力区分，也分为不同的层次和界别。实力较强的包工队伍甚至能够独立承担工程项目，承担双包（包工、包料）。在这些实力较强的包工队伍中，根据专业分工不同，又存在多个小型包工队伍。对于非建制型包工队伍来说，从市场上寻找劳务作业队伍成本过高，与小型零散包工头稳定合作是非建制型包工队伍的主要用工形式。这些小型包工头由于缺乏资质，也倾向于与大型包工队伍长期合作。双方都具有合作的需求。从业务的角度讲，非建制型包工队与零散小型包工头之间形成长期稳定合作关系，在此基础上，包工头之间也发展出良好的私人关系。正式业务关系与非正式私人关系的双重叠加，强化和巩固了底层劳务施工队伍之间的合作关系，为双方的劳动合同关系提供了信任保障。[①]

再次，建筑业非正式普遍用工与大量活劳动的存在导致施工队伍内部人员管理难以标准化，不仅如此，建筑工人大量来源于农村进城农民工，这就为传统"关系"在建筑行业内较为流行。尤其是在建筑施工队伍内部，成为工人管理和协调的重要因素。建筑业本身标准化程度低，在施工过程环节受自然因素影响较大，因而保存了大量活劳动。由于建筑行业门槛低，活劳动的承担者基本上为来自农村的进城农民工。建筑业农民工找工作基本通过非正式渠道——熟人介绍。因此，工人内部本身存在多重关系连带性。不仅如此，由于建筑业工程更换频繁，劳动合同签订率低，工人流动性较强，人员流失较为严重，需要灵活弹性的用工模式。因此，施工队伍的负责人——包工头倾向于使用稳定熟练的工人。这些熟练的工人有的来自包工头的家乡，即包工头自身的关系网络，有的是长期跟随包工头从事建筑行业，与包工头发展出了一定私人关系的建筑工人。从熟悉的关系网络中雇佣建筑工人，一方面能够保证建筑工人的工作稳定性，降低工人流失率，保证工期按时完成；另一方面，工人的稳定也保证了施工队伍内部工人技能的熟练性，为工程质量提供保证。应该说，"关系"为包工队内部工人控制和工程管控提供了的非正式保障。以往关于建筑业劳动关系的研究已经指出了关系作用的普遍性。比如，在建筑包工队内部工人工资发放的逆差序格局安排[②]、工人控制的关系霸权[③]等。

第二节 "内核"与"外围"：包工头"关系网络"的构成

"关系网络"是行动者之间的一组关系或联系[④]，是个体与社会发生联系的重要桥梁。就从事建筑业的包工头以及本研究的旨趣——关系型创业——而言，这里的"关系网络"特指建筑业包工头在实现创业的过程中，与社会上其他个体所发生的联系和关系，这些联系和关系所构成的关系网，即包工头的关系网络，它为包工头的创业提供了帮助。由于本书的研究对象

[①] 刘世定.嵌入性与关系合同[J].社会学研究,1999(4):77-90.

[②] 蔡禾,贾文娟.路桥建设业中包工头工资发放的"逆差序格局"："关系"降低了谁的市场风险[J].社会,2009(5):1-20,223.

[③] 周潇.关系霸权:建筑工地的控制与反抗[C]//载郑也夫,沈原,潘绥铭.北大清华人大社会学硕士论文选编(2007).济南:山东人民出版社,2007.

[④] POWELL W W, SMITH-DOERR L. Networks and economic life[M]// SMELSER NEIL J., SWEDBERG R. The handbook of economic sociology. Princeton: Princeton University Press, 1994: 377.

在地理范畴上处于同一地域,在共同的乡镇、村庄地域范围内,不同的包工头之间的关系网络相互交织,客观上形成了共享的关系网络。

要从总体上把握关系的内涵,就要全面讨论关系的类别属性、表现形式、角色规范等。就关系的类别属性而言,关系网络是行动者在行动过程中基于不同的目的、原则、逻辑所建构起的不同类型的复杂关系的集合体。根据不同的标准,关系可以分为不同的类型。比如,按照关系联结的纽带,可以分为血缘关系、地缘关系、业缘关系等;按照关系的同质性差异,可以分为同质性关系和异质性关系;由同质性差异衍生出的还有其他划分如根据关系主体互动的频率和情感强度等可以分为强关系与弱关系。分类标准的不同,决定了关系类别的不同。笔者所调查的建筑业包工头,其身份绝大多数来自农村。有的是原来就从事建筑行业的建筑工人,有的则直接是农村村民。根据其关系交往的频率、强度等,笔者将农村出身的包工头关系网络分为"内核关系"与"外围关系"两种类型。

内核初级关系指的是包工头之间基于血缘、地缘等建立起的强关系网络。由于包工头之间有的有血缘与姻亲等关系,有的来自同一地域,因此内核初级关系相互交织,关系网络彼此共享,具有高度的重叠性和同质性。在这些关系网络中,主体包括熟悉的亲友、村民、共同从事建筑行业的包工头等。

从关系的表达形式来看,"内核关系"的表达更重视情感需求的满足。而且由于"内核关系"所连接的个体之间彼此熟悉,相互之间的互动频率较高,互动形式更多地表现出多元化、日常化、非正式化、空间自由化等特征。比如,在我国农村,相互熟悉的村民之间,就日常交流与互动的地点而言,"靠近道路一边的转折墙角、道路、胡同、巷子、广场和转折的墙角等。许多农村居民的'偶遇式'交往和互动都发生在这些空间内。在这些空间内,人们短暂停留,从事农村日常生活最基本、最简单的客套和互动。……人群在这些空间内不规则的小范围集中,维持了农村居民之间的日常生活交往"。[①] 不仅是交往空间的自由化,互动交流的内容也呈现出日常化、生活化的特点。"干什么去""最近在忙什么""吃饭了没""家里怎么样"等有关日常生活与家庭成员之间的问候是非正式互动的主要内容。而对于正式社交而言,强关系主体间的正式交往往往表现在仪式性事件中,如婚、丧、嫁、娶等事件,是农村最为重要且正式的交往形式。在这些事件中,互为强关系的村民无论是亲自到场还是因无法到场而托人送礼金和问候语,各种形式的

[①] 谷玉良,江立华.空间视角下农村社会关系变迁研究:以山东省枣庄市 L 村村改居为例[J].人文地理,2015(4):45-51.

问候必然要送达。亲自到场具有象征性的意义：一为重视彼此之间的关系而通过正式的形式来表达某种情感；二也是为仪式事件主办者的尊重，到场参加有"给面子"和"捧场"的意味。这种正式的仪式文化所表现出的互动形式是村民长久交往以及文化内化的结果。它从情感上、义务上，而非利益上规定了互动双方的责任感和角色规范。

就不同关系主体交往所要求的角色规范而言，"内核关系网络"内部的主体之间，要求对彼此的情感付出与表达予以反馈。反馈的形式可以是多样化的，且反馈在质、量与时空等方面可以是不对等的。① 双方的交往对各自的角色规范并没有强制性。

"外围关系"指的是基于共同从事建筑行业和建筑市场上结识的其他包工头、建筑工人与开发商等建立起来的弱关系网络。相对于内核关系网络彼此交织、共享，且重叠性较高而言，外围关系网络交织程度较低，重叠性也不高。

相比较内核关系网络主体间交往形式的自由化、非正式化与日常化等特点，外围关系网络主体间的交往由于更多的建立在工具性目的之上，作用也主要是为了工具性目的的表达，因此其互动形式更经常地表现出某种正式性、仪式性和例行化的特点。比如生意上的往来经常在酒店、宾馆、公司和休闲娱乐场所等进行。建筑业包工头的外围关系网络，建立在交换与互惠基础上，主体间的交往在交往形式、地点等方面都表现出明显的正式化特点。即便在农村，不太熟悉的客人来访，也要"正式地让进正室（堂屋），沏上茶水，递上烟火等，如果是男客人来访，女人则经常要回避"。（XF320160416）同时，外围关系网络中，包工头之间，以及包工头与开发商之间的交往对角色规范的要求，相对具有正规性和强制性。交换与互惠本身就意味着互动一方的付出要求对方给予等价的回报与反馈。

建筑业包工头的关系网络兼具内核强关系与外围弱关系两种关系，内核初级关系与外围次级关系之间相互影响，彼此都具有另一类关系的某些特点。具体来说表现在两个方面：

首先，内核初级关系受到市场关系的影响，日常生活某种程度上具有经济化的倾向，内核初级关系的表达和维系也不仅仅建立在情感表达的基础之上，工具性同样是其表达的重要目的之一，而关系互动的形式也具有经济化的特点。包工头的创业活动在起步阶段，大多数情况下受到内核强关系的支持。随着创业过程中不同资源在村民、亲友和创业包工头之间的流动，

---

① 边燕杰,张磊.论关系文化与关系社会资本[J].人文杂志,2013(1):107-113.

内核初级关系被注入了交换的因子。关系的维系与表达兼具情感性与工具性。日常生活中的互动也表现出某种经济取向,感性的强关系逻辑生发出理性化的一面。比如,建筑业包工头为了从内核关系网络中获得资金、人力、设备等资源,通过送礼与吃饭等形式将日常生活与经济活动联系起来。

其次,外围次级关系的建立受到强关系的中介,市场嵌入与交换要求包工头不断强化弱关系网络。因此外围市场性弱关系也具有某种去经济化与情感化的特点,经济活动也具有生活化的特征。建筑业包工头在建筑市场中结识的新的关系对象如开发商、包工头、建筑公司工作人员等,通过长期的经济活动交往,彼此的关系得到强化。生活中也从职业关系逐渐发展为朋友关系。唱歌、吃饭等娱乐活动也不再充满例行化与仪式感,而多了一些非正式性、日常化与情感化的特征。有研究将这种经济活动中关系的情感化以及职业弱关系的强关系化称为"职业关系的去经济化与情感化"[①]。包工头初期创业过程中,弱关系网络明显不足,但初创业包工头通过早期创业的熟悉包工头的介绍,得以建立起新的市场关系,如通过熟悉的包工头结识建筑公司老板或开发商等。这种关系建立之后,首先通过生活化的方式得以强化,比如包工头通过日常问候和节日送礼等形式强化弱关系。关系得到强化后,经济活动中的互动与关系的表达就趋向于生活化。

第三节 包工头的分类与建筑工人的"老板想象"

建筑行业是一个规模、系统庞大,专业类别较多,协同配合程度较高的行业。因此,建筑业包工头不仅分类较多,且群体特征也较为突出。

一、建筑业包工头类型划分

根据不同的分类标准,建筑业包工头可以分为不同的类型,这些标准包括建筑业所涉及的专业领域、资质规模大小、来源等。

首先,建筑行业专业领域众多,涉及木工、砌筑、抹灰、石制作、油漆、钢筋、混凝土、脚手架、模板、焊接、饭金、架线、水电暖通安装等十三个类别领域。一般来说,在一个建筑工程中,每个专业领域都有一个班组在作业。这些班组的负责人或该专业领域的承包人,就是这个领域的包工头。

其次,按照不同包工头资质和包队伍规模的大小,包工头大致有三种不同的类型:与建筑公司签订劳动合同并有稳定合作关系的包工头、挂靠在

---

① 程士强.进城创业:包工头家庭经济的实践逻辑[J].社会学评论,2014(2):56-65.

注册建筑公司下面的包工头、零散小型包工头。有的包工头由于自身资质欠缺（一般指没有注册专业建筑公司，缺乏建筑工程招投标资格），会选择向有资质的注册建制类建筑公司缴纳一定的挂靠金，挂靠在专业建筑公司下面，以注册建筑公司的资质对建筑工程进行投标，从事建筑活动。这类包工头就是"挂靠型"包工头。一般来说，这类包工头有固定的包工队伍，承包工程的规模以挂靠建筑公司的资质为准，按照建筑行业资质划分，包括三个级别的资质：三级资质的建筑公司及其挂靠包工头只能承接8层楼以下的建筑工程；二级资质的建筑公司及其挂靠包工头可以承接20层楼以下的建筑工程；拥有一级建筑资质的建筑公司及其挂靠包工头，承揽建筑工程的规模则不受限制。有一类包工头虽然没有注册自己的建筑公司，也没有选择挂靠在建筑公司下面，但与专业的建筑公司签订了劳动合同，有长期稳定的合作关系。其所作业的建筑工程业务是通过建筑公司承接，然后由建筑公司派发给不同专业领域的包工头负责项目执行，建筑公司与包工头之间签订劳务合同，规定双方权利义务关系和收益等。这类包工头一般经营规模较大，拥有完整的包工队伍，包括项目经理、技术员、预算员、安全员、采购员管理团队。能够独立开展建筑作业活动。除了上述两种包工头外，还有一类包工头，他们一般缺乏建筑资质、包工队伍相对较小、经营规模较为单一，主要承接一些零散的小型工程，且主要承包内容为劳务。

再次，通常来说建筑领域的包工头来源主要有两类人：一是在劳务用工制改革过程中，从国有建筑企业中以合同身份分化出来的部分固定建筑工人。建筑企业为激发工人责任心和积极性，采取内部包工责任制的方式，将建筑工程项目分包给内部工人，这些工人就发展为建筑企业内部包工头。市场化改革后，国有建筑企业管理层与劳务层分离，原来建筑公司的部分员工被划归劳务层，并从建筑公司分离了出去。但由于这部分原建筑公司员工与建筑公司的关系，他们在离开建筑公司后组织起一部分建筑工人，组成建筑包工队伍，仍然与建筑公司进行合作。而建筑公司也因劳务层的分离需要从市场中寻找合作的劳务队伍。这部分原有建筑职工组织起的包工队伍就成为建筑公司劳务合作的首要选择。这部分建筑工人也成为城市建筑行业最初的一批包工头。二是部分农村建筑队的领头人。早期，农村建筑队伍通常有一个拥有建筑工具、材料的带头人或大工师傅，通过熟人介绍和自由招募的方式组成建筑队伍，从事建筑业活动。在长期从事建筑业的基础上，原来的建筑队带头人积累了部分建筑资源和社会资本，同时在与部分建筑工人长期合作的基础上形成了稳定的合作关系。在市场化改革过程中，一部分农村建筑队带头人和大工师傅带领具有稳定合作关系的建筑工人进城,组建起以"包工头"(建筑队带头人或大工师傅)中心的建筑队伍,进入城市建筑行业。由于进城建筑队拥有成熟、稳定的建筑工人,劳动力价格相对不高,一些城市建筑企业逐渐开始将部分工程业务以分包的形式包给这些来自农村的"包工头";而在大规模农村劳动力进城的背景下,他们也逐渐发展成为城市建筑业"包工头"队伍的主要力量。

二、建筑业包工头从业条件

一般来说,相较其他行业,建筑业的入行门槛相对较低,技术含量总体不高。但是对于包工头来说,从事建筑行业仍然需要具备一些基本的条件,包括个人素质能力和其他硬件基础。个人能力方面,由于建筑行业专业领域较多,从事不同专业领域的建筑作业需要具备不同的能力素质。包工头要对自己所从事的专业领域的工作流程、市场情况、价格行情等有清楚的认识。不仅如此,还要对所承包的工程专业项目有基本的技术性了解。

除此之外,建筑业专业领域众多,有的大包工头从事大清包和双包业务,还必须了解包括众多专业领域的施工程序和标准化流程,对材料采购和相关市场价格也要做到心中有数。不了解市场行情和不同环节人工、材料价格,就不可能在工程发包和投标时给出科学、正确的报价。不仅如此,包工头还要对建筑工程的不同施工流程做到心中有数。即便是一些专业性较强的小型包工头所承包的单项工程项目如木工、混凝土、砌砖等,也要对操作规程有详细的了解。这是包工头指导包工队伍施工作业和保证建筑质量的关键。而且,包工头也只有对不同专业领域和工种的作业程序和标准化流程有所了解,才能协调不同专业班组进行交叉作业,以整合各建筑施工队伍协同作业,缩短工期。

一般来说,包工头需要了解的基本素质和需要掌握的重要知识包括:项目招投标程序、投标书的撰写、合同的审核、建筑主体工程施工流程、建筑安全规范、项目预算的制定、结算的编制、施工图的识别、工程建筑造价指标、建筑材料市场价格和采购程序、工伤事故处理和赔偿办法等。上述每一种建筑行业基本常识都需要长期的学习和经验积累。而且,掌握这些建筑行业知识不仅仅是应对工程施工与市场嵌入的基本素养,很多时候也是与开发商和发包方进行利益博弈所需的必要能力。关于这一点,一位 J 姓包工头向笔者诉苦道:

"一个单子签下来,造价虽然是合同里早就定了的,但一般合同里
发包方都会加一条合同款浮动项。什么意思呢,说白了就是他们事后

过来给你挑错砍价。活干完了以后项目开始结算了,发包方项目部来验收,会各种挑你的错、指你的问题,说你哪里哪里有问题,哪里哪里和你报上来的实际情况不符,目的就是在合同规定造价的基础上再压你一把,把钱再截留一部分到他们手上,压缩你的利润空间。这时候你就得跟他们据理力争,看谁能说服谁。但首先你自己得懂,你要不懂,全靠他们上嘴皮碰下嘴皮,一个单项挑出你一点问题,可能这个单项几万块钱就出去了。到最后加起来压得你受不了,他还说得你不服都得服,心里几多(非常)憋屈。所以学这些东西有时候是工程需要用得上的,有时候也是逼出来的。"(XBJ20160818[①])

除了了解和掌握建筑行业基本知识和包工头基本素质能力外,包工头入行还需要组织起包括管理人员和工人队伍在内的施工队伍。一般来说,一项建筑工程需要投入的人员包括总包项目经理、工程部经理、现场项目经理、现场安全员、现场工程师、预算员、质量管理和检验工程师、材料员、现场业务人员。而对于一般包工队伍来说,包工队伍虽然人员配备相对简单,但一些基本的管理人员仍然是必须的,比如项目经理、安全员、预算员、技术员、材料员等,除此之外是建筑施工人员队伍和从事建筑包工所需要的启动资金。

建筑包工队伍的组建需要相关专业领域的建筑工人,而这部分工人的来源则需要包工头下一番功夫。一般来说,要组建一支能够独立从事建筑施工作业的包工队伍需要一定数量和质量的稳定工人。这部分工人就成为包工队伍的核心成员,能够随包工头转战不同的建筑工地。要组织这样一些拥有熟练技术且能够稳定跟随包工头的建筑工人并不容易。众所周知,建筑行业是工人流动性比较大的行业,其流动性强不仅是指建筑工人因建筑工期而在不同工地之间的频繁流动,更主要指的是建筑工人流失比较严重。对建筑工人来说,通常是"有活则干,没活则散"。相对其他行业来说,建筑业门槛相对不高,对工人的技术性要求较低,只要能够从事体力劳动,即便没有专业的技术,通过简单的培训也能够迅速上岗。而且大部分建筑工人并非全职从事建筑行业,大多数来自农村进城务工的工人。他们同时还从事农村种植业,经常在农忙季节返乡务农,这就需要包工头临时补充建

---

① 访谈材料后的编码根据调查地点、调查身份、被调查者姓氏,以及调查时间为顺序依次编码。按照学术伦理要求,笔者对被调查者的姓名进行了一定处理,以汉语拼音指代。其中,"X"代表调查地点为新洲区,"B"代表被调查者身份为包工头,"B"后英文字母是被调查者姓氏的汉语拼音,最后的数字代表调查时间,按照年、月、日顺序编写。下文访谈资料的编码皆适用此编码方式。

筑工人。一般来说,补充小工和杂工相对容易,在建筑工地当地就可以通过招工的形式来完成;但对于那些大工等技术熟练的工人,则往往不那么容易通过招工获得。一般来说,这类熟练稳定的建筑工人是包工头在长期从事建筑行业,与一些工人建立了稳定的社会关系的基础上组织起来的,还有一部分是通过在家乡招募稳定的同乡工人来实现的。此外,那些在劳动力市场中长期处于流动和"蹲街"的建筑工人也提供了充足的廉价劳动力。

有了对建筑行业特定专业领域的技术性了解以及拥有熟练技术的建筑工人,足以组建一支建筑施工队伍。施工和作业设备工具方面,不同专业领域所需工具不同。一般地,像砌墙、抹灰等专业,建筑工人一般自带作业工具;而其他像架子工、模具、钣金、钢筋等专业性较强的,包工队伍则需要筹备配套施工工具。

总体上来说,建筑行业入行门槛条件要求相对较低,虽然对于包工头来说需要了解建筑市场行情和创业领域有关的专业知识,但相较而言,不考虑市场嵌入因素,建筑业包工头创业还是低技术型的,启动资金投入除了人力外也就只有建筑工具。即便创业不成功,退出也相对容易。

三、包工头创业前的群体特征

建筑业包工头虽然类型较多,但总体上入行门槛不高。在考察一般农民和建筑工人创业做包工头的过程之前,有必要对这部分人创业前的基本情况做一个简单的了解。了解其创业做包工头前的情况目的有二:一是通过对其创业前收入、工作等基本情况的了解,全面掌握包工头创业者的群体特征;二是掌握其基本情况和群体特征,为我们进一步理解建筑业包工头创业过程中的关系寻找和运用逻辑打基础。

为了了解建筑业包工头创业前的群体特征,调查中收集了有关其年龄、创业做包工头时的年龄、受教育水平、做包工头之前所做的工作、做包工头之前是否从事过建筑行业、创业前家庭经济情况等。

首先,从年龄和做包工头的时间上来看,被调查包工头的年龄绝大部分在40岁以上。截至被调查时,他们做包工头的时间在3~26年之间,做包工头的时间平均超过9年。绝大部分建筑业包工头在创业做包工头时年龄在30岁以上。从时间节点来看,包工头创业的时间大致在20世纪末和21世纪初居多。

其次,从受教育水平来看,农村出身的建筑业包工头文化水平以初中和高中文化居多。从被调查者的情况来看,在31个包工头中,小学及以下文化的有4人,所占比例为12.9%;初中文化的有17人,占比为54.8%;高中文化的有 10 人,占比为 32.3%。总体上来说,建筑业包工头群体的文化水平偏低。

再次,从做包工头之前的就业和工作状况来看,绝大部分建筑业包工头创业前都有过从事建筑工人的经历,比例接近 84%。有 67.7% 的建筑业包工头是从建筑工人直接创业做包工头的。也就是说,这部分人在做包工头之前的最后一份工作的性质是建筑业工人。只有 16.2% 的人在做建筑业包工头之前没过从事建筑行业的经历。但从实际调查了解的情况来看,这些没有从事过建筑行业经历的包工头大多有从事建筑业经历的亲友。

最后,从被调查者做包工头之前的家庭状况来看,基本上是普通的农民和农民工家庭。在经济收入方面处于本地居民的中上层水平,但从主观上普遍认为自己处于社会的底层。创业做包工头被视为改善经济条件和生活水平的一种出路。

四、普通建筑工人的"老板想象"

建筑业入行虽然对包工头本身有一定要求,而且建筑工人创业做包工头前自身条件并不好,但相比较其他行业来说,较低的创业门槛仍然对一些普通建筑工和农民有很大的诱惑。尤其是在建筑工地现场建筑工人切身体会到作为普通建筑工人与包工头之间在体力劳动的辛苦与收入方面的巨大差距时,他们便萌生了独立创业做包工头的原始冲动。

> "刚开始做建筑的时候我是砌墙的,跟其他工种相比,砌墙还算是个技术活,收入比大多数建筑工还是多不少的,都是按劳动量,多劳多得。速度快的,一天砌×××,那就能拿到××块。一个月下来那就很可观了。不过这是很费力气的活,年轻点的一天这么紧着干能撑下来,岁数大点的就受不了。那时候我都 35 了,我就想,我现在年轻也许还能干几年,但后面上岁数了怎么办呢?现在工资是还可以,但一直干这个肯定不是事儿。这个也不给交保险,以后不干了也就什么都没有。当初干这个不就是文化低,其他的不太会做吗,这个工资还算好的嘛。但即便工资还行,跟我们包工头比,简直还是没法比。人家一个月在工地上也没做什么实质性的活,就是查工地,查进度,这看看,那瞧瞧。一年下来几十万、上百万。就是我们带工的队长,他也没多少活,就是监督我们,一个月也万把两万的,比我拿得多。那时候我就想,为什么他们能做,我不能做呢?他们岁数也都跟我差不多,大不了多少。我们队长还比我小 1 岁。那时候就心里有点想法,觉得自己不能这样下去(哈哈,那

时候年轻,心里还是有点冲动,而且确实太辛苦,跟别人比一比还是稍微有点不平衡)。当然,我也知道要做他们那样的包工头或者队长,也需要会不少东西。像我们队长就知道所有的砌墙工序,他确实有能力。可这些干的时间长了都能慢慢学习积累。他每天监督、指导我们干活,我也能学到东西。我们虽然平时跟包工头说话少,但他做什么,怎么做,我们现场也能看到一点。我就想,这些建筑行业的东西慢慢也能学会。从那时候起,自己心里就开始盘算了。"(XBDING20160415)

应该说,包工头与工人之间在工地现场的差距在普通建筑工人那里表现得尤其明显。建筑业包工头作为老板,与工人之间明显的利益分化和差距,容易激发普通建筑工人自己当老板的意愿。这在其他行业里也是存在的。①

如果说老板与工人之间利益分化和较大的收入差距是刺激工人创业的原始冲动,那么,建筑行业一些领域相对低成本的投入和较低的门槛也让一些工人看到了创业做包工头的可能性,并直接引发了普通建筑工人对于自己创业做包工头的"老板想象"。比如水电暖通、室内安装等领域,只要有几个熟练的师傅和操作设备就可以从事施工作业。最少的情况,5个人就能够组建一支水暖安装班组。

"做水电安装的时候,我们那个班组有30多个人,这些一般是固定的。最多时候我们工头带着60多个人。具体情况要看工程量大小和建筑面积。我们这行没有长期固定的,因为工期短,很多人都是临时过来的,有活就来干,干完结账就走人。我是跟我们工头干的时间长了,有3年多了。安装水暖电虽然涉及不少工种,比方说要有木工、钢筋工、混凝土工、水电工,消防也要懂的。但是要说单独一个工种,实际上小班组人并不多。像钢筋工,4个人就搞定了。混凝土也要不了几个人。我因为跟我们工头干得时间长,又稳定,刚开始他只是让我边干边监督施工,把我当老师傅看。因为我会得多,铺水电这些工序我基本都知道。当时带了大概有半年的工吧,钢筋、消防这些我也会得差不多了。我就跟我们工头说,以后你有什么小活,直接交给我去看,我帮你做下来。需要工人我自己去找。我们工头对我还不错,他同意了。有时候就把一层楼给我让我做。当然性质还是跟队长差不多,但我已经

---

① 郑广怀,孙慧,万向东.从"赶工游戏"到"老板游戏":非正式就业中的劳动控制[J].社会学研究,2015(3):170-195,245.

自己单独带队了。工头基本上不用操心,不用过来查了。后面我们工头还介绍一些散活给我,就是那些个人家里装修的,让我去干,我也赚两个钱。那算是我自己的。就这么开始的。实际上零散的装修的活更简单,根本就用不了几个人。工头给我一个老师傅算是指导,工具有一些是借给我的,剩下的是我自己买的,我自己再找5个工人就能干。实际上,干水电装修的,尤其是那些私人装修队伍,规模一般都不大,投入也小。我起步还算顺利。说起来,照以前我们那会儿干建筑,那时候成本还是比较低的。建筑市场也比较发达,不愁没有活。不像现在这几年,创业成本高,房地产这两年也不太景气。自己单独创业没有那时候那么容易了。"(XBDING20160415)

建筑常识的积累和做包工头需要的基本素质能力一般来说较少能通过书面学习获得,也没有诸如培训之类的机会可供想要做包工头的人集中学习。获得这些经验和素质的可靠而可行途径只有深入建筑施工现场。建筑工人在从事建筑施工的过程中通过观察学习和与包工头交流,是建筑工人或其他农民由普通工人到建筑业包工头转型的过渡阶段,对于大多数建筑工人来说甚至是至关重要且不可逾越的阶段。

建筑行业是体力劳动较为沉重、门槛相对较低、来去自由度较高的行业。对绝大部分建筑工人来说,最终的出路无非三种:一是一辈子做建筑工,或固定,或流动务工,直到年龄大,身体机能下降无法承受建筑业高强度的体力劳动而弃工养老;二是做建筑工人一段时间后转行做其他工作;三是做一段时间建筑工人积累一定经验和资金后,在建筑行业内部寻求突围,自己组建建筑班组做包工头,实现由普通工人到包工头老板的身份转型。应该说,由普通建筑工人转型发展为包工头只是几千万建筑工人中的极少数。大部分建筑工人的生命历程都最终表现为前两种路径。不过,前两种路径在绝大多数情况下都表现为身份和社会地位的水平流动,甚至是下降。因此,从这个角度讲,由普通建筑工到包工头的身份转型是建筑工人身份突围和向上流动的重要途径之一,也激发了众多工人转型做包工头老板的梦想。

第四节 "干中学":创业知识的习得与经验传递

绝大多数的建筑业包工头创业者是有建筑从业经历和行业经验的。其行业经验大多数来源于早期建筑业从业经历。通过边干边学积累的隐性知识成为支撑其创业的重要资本,而建筑行业本身的专业分工与施工流程分割也为其通过"干中学"积累创业经验奠定了基础。建筑行业分工细致,虽然施工流程与不同工序之间紧密衔接,但各环节间仍然分割明显。不同工种之间的交叉一般也较少。每一个工种几乎都是单独作业,协同施工并不要求不同工种之间有经验上的互通。这显然降低了建筑业创业包工头"干中学"的难度。几乎绝大部分建筑业包工头创业起步都是从特定的某一个专业领域开始做起的,比如从做泥瓦班组、做模板班组等起步。单独一个专业的领域创业所组建的班组足够创业小包工头独立承担施工作业任务。这就不要求建筑业包工头创业学习中向其他行业创业者那样需要学习整个行业的诸多领域的综合知识,或者需要了解整个产业链条和生产线的经验,才能够去创业。① 包工头只需要跟随特定专业领域的师傅或通过自己的观察学习某个专业领域技能就足以支撑其创业,而不需要对建筑行业 13 个专业领域全都有所了解。

从知识划分的角度讲,按照隐含维度,知识包括显性知识和隐性知识两种。② 其中,显性知识指的是那些可以用符号或语言表述,且容易学习与传递的知识,而隐性知识则是那些默会知识。那些知识难以通过符号来传播和编辑,它只存在于个体行动者的经验与行动之中。现代社会,建筑行业虽然在诸多领域实现了机械化操作与现代化作业,比如混凝土搅拌、塔吊等,但在其他很多专业领域如木工、砌墙、泥瓦、装修、模板等仍然对人力手工操作技艺有很高的要求。这些手工操作技艺虽然很多已然实现了标准化操作,也有很多内容专注于标准化程序和操作指导的书籍出版,但实践过程中的操作技术和经验仍然难以完全通过语言来描述与传递。而对于那些包工头创业所需要的人际关系处理、工地现场指挥与市场化运作等,也同样是经验积累的结果,而绝非简单能够从书本学来的知识。这也是为什么绝大部分建筑业包工头的出身都是建筑行业某个领域的工人。

应该说,包工头创业所需的专业技术能力和市场运作知识很大程度上都是在从事建筑工人的过程中通过观察和与其他包工头交流而边干边学的。在这里,笔者将建筑业包工头在建筑工地现场学习获得和提升技术能力的现象称为"干中学"。从现实情况来看,"干中学"现象在手工艺行业、中低端制造业等领域普遍存在。"学徒制"就是"干中学"最早的表现形式。

---

① 谢国雄.黑手变头家:台湾制造业中的阶级流动[J].台湾社会研究季刊,1990(2):11-54.
② POLANYI M. Personal knowledge: towards a post-critical philosophy[M].London: Routledge & Kegan Paul, 1958:91-92.

一、"干中学"的内涵及其概念旨趣

"干中学"(learning by doing)概念较早及其最主要的应用是在经济学领域。主要被用来强调生产过程中,企业工人的人力资本在边干边学中得到经验积累和提升,进而导致劳动生产率的提高和技术外溢。1962年,经济学家阿罗在其名著《"干中学"的经济含义》中通过对国际贸易增长的分析和研究,首次较为完整、系统地提出了"干中学"的经济学意义及其模型。并且指出,生产效率的提高可能并不完全是技术创新的结果。在制造业企业生产过程中,随着产品生产总量的增加,单位产品的生产时间和产品成本会逐渐缩小,也可能是由于工人在长期生产过程中经验技术的积累而带来的生产力的递进增长[①]。1976年,罗森博格也提出"企业生产过程中,生产技术的重复运用以及操作和经验的积累能够显著提高生产效率。"

在"干中学"理论提出后,经济学领域的学者开始强调人力资本的学习对于经济增长的重要作用。并且从这个角度出发,解释发展中国家相对于发达国家在经济发展方面的后发比较优势。并且通过实证研究验证"干中学"与生产效率提升之间的关系,以及技术外溢效应所具有的正的外部性。比如,斯托克对引进新产品与"干中学"效应之间关系的研究发现,在企业生产过程中,新的产品的不断引进以及旧产品不断被淘汰,导致工人能够时刻保持对新技术的学习和经验积累,从而能够刺激生产能够长期保持高效率[②]。

"干中学"除了在生产过程中经验的不断积累与技术能力的不断提升这一层含义外,还意味着在生产过程中,通过实践行动学习他人的经验、知识和能力,从而不断提高个体行动者人力资本水平,也就是知识的传播(社会化)、学习、与转化过程。哈耶克曾经在《自由秩序原理》中指出"西方国家比较富有,是因为他们拥有比较发达的技术知识。不过,西方国家之所以能够拥有这些发达的技术知识,也恰恰是因为他们比较富有。而对于那些不发达和后发达的国家来说,发达国家的这些经由大量时间、经费、精力等形成的先进技术可以使不发达国家在用远比此少得多的代价的情况下达到与西方发达国家同等的水平。而发达国家的先进技术对于不发达国家来说,就

---

① ARROW K J. The economic implications of learning by doing[J]. The review of economic studies, 1962,29(3):155-173.

② STOKEY N L. Learning by doing and the introduction of new goods[J]. Journal of political economy, 1988,96(4):701-717.

是无偿赐予性知识"①。这里的"无偿赐予性知识"是发达国家的技术溢出,也就是哈耶克笔下所谓的"免费的礼物"②。这是一种普遍意义上的"显性知识"。

除此之外,有一种知识,即一般性规则之知识那种意义上的科学知识,在公众的想象中占据了太重要的地位,以至于忘了现实生活中无疑还存在另一种极其重要但却未经系统组织的知识,亦即有关特定时空情境的那种知识。"他们不是那种一般性规则意义上的科学知识,而是每个人实际上都可能比其他人都具有的某种优势,即每个人都掌握着的有可能很有益的独一无二的知识"③。哈耶克所强调的这种未经系统组织的、有关特定时空情境的和个人所掌握的具有优势的"特定知识"就是我们所提到的"隐性知识"。相较显性知识,隐性知识的传播更加强调边干边学这一"干中学"的过程。

从上述哈耶克的论述来看,他更加强调的是"干中学"所表现出的知识传播过程的核心意涵。诺娜卡在知识创造理论中指出了知识转化的过程,即知识的社会化、外化、内化和结合。通过这四个过程,个体或组织的知识不仅得到广泛的传播与社会化,同时知识通过社会化与他人的内化、学习与运用还能够得到不断的提升,经过知识传播不同过程和环节的循环,知识也不断地得到螺旋式上升。每当个人的隐性知识完成一次知识螺旋运动,转化为新个体的新隐性知识后,就开启了新一轮的知识螺旋。④ 应该说,知识的传播不仅是知识社会化的过程,也是知识螺旋上升的过程。

"干中学"的理论旨趣和概念内涵实质上指向的是行动者在实践过程中经验的积累,尤其强调的是行动者过去的经验积累对于当前行动的指导作用。作为一种先验知识,"干中学"所获得的经验积累能够形成行动者稳定、成熟的认知模式,给个体创业者带来积极的帮助。

二、先验知识与创业研究

知识的传播与经验的溢出对于整个社会的进步与发展,尤其是对于个人的创业实践具有特别重要的意义。创业过程中,创业个体和团队通过学习他人创业经验或有成员具有先前工作的经验,能够显著提高创业者的创业成功率。

---

① 冯·哈耶克.自由秩序原理[M].上海:三联出版社,1995.
② 胡靖.哈耶克"免费礼物"与中国经济增长[J].上海经济研究,2001(4):26-34.
③ HAYEK F A. The use of knowledge in society[J]. American economic review,1945(35):56 58.
④ 汪寅,王忠,刘仲林.基于知识螺旋的原始创新过程与机制研究[J].科学学与科学技术管理,2007(8):42-47.

(一)他人经验溢出与创业

从以往研究的结果来看,先验经验与他人创业知识的溢出对于新创业者及其企业的积极作用具体表现在以下几个方面:帮助创业者筛选海量的创业信息,保留其中更有价值的部分,提高创业者信息处理和决策的效率;提高创业者创业机会识别的能力,对企业创新点能够有更好的判断;可以显著提高创业企业的绩效;有助于创业者更好地整合创业资源,提高创业资源的利用率。

首先,创业机会的识别从字面意义上来说大致包含以下几层含义:创业者发现和提出一个引发商业概念的新点子[1]、知觉新业务盈利的可能性[2]、开发一个商业机会并将其转化为市场服务或产品[3]、知觉一个商业机会并通过创建公司来实现[4]。创业机会的识别是创业过程中首要且至关重要的一个环节。影响创业机会识别的因素有很多,包括创业动机、创业警觉性、个体特征、先验知识、社会资本、认知学习能力、社会境遇等。[5] 文卡塔拉曼指出,那些包含了对产品和服务、顾客、市场等认识的先验知识,构成了初创企业者的"知识走廊",是影响创业者机会识别的重要因素。作为一种"知识走廊",先验经验通过影响创业者的综合能力、思考能力、应用能力和解析能力而影响创业者机会识别能力的发挥。鲁勃与费舍尔则更直接地指出,在同等的创业条件下,只有当创业者先前经验的存量有助于其理解机会信息价值时,他才能真正看到有价值的创业机会。[6] 国内对中国农民创业的研究也发现加强对农民创业知识的培训能够有效提高农民创业机会的识别能力。[7] 总的来说,先验知识能够提高初创业者的创业警觉性,并能够更及时、更好地发现那些有创新和能带来商业价值的创业机会。

其次,先验知识和其他创业者的溢出性经验,可以通过影响初创业者的

---

[1] BHAVE M P. A process model of entrepreneurial venture creation[J]. Journal of business Venturing,1994,9(3):223-242.

[2] KOURILSKY M L. Opportunity in search of curriculum[J]. Entrepreneurship education,1995:11-15.

[3] CHURCHILL R A, SHANE S A. Entrepreneurship: a process perspective[M]. Cincinnati: Southwest,1994.

[4] BYGRAVE W, HOFER C. Theorizing about entrepreneurship[J]. Entrepreneurship theory and practice,1990,16(2):13-22.

[5] HILLS G,LUMPKIN T,SINGH R. Opportunity recognition: perceptions and behaviors of entrepreneurs[J]. Frontiers of entrepreneurship research,1997(17):168-182.

[6] RENBER A R, FISCHER E. Understanding the consequences of founders experience[J].Journal of small business management,1999(37):30-45.

[7] 郭红东,丁高洁.社会资本、先验知识与农民创业机会识别[J].华南农业大学学报(社会科学版),2012(3):78-85.

认知而影响信息处理的能力,进而提升创业者的决策能力。① 在个人创业的过程中,创业者需要处理海量的信息,包括市场现状、工人、服务、顾客、创新、创业流程、技术、产品等各种信息。创业者需要从这些海量信息中筛选对自己创业最有价值的部分,进而形成科学的决策。初创业的个体如果欠缺相关经验,就可能在信息筛选和处理上消耗过多的精力,也很难及时做出科学有效决策。而以往创业者的经验对于初创业者会形成引导性逻辑。帮助创业者有效过滤价值性信息,避免被一些错误信息所误导,对一些与创业有用的关键性信息也更加敏感,并能使创业者充分了解创业过程中需要特别注意的时刻与问题,使创业者在面对瞬息万变的市场时能够做出及时有效的判断与决策②。比如 Bhide 在对美国成长最快的 500 家企业进行调查时发现,有超过 70% 的创业者的创业想法来源于对先前创业者一些想法的模仿或改进。③ 而艾森哈德的研究则指出,拥有过去创业经验或学习了他人创业经验的企业管理者比那些新手创业者的决策速度更快,更能够应对动态、快速变化的市场环境,从而极大提升企业组织绩效。④ 通过学习他人的创业经验,初创业者不仅将其他个体创业的隐性知识变为了自己的隐性知识,而且在这个过程中,个体能够更加有效率地处理自己创业过程中遇到的问题,进一步提升自己信息处理和决策的能力,形成自己新的创业经验。这也是创业者个人隐性知识螺旋式上升的过程。

再次,创业经验则是影响企业绩效的主要资源之一⑤,也是影响创业企业绩效的重要解释变量。先验经验是创业者的重要比较优势。先验知识的多样性与丰富性能够显著影响创业者的绩效。有研究指出,当工作任务与创业内容关联性较高时,创业者所获得的先验知识对创业者及其企业的绩效的影响就越高。⑥ 更有研究指出,创业者 5 年以上的工作经验或前 5 年

---

① SHANE S. Prior knowledge and the discovery of entrepreneurial opportunities[J]. Organizational science,2000(11):448-469.
② PRAHALAD C K, BETTIS R A. The dominant logic:a new linkage between diversity and performance[J]. Strategic management journal,1986,7(6):485-501.
③ BHIDE V. The origin and evolution of new businesses[M]. Oxford:Oxford University Press,2000:3-23.
④ EISENHARDT K. Making fast strategic decisions in high-velocity environments[J].Academy of management journal,1989,32(3):543-576.
⑤ HABER S, REICHEL A. The cumulative nature of the entrepreneurial process:the contribution of human capital, planning and environment resources to small venture performance [J]. Journal of business venturing,2007,22(1):119-145.
⑥ ZHU X, CUMMINGS J N. A conceptual model of prior experience diversity,knowledge processes and group performance[J]. Academy of management,2007,11(2):1-6.

的经验积累是影响中小企业创业与成长绩效的主要因素。[1]

最后,企业是由不同类型的资源组成的商业集合体。凭借自身拥有的资源的独特性,企业得以保持相较于其他企业的竞争优势。[2] 在个体初创企业时,个人所拥有的人力、物力、财力、市场信息等资源需要得到有效的整合与合理配置才能够形成创业价值。而将企业所拥有的不同资源通过集聚、结构化与合理配置进而形成合力为个体创业产生价值的过程,就是资源的整合与管理过程。[3] 资源的集聚与整合管理需要创业者拥有对不同资源识别、利用的能力,而且要了解创业所需要的不同资源如何组合才能够发挥最大效用,产生最大价值。一般来说,初创企业者如果缺乏对市场与创业领域的了解,就很难实现对创业资源的有效整合。而先验创业经验的存在与个体创业者的学习,就解决了这方面的问题。他不仅能够帮助创业个体对人力资源进行有效的管理,能够将最优秀的人放在最适合其工作的岗位,在人力资源动员和组织方面最大化发挥其积极性,而且也能够有效组件管理团队,实现对创业各个环节的有效管理。除此之外,创业个体也能够根据之前创业者市场运作的经验,将有限的资源投入关键的地方,使其价值最大化,如将有限的资金和关系资源用于市场机会的挖掘与关系人的建构等。

(二)自我职业经验与创业

在利用先验知识帮助创业方面还存在一种现象,即对于大多数人创业者来说,其创业活动都是发生在自己曾经工作过的行业或领域。也就是说,他们创业过程中所利用的先验知识来源于他们之前从事这个行业工作的经验积累。这种情况也可以细分为两种情形:一是自己曾经在创业所属领域与行业有过多年工作经验,对其创业有指导意义;二是自己在该行业曾经有过创业经历,属习惯性创业。此前创业的经验对其新创业有积极帮助。

第一种情况,创业者在所创业的领域和行业工作多年,其在工作中积累的技术能力以及在实践中解决问题而积累的经验属于个体隐性知识,这一知识并未通过他人传播,因此,隐性知识更具准确性和可靠性。对于所在行业有更深的认识,能够形成对自己创业更稳定的认知,对于其在该领域创业具有更直接的指导作用。李海洋与张艳等人的研究就曾发现,初创业者在创业所在领域的职能经验能够形成创业者较成熟的一般管理、市场营销、财

---

[1] STOREY D J. Understanding the small business sector[M]. London:Routledge,1994.

[2] BARNEY J. Firm resources and sustained competitive advantage[J]. Journal of management,1991,17(1):99-120.

[3] SIRMON D G, MICHAEL A, HITT R, et al. Managing firm resources in dynamic environments to create value: looking inside the black box[J]. Academy of management review,2007,32(1):273-292.

务管理、生产管理和技术应用等经验,有助于其创业的成功以及对新创企业的正常运营与正规化管理。①

第二种情况,创业者先前创业的经历和所积累的经验作为创业者重要的先验知识对于其创业具有与工作经验同样甚至更积极的指导作用。张玉利指出,创业者先前的创业经历及其次数会正向调节社会资本构成与机会创新的作用关系,从而提高创业者创业的工程率。② 反复创业者较第一种情况中的创业者对创业所属行业的认识原则上会更深。他们不仅具备从事这个行业本身的技能和能力,而且对这个行业的运作以及创业所需要的各种因素也更加了解。之前创业经验的积累使他们比一般创业者具有更高的警觉性,对于创业机会的识别更加迅速、准确。他们对创业机会的前提要素和创新点比较清楚,更加倾向于主动搜索该领域内的信息并且能衡量获取信息的得失;而对于其他新手创业者来说,他们创业所具备的信息量较少,一些有价值的信息也可能会因为他们的不敏感而流失。③

总结来说,先验知识是新创业者重要的社会资本,无论是基于知识的社会化传播还是自我过去经验的积累,都能够帮助新创业者对创业所在行业形成更深刻的认识,提高其创业效率与成功率。

三、包工头创业与建筑业"干中学"

与其他领域创业模式类似,绝大部分建筑业包工头的创业隐性知识的来源都是先验知识的积累与学习。这一方面与建筑行业劳动密集型的特点有关,另一方面也与包工头的身份来源有很大关系。我们已经指出,建筑业包工头的早期来源多是国有建筑企业市场化改革后分化出来的企业职工和来自农村的建筑工人。在建筑行业市场化不断推进的今天,第一种包工头的身份来源已经越来越少,更多的是来自农村的包工头。这些包工头有的是有经验的建筑工地"领场师傅",有的甚至出身于毫无任何建筑技能的普通农民。对于"领场师傅"出身的包工头来说,他们在长期的建筑实践中,虽然积累了丰富的经验和较高的手工技艺,对建筑行业施工流程大多也较为熟悉,但要创业仍然需要了解更多的建筑业劳务分包常识以及市场运作逻辑,而这些只能靠在其他建筑业包工头手下慢慢学习。对于那些缺乏建筑

---

① LI H Y, ZHANG Y. The role of managers' political networking and functional experience in new venture performance: evidence from China's transition economy[J]. Strategic management journal,2007,28(8):791-804.
② 张玉利,杨俊,任兵.社会资本、先验知识与创业机会[J].管理世界,2008(7).
③ FIET J O, PISKOUNOV A. Still searching for entrepreneurial discoveries[J]. Small business economics,2005,25(5):489-504.

工作经验和能力的普通农民来说，他们进城从事建筑业大多从普通小工和杂工做起，也有的是从建筑学徒开始，在"领场师傅"的带领下边干边学建筑技术，然后做大工、做队长、带班，再到逐渐开始独立接活。应该说，这是近20年来建筑业包工头身份来源及其创业最主要的路径特征。[①]

从建筑行业施工的情况来看，主要还是呈现出劳动密集型的特征。除了一些关键环节如混凝土搅拌、塔吊等，大多数环节采取的仍然是人海劳动方式，这就要求"领场师傅"、带工队长，甚至是包工头在大多数时间里都保持在建筑工地现场一线监督作业。尤其是对于有些小型包工头来说，甚至也会亲自上场从事建筑劳动。包工头D强调，"工地上是不能断人（包工头要持续在场）的，不为别的，就是要查看工地安全和工人干活的情况。如果工期紧张，适当时候还得催一催。还有就是要防止工人出乱子，这是必要的。所以，即便在现场什么不干，人只要在也是必要的。"调查显示，大部分建筑业包工头在工程施工过程中会居住在工地现场的安置房，在有工程施工的情况下，包工头平均留在建筑工地现场的时间超过80%，他们也会与工人一样在工地食堂吃饭。他们在建筑工地同吃、同住、同劳动，给了那些想要从事建筑业包工头创业的普通工人、带工队长或领场师傅"干中学"的机会。

此外，建筑行业虽然从业工人数量规模巨大，但整体上尚未建立有效的工人培训制度。尤其是从20世纪80年代到2000年左右的这一时期，在建筑业迅猛发展的同时，建筑培训制度建设则相对较为滞后。这一方面是因为建筑行业对建筑工人一般技术要求性比较低，工人入行门槛低；二是建筑行业周期短，且工人大部分来自农村，工作稳定性较差，流动性较高。因此，无论是建筑企业还是政府，都难以组织有效的工人培训。也正是因为建筑行业缺乏有效的工人培训制度，从事建筑行业所需要的技术能力，只能通过建筑工地现场观察和学习这条途径获得。对于建筑工人来说，通过劳动边干边学是最有效的技能学习方式。即便是在今天，新洲地区出现了一批建筑培训班，建立起了一定的培训网络，培训出了数量较多的建筑业专业技术人才，不少人因此持有了建筑业专业技术职称，或做上了项目经理。但实际上，这些专业技术职称只是建筑业包工头创业所需要的能力之一，而大部分的创业包工头在创业时甚至并不具备这些专业技术职称，而且对于初创业的小包工头来说，也不需要这些专业技术性较高的职称、证书。他们更需要从事建筑行业最基本的素质，许多其他的建筑施工和市场经营常识仍需通过向有经验的包工头学习而慢慢积累。

---

① 周潇.关系霸权：建筑工地的控制与反抗[C]//载郑也夫，沈原，潘绥铭.北大清华人大社会学硕士论文选编(2007).济南：山东人民出版社，2007：408.

在建筑工地现场,建筑工人"干中学"的途径有很多。建筑行业隐性知识从有经验的带工和包工头到普通工人的传播呈现出多种形式。比如跟着有经验的师傅做学徒、带工队长的指导与示范、与包工头的聊天、与其他工人在共同吃住时的相互交流、加入一些专业工种的工会等。

(一) 吃苦耐劳做学徒

从学徒做起的多是一些技术性要求相对较高的建筑施工专业领域,比如木工、模板、焊接、钣金、水暖电通等工种。这些专业的施工操作对技术性要求较高,除了在专业技术学校学习获得技能外,在经验丰富的师傅手下做学徒是普通建筑工人获得技术能力的唯一途径。

"我刚进入建筑行业开始的时候没什么技能,刚开始两年做过水泥工,就是帮着做混凝土搅拌和铲灰。虽然有搅拌机,但有时候天气冷就需要人力去帮着搅拌,有时候还要跳到大的水泥池子里去搅和。有时候还给砌砖的大工铲灰,就做这些零散的杂活。虽然不需要什么技术,但是太累了。做了一段时间坚持不下去。后来在一个工地上认识一个木工的队长,他是做带工的,我看着他们工作还轻松点。那时候我经常找他聊天,没事时候就请他出去吃饭,他对我也挺满意,后来我就正式跟他学木工,到了他的队伍里。刚开始学的时候挺苦的,工资也很低,一个月只有800块钱,管吃住。大多数时候木工师傅在做事,我就帮他们打杂,比如拿工具、搬东西之类的,给他们打下手。手工用的刨、锯、锤、墨盒、钉子,需电锯板机、刨床、气枪钉、锉锯机我都能接触到,我看着他们怎么用,能记的都记住。中午在食堂吃饭的时候,我也去找那些师傅问一些细节,请教他们自己不懂的地方。晚上就把自己看到的、听到的往本子上记。我们队长对我不错,跟我讲学木工技术很细,要特别用心,而且得肯花时间才能慢慢上手。就这样我做了大半年的下手,队长看我也确实用心努力,就开始给我一些机会,把我交给一个师傅单独带着。做木工要懂得看图纸,得知道一个图纸画的东西实物上怎么做。这是最难学的,我学得也最慢。刚开始看不懂,那些线怎么去看,拼接是怎么来的,不清楚。我就看师傅做好了的成品,一遍遍地跟图纸去比对。看图纸上的哪个部分对应实物上的哪个部位。用这种笨法子我慢慢能看懂图了。就这样跟着师傅学了一年多,我后来终于开始和师傅一起做事了。前前后后花了两年时间,一些不太复杂的木具我差不多能做了。我这还算是时间短的,我学的时候那是用了很大工夫的,一般人要更长时间。学的时候也难受,工资那么少,要学的东西还那么多。

那两年真是艰难。但是既然打算做这个了,就得下决心、狠心。我学成后又跟着师傅做了不到两年,队长开始给我活做,让我自己单独做流水。我也算是能监督带队了,但要带人还不行。算起来我现在单独做木工有9年了,技术也越做越精了。说起来我能单独接装修活做木工,还是靠早些时候那几年那么艰苦的学。而且做学徒还有一个好处,你跟着人家学了那么长时间,接触的这师傅和工人也越来越多。老板看中你了可以给你机会,你认识的工人多了想做这行还能介绍工人,这些都是积累。我至今都非常感谢我原来的师傅和老板。平时我也常找机会看他们。也有时候会合作。"(XBZHOU20160622)

从上述木工包工头做学徒到创业做包工头的经历可以看出,做学徒是其积累木工隐性知识的重要渠道,也为其创业做包工头打下了基础,包括创业机遇与创业资源如工人等的获得。相较其他技术性较差的专业领域而言,木工等技术性建筑领域的手艺传承很大程度上遵循了传统学徒制的一些路径,即采取言传身教的模式,但建筑业学徒工的学习和技能提升缺乏标准化,师傅的教育方式也自由多样。学徒技能的提升很大程度上要靠建筑学徒本身的悟性和自主性。积极的一面是,那些选择做学徒的建筑工人由于对现状不满或有更长远的创业打算,在学徒阶段都具有很高的积极性。当然,做学徒的目的和出路绝非自己单独创业这一种,但要在这些技术要求性相对较高的建筑领域创业,通过做学徒积累技术与市场经验的确是最有效的途径之一,有时候甚至是建筑工人创业前需要经历的必不可少的环节。

(二)傍上老板好学习

除了做学徒,也有一些建筑工人是在做普通工人的过程中通过有意识地与包工头接触和交往实现前期隐性知识与经验积累的。对于这些人来说,他们一般并不缺乏特定专业领域的建筑劳动技能,但对整个建筑行业和整体施工的流程、标准化等缺乏宏观的认识与了解。对于建筑行业的整体认识与施工流程、细节的掌握除了靠文字型显性知识的收集与学习外,接触包工头是他们得以学习隐性知识的最主要机会。在与包工头的接触与交往中,为了获得包工头的认可和好感,他们通常愿意在有限的条件下投入更多的精力和财力去换取学习的机会。比如,笔者调研的一位建筑包工头P,在刚开始做建筑的时候就是一个大工,作为30岁出头的年轻人,还有较长的时间可以准备去获得自己创业所需的隐性知识,但缺乏的是机会。在工地上为了获得与包工头的接触与交往机会,他在休息时间总会拿着好烟到包工头的面前。

"跟咱比,人家是做大买卖的,条件比咱好得多。一般的烟肯定都不抽。我自己平时抽10块钱一盒的,去找他我就买40块一包的硬盒黄鹤楼。这对我来说算得上我工地食堂几天的伙食费了(建筑工地食堂工人吃饭有餐饮补贴,工人需要自己出一小部分)。"在与包工头接触建立一定联系后,晚上下班时间P还经常拿出自己的部分工资请包工队的包工头和队长出去单独开火,"吃饭店"。"你想从别人那里学习东西,想知道点什么,不付出哪来的回报?我一个月工资2000多,那段时间光是请老板和队长吃饭、抽烟,一个月都要花去好几百到上千块。我们一块干的人谁都没有我一个月花得多。那时候大家一般都是出来卖苦力赚钱的,谁舍得乱花这么多钱。但是我觉得我这个钱花得值,能从他们那里学到点东西,我愿意去花这个钱。我请他们吃饭、喝酒,聊天时候就有意识地请教他们怎么做建筑这行。比如这么多工种,怎么让他们一起做事啊?老板干这行都需要哪些人啊。这些虽然看起来最基本的,但不问也是不知道的。"(XBPENG20160521)

通过日常生活中这种非正式的途径,建筑工人从包工头那里可以获得有关建筑行业与建筑施工的基本常识。

(三)网络群组与兴趣交流

在向建筑工地上有经验的师傅和老板学习的同时,一些包工头还经常在工地上与不同工种的建筑班组及其队长交流沟通,通过与这些人的接触,加入一些有关建筑行业的网络群组,比如QQ群、微信群等。通过与不同建筑班组工人的交流,他们得以了解建筑行业工程施工不同工种的施工与操作流程,以及不同班组的基本配置。通过私下里加入不同的建筑业网络群组,建筑工人得以从他人那里收集有关建筑行业的"干货"(经过总结提炼的建筑业实用知识)。"那些群里经常会有人发一些关于建筑业的新闻或材料。尤其是QQ群,很多人会把一些长的建筑资料发到群共享里面。有的是合同样本,有的是楼房施工过程,还有不同建材市场的最新报价,还有的甚至会发建房的整个过程。这些对于我这样初学的人来说都是很实用的材料。有些是他们自己写的总结,都很好。"

(四)建筑村寨与专业工种工会的"孵化"作用

加入一些专业工种的建筑工会等建筑组织或团体,也是一些包工头在创业前和创业过程中获得有关创业知识与技能的重要途径。在早些时期,如20世纪80年代左右,新洲不少农村地区人多地少,外出务工已然成为人们重要的收入来源。那时,外出一把泥刀干建筑是较为普遍的现象。由于从事建筑业的农民较多,在不少农村形成了一些以建筑专业领域分工为基础的建筑从业人员较为集中的木匠寨、砌匠湾、铁匠湾等特色村寨。在此基础上,随着建筑业的发展以及工人组织性的需要,一些基于建筑专业工种的工会建立起来。这些建筑村寨和工种工会不仅是建筑从业人员交流建筑经验和建筑市场信息的重要平台,也为后来的建筑创业包工头提供了学习的天然条件。不少创业包工头要么直接出自一些建筑村寨,有的选择加入一些专业建筑工会团体,向团体中经验丰富的包工头学习建筑创业经验和相关技能。作为一种集中效应,建筑村寨和专业的工种工会充当了建筑业创业包工头的"孵化器"角色,带动和培养了一大批建筑业创业包工头。

"干中学"是建筑行业技能形成与获得的非制度性形式,是一种自发性、内部性的技能养成方式。总的来说,相比较一般的市场关系,通过"干中学"从"有关系的他人"那里能够获得更多、更可靠、更加隐性的创业知识,甚至包括一些可能在隐性知识传播者与学习者之间产生竞争性的稀有知识。这对于包工头的创业更具指导意义。

(五)村庄劳务派遣:链式关系与集体干中学

除了村寨的集体孵化外,建筑业工人学习创业知识和经验还有其他集体形式。近年来,在乡村振兴战略推进带动下,农村在产业发展、生态宜居、乡风建设、法治建设和生活水平方面已然取得了不小的成绩。在提高农民收入水平方面,自农村人口流动进城以来,外出务工收入已经成为农村家庭最主要的收入来源。显然,如何为外出流动的农村人口提供合适的就业岗位新信息,对稳定外出流动农村人口的工作和提高农村居民家庭收入具有重要影响。

为持续、稳定提高农村居民收入,近几年在农村地区出现了一种集体组织农民工外出务工的形式,即所谓的村庄劳务派遣。村庄以村集体合作社的形式成立劳务公司,将全村的劳动力组织起来。通过对村民的劳动技能进行摸底、分类,同时引入外来职业院校力量,为村庄劳动力提供适当的技术培训,提高村庄劳动力的职业技能。在此基础上,通过与政府人社部门合作或直接与市场中的劳务派遣公司合作,集体输出劳动力。此种模式不仅为市场稳定提供各类劳动工人,同时也解决了农村劳动力单独外出务工存在的信息不对称和由此导致的找工作难的问题。

村庄通过成立劳务输出集体合作社,以集体劳务输出的形式组织劳动力培训和外出务工,形成了集体"干中学"的劳动力培训生态。

"原来大家自己单独出去打工的时候,找工作其实大多数情况下还是靠熟人帮着介绍新消息的。因为你自己一直在家里待着,外面哪里用工,哪里有活干,这些信息不可能清楚。假如外面有亲朋好友打工的,他们那里有招人的信息,分享给你,你马上就可以过去,能节省很多时间和成本。但是,有些问题是,不是所有的活你都会干。到了企业里有的企业会给你搞个培训,教教你。有的是需要你有点类似的工作经验,但是他没精力教你,他希望你到岗后马上可以干活。现在村里成立劳务公司后,会给大家定期开展一些有针对性的培训,这样就可以让我们想干什么想学什么,学了之后马上可以干什么了。而且,大家一起组织到外面打工,相互之间有个照应。可以相互学习,相互支持。后面来的人可以向前面的人学习,前面的人也照顾着后面来的一个村的人,互帮互助。你想打工也好,想学好了之后自己单干也好,反正比自己单打独斗好得多。家里更放心,自己也踏实。"（R20210516）

村庄劳务输出,形成了连续的、链式的外出务工模式,这种模式为潜在想要创业的农民提供了集体"干中学"的机会。建立在"内核关系"基础上的集体"干中学",在为潜在创业农民提供基础的创业经验和知识之外,也可以为潜在创业者提供其他社会资本,比如资金、市场信息、上下游资源等。不仅如此,这种有组织的劳务派遣和集体"干中学"也为"后来的"创业者提供了向"前辈"靠拢的机会。那些以往通过集体"干中学"得以成功创业的人,为"后来者"提供了榜样力量。在"内核关系"网络中,这种榜样刺激和带动力量更强大,"学做工、边做工边学习、学成创业做老板"的创业想象在有组织的劳务输出和派遣中得到不断强化。

第五节 小结与讨论

"干中学"是绝大多数建筑行业从业人员想要获得创业知识与经验的重要渠道。通过"干中学",创业者不仅节省了必要的摸索时间,同时也可以获得许多关于创业失败的教训,从而可以最大程度上避免潜在创业者在创业时可能再次遇到类似的问题,进而极大提升创业成功率。做学徒、跟着老板学、工友之间相互交流学习、行业村寨的孵化作用、村庄劳务公司的集体"干中学"等,都是建筑行业包工头创业"干中学"的重要方式。

当然,我们也必须看到,建筑行业包工头创业前的"干中学"多数建立在"内核关系"的基础上,即熟人是建筑行业包工头创业"干中学"的重要主体来源。然而,正如有的研究所指出的那样,熟人关系在创业过程中有可能起约束作用。① 这种约束作用可能并不只是发生在创业过程中,在创业前的"干中学"阶段同样存在熟人关系约束的可能性。比如,当潜在创业者学习到足够的创业经验且成功创业后,即可能对原来的学习对象的市场地位和行业效益产生直接冲击。这种冲击在"内核关系"网络中尤为明显。因为,通常来说,"内核关系"网络中的个体创业的同质性较高,且市场经营范围高度重叠。这应该引起我们的足够关注。

尽管大多数的进城农民在选择创业的前期"干中学"都表现出"单打独斗"的一面,即自己找师傅边干边学,但近几年,农村流动人口进城创业时,职业能力的提升与创业技能的习得出现了一些新的路径。比如,以精准扶贫为例,2019 年,为落实打赢脱贫攻坚战三年行动指导意见要求,人社部会同当时的国务院扶贫办发布了《关于深入推进技能脱贫千校行动的实施意见》(本部分下称《意见》)。《意见》指出,要在 2020 年底,帮助每个有就读技工院校意愿的建档立卡贫困家庭应、往届"两后生"都能免费接受技工教育。除此之外,建档立卡贫困家庭中的劳动力还能够接受至少 1 次的免费职业培训。

具体培训由各地方政府根据实际情况,联系当地职业院校,通过购买服务的方式为贫困家庭劳动力进行职业技能培训。农村贫困家庭劳动力参与政府有组织的技能培训,还能够享受包括食宿、交通等费用的补贴。在培训方式方面,地方政府在执行意见时也采取了灵活的形式。一些技术培训甚至直接将培训地点设置在了村社区中。通过技术下乡,有组织地为农村贫困人口提供技能培训。需要指出的是,调查发现,尽管《意见》中政府有组织的技能培训主要是面向农村建档立卡贫困人口,但在地方实施过程中,非建档立卡农村人口同样可以通过或付费或免费的形式参与技能培训。在培训内容方面,除了基础的技能培训外,有组织的培训还包括创业能力教育,这为更多想要从事创业行为的农村居民提供了更多的机会和可能性。

"其实干建筑的本来是到处都有的。现在几乎每个村都有从事建筑行业工作的人。但问题是,不同村的情况差别还是比较大的。有的村里可能干这行的人比较多,甚至还有自己带队伍干包工的;但有的村里可能就只有那么一两个人干点小工一类的活。所以,有时候真不是自己想学就很容易能学来的。一是可能遇不到合适的人去学;二是如

---

① 杨震宁.身陷"盘丝洞":社会网络关系嵌入过度影响了创业过程吗?[J].管理世界,2013(12):101-116.

果是你不认识的人,他可能未必会教你。因为,那些小规模单干的包工头都是靠附近邻里八乡做点零散的活来生存的,教会了你,你跟他竞争,那他吃什么呢?所以,学创业,关系当然重要,但关系可能有时候也有点局限。圈子小了,很有可能有竞争力,关系的作用可能也会受到一点限制。"(F20210421)

正如案例中调查对象所说,关系固然是基层群众创业前"干中学"的重要支撑条件,但由于市场因素的影响,非正式的关系的作用可能存在一定的限定性。当经由关系所发生的先验知识的溢出与经验传递,不影响知识传递主体的市场地位时,关系在"干中学"中的作用就是可持续且稳定的。但是,当经由关系所发生的先验知识的溢出与经验传递可能给知识传递主体的市场地位造成威胁时,"干中学"就无法成为可能。这里必须强调,案例中调查对象所强调的"关系"更多地指向我们上文所划分的关系类型中的"内核关系"。在这样的情况下,其他类型关系的作用就显得至关重要,比如"外围关系"。以政府组织的技术下乡和通过购买服务开展的有组织的院校技能培训为例,就很大程度上缓解了非正式"内核关系"对创业者"干中学"的可能不利影响。在有组织的技能培训和技术下乡中,潜在创业者能够更多地接触到"内核关系"网络中的主体不愿意传授的创业知识。

"农村人原来为什么穷啊,说得直白一点就是赚得少,支出多。赚的钱少,要么就是没有劳动力,不能干活赚钱;要么是有劳动力,但是没有技能,没人要,找不到赚钱的活干。所以,就我的情况来说,主要还是没文化,没技术。有技术不只是能找活干,还能像别人一样创业当老板。当然,在农村想做点事情其实也不是非要很多钱。你就说干建筑包工,只要有人就行了。花点钱准备点基础工具,这就可以干了。之前想跟别人学,学不到。现在政府可以让你接受专业老师的指导和教育,这是以往任何时候都没有过的事。比如说我,在FY学院学的就是建筑行业的基本知识,干建筑的基本常识我是有的,但是一些专业性的技术工种还不会,比如木工、塔吊这些,都需要更多、更专业的技术。而且最主要的是,我想弄清楚干建筑的一整套流程和内容是什么。我也想有一天能够自己单干。你给别人打工辛辛苦苦才赚几个钱呢?自己干给别人发工资,自己赚的肯定要多一些。谁都有这个理想。而且,在政府组织的单位学技术和创业知识,还能认识很多人。这都可以为自己以后可能的创业打下基础,这都是潜在的路子对吧?"(ZH20210422)

有组织的技能培训与技术下乡,并不是严格意义上的"干中学",但却起到了小先验知识与创业经验的习得的作用。与有组织的技能培训和技术下乡相比,"干中学"更多地建立在非正式关系网络的基础之上,即我们所说的"内核关系"。但正如许多研究已经强调的那样,熟人关系具有一定的局限性。这在创业研究中已经被证实。在创业前的"干中学"问题上,熟人关系同样存在局限性。关系作用只有在不影响市场运作的前提下才有可能起到更大的作用,而有组织的技术培训则规避了"内核关系"的负面效应,拓展了"干中学"的方式、渠道和可能,为更多想要创业的农村人口提供了机会。

如今,在脱贫攻坚战略获得全面胜利、接续推进乡村振兴战略的背景下,类似的技术下乡培训在很多地方仍在延续,甚至已经成为提升农民职业技能、促进农民创业积极性、增强农民获得感和幸福感的重要渠道。应该说,对于那些想要创业做老板的农民而言,技术下乡是新时期农民创业"干中学"的新模式。

专栏 2-1

《人力资源社会保障部 国务院扶贫办 关于深入推进技能脱贫千校行动的实施意见》

人社部发〔2019〕2号

各省、自治区、直辖市及新疆生产建设兵团人力资源社会保障厅(局)、扶贫办:

为贯彻落实党中央、国务院关于打赢脱贫攻坚战的战略部署,人力资源和社会保障部、国务院扶贫办在全国组织技工院校开展技能脱贫千校行动,面向建档立卡贫困家庭学生和劳动者开展技工教育和职业培训,收到较好效果。根据党中央、国务院关于打赢脱贫攻坚战三年行动的指导意见要求,为进一步发挥技工教育和职业培训服务社会功能,人力资源和社会保障部、国务院扶贫办决定在前期工作的基础上,进一步聚焦重点、精准施策,深入推进技能脱贫千校行动,现提出以下实施意见。

一、总体要求

(一)指导思想。 以习近平新时代中国特色社会主义思想为指导,全面贯彻党的十九大和十九届二中、三中全会精神,深入落实党中央、国务院关于打赢脱贫攻坚战的决策部署,紧紧围绕精准扶贫的战略部署,以技工院校和职业培训机构(以下简称"技工院校")为主要工作载体,切实加强技能扶贫工作,深入推进技能脱贫千校行动,着力提升建档立卡贫困家庭应、往届"两后生"和具备劳动能力人员的就业创业能力,以更精准的举措、超常规的力度,强化培训促就业助脱贫效果,为打赢脱贫攻坚战作出积极贡献。

(二)目标任务。 到2020年底,帮助每个有就读技工院校意愿的建档立卡贫困家庭应、往届"两后生"都能免费接受技工教育,每个有参加职业培训意愿的建档立卡贫困家庭劳动者都能够接受至少1次免费职业培训,全国技工院校累计新招收建档立卡贫困家庭学生7万人以上。 通过深入推进技能脱贫千校行动,帮助接受技工教育或职业培训的建档立卡贫困家庭学生(学员)实现就业创业,增加劳动收入,达到"教育培训一人,就业创业一人,脱贫致富一户"的目标。

二、深入推动技工院校服务脱贫攻坚

(三)制定工作方案。 各级人力资源社会保障部门要制定本地区技工院校服务脱贫攻坚工作方案,会同扶贫等有关部门进一步强化政策落实力度。 充分发挥人力资源社会保障基层工作平台、基层扶贫机构、驻村工作队、"第一书记"和农村基层组织的作用,及时对建档立卡贫困家庭情况进行摸底,了解家庭成员状况,掌握就读技工院校和参加职业培训的意愿,引导组织他们参加培训。 广泛发动各级各类技工院校积极承担技能扶贫任务,安排技工院校和贫困地区建立结对帮扶关系,持续增加建档立卡贫困家庭生源。

(四)确定重点院校和重点专业。 进行技能脱贫千校行动重点院校和重点专业建设(以下简称"双重点"),由省级人力资源社会保障部门于每年4月底前向社会公布双重点,供建档立卡贫困家庭学生选择就读。 要将办学条件完善、教学质量好、就业率高的优质技工院校,确定为本地区承担技能扶贫重点院校。 技能扶贫重点院校要将招生人数多、师资力量强、实训设备优、社会认可度高的专业纳入技能扶贫重点专业,优先招收建档立卡贫困家庭学生,优先安排实习,优先推荐就业。

(五)加强精准扶贫。 各级人力资源社会保障部门、扶贫部门要做好工作对接,做好技工院校电子注册和统计信息管理系统、职业培训实名制信息管理系统与建档立卡贫困人口信息系统精准比对工作,并将有关信息及时反馈学校。 各技工院校要安排专门人员每月监测建档立卡贫困家庭学生的学习和生活情况,对学习有困难的学生,要注重因材施教,采取调整专业、加强课程辅导、加大实训力度等多种方式予以指导帮助。 对生活有困难的学生,要在贯彻落实各项补贴政策基础上,采取多种方式予以帮助。要创造条件帮助建档立卡贫困家庭子女就读高级工班和预备技师（技师）班，着力提升其技能水平。

（六）深化校企合作。要根据建档立卡贫困家庭的需求和特点，推动校企合作开展技能扶贫。支持技工院校与合作企业签订定向培养协议，联合招收扶贫助学订单班。全面推行企业新型学徒制，广泛动员各类企业面向建档立卡贫困家庭劳动者招收企业新型学徒，实现先就业后入学。鼓励企业根据用工需求，与贫困地区技工院校签订技能扶贫合作协议，共同确定技能人才培养方式，做好培训后就业安置。

（七）开展对口支援。建立对贫困地区特别是"三区三州"等深度贫困地区技工院校对口支援工作机制，帮扶受援单位加强专业、师资、教材等内涵建设。承担帮扶任务的技工院校要围绕重点专业进行帮扶，采取双向挂职、两地培训、委托培养和上门支教等多种方式，提高帮扶效果。2020年底前，实现"三区三州"每所技工院校至少建设一个特色优势主体专业、建立一个实训室，每名教师至少参加1次培训。

（八）鼓励社会参与。各级人力资源社会保障、扶贫部门要广泛发动社会力量积极参与技工院校技能扶贫工作。积极引导企业和社会组织开展助学援助，给予生活费补贴，提供爱心奖（助）学金等。鼓励企业提供实习岗位，优先录用符合条件的建档立卡贫困家庭学生。

三、大力开展职业技能培训服务脱贫攻坚

（九）加强培训基础能力建设。大力推行终身职业技能培训制度，完善培训政策和组织实施体系并适当向贫困地区倾斜。在贫困地区重点建设高技能人才培训基地、技能大师工作室，建成一批高技能人才培养培训、技能交流传承平台。落实投融资支持政策，加强贫困地区公共实训基地和创业孵化基地建设。

（十）努力扩大技能扶贫培训规模。针对不同困难群体开展差异化培训。对有外出转移就业意愿人员，开展引导性培训和专项技能培训、初级技能培训，帮助其掌握就业的一技之长。对订单、定向、定岗就业人员，开展岗位技能培训，帮助其培训后直接上岗。对在乡镇扶贫车间、村社代工点等就业人员和手工艺制作等居家就业人员，开展就地就近技能培训，促进就业增收。对未能继续升学并准备转移就业的应届初、高中毕业生，开展劳动预备制培训。对学习能力较强、具备一定创业条件的人员，同时开展创业培训和生产技术技能培训，全力帮扶学员实现创业就业。

（十一）优化培训方式方法。要坚持精准到户、帮扶到人，提供免费政策咨询、就业指导、技能培训等服务。技工院校要进乡镇、进社区开展上门培训。要根据建档立卡贫困家庭劳动者实际情况，灵活提供集中培训、弹性培训、课堂教学、工厂实训、多媒体资源培训等多种培训方式。大力开展互联网＋培训，探索搭建"互联网＋技能扶贫"公共服务平台，为贫困地区技工院校免费提供优质教学资源。建设就业创业培训服务云平台，利用互联网在线课堂组织免费培训。

四、加大支持力度，推动技能脱贫千校行动向纵深发展

（十二）加大资金投入保障力度。各级人力资源社会保障、扶贫部门要按规定落实国家助学金和免学费、培训费、鉴定费政策，结合实际制定减免学生杂费、书本费和给予交通费、生活费补助等实施细则。对于接受技工教育的农村建档立卡贫困家庭子女，要落实每生每年3000元左右的补助标准。鼓励承担东西扶贫协作的帮扶省市对受帮扶省市贫困家庭就读子女给予生活费补助。要改进服务方式，提高资金申领工作效率，确保各项资金及时到位。要按照统筹规划、集中使用、提高效益的要求，将中央和省级财政安排的各项贫困劳动力培训资金统筹使用，有关部门根据职责和任务做好相关培训工作。

（十三）简化职业培训补贴申领程序。各级人力资源社会保障部门要积极协调财政部门按照《财政部人力资源社会保障部关于印发〈就业补助资金管理办法〉的通知》（财社〔2017〕164号）要求，进一步优化业务流程，积极推进网上申报、网上审核、联网核查。对能够依托管理信息系统或与相关单位信息共享等方式获得单位及个人信息的，可直接审核拨付补贴资金，不再要求单位及个人报送纸质材料。

（十四）加强教学资源支持。各级人力资源社会保障部门要指导贫困地区技工院校按照国家技能人才培养标准及一体化课程规范开展教学活动。加强新职业开发和职业标准开发，积极推广国家基本职业培训包，促进职业技能培训规范化发展。打造适应县域经济发展、满足建档立卡贫困家庭劳动者需求的优质培训项目和精品课程。完善技工院校教师在职培训和企业实践制度，举办贫困地区创业师资培训班、技工院校教师教学能力提升班和一体化师资培训班。

（十五）强化激励引导。各级人力资源社会保障部门要对取得高级工、预备技师（技师）职业资格证书或职业技能等级证书的技工院校毕业生，比照大专、本科学历，在事业单位和国有企业招聘、使用及评价等多方面落实相应政策。设立技工院校贫困家庭学生助学金，增加"技能雏鹰"奖（助）学金资助名额，并向建档立卡贫困家庭学生倾斜。技工院校绩效工资分配要向参与扶贫工作的教师加大倾斜力度。参加对口帮扶的专家、教师等支教服务期可作为基层工作经历,在评优评先、职级晋升、职称评审、岗位聘用等方面优先考虑。对于开展技能脱贫千校行动工作成效显著的技工院校,在实施国家高技能人才振兴计划项目、国家级重点技工院校建设、世界技能大赛集训基地项目、高技能人才评选表彰等工作中,优先给予支持。

五、明确工作要求,确保技能脱贫千校行动取得更大成效

(十六)层层压实工作责任。各级人力资源社会保障、扶贫部门要切实提高政治站位,将技能脱贫千校行动作为技能扶贫的重要任务,建立部级统筹、省负总责、市县抓落实的工作机制,确保政令畅通、资金到位、执行得力。各地要加强对市、县两级的工作指导,确保工作方案有效贯彻落实。各技工院校要成立专门的技能扶贫工作领导小组,由主要负责同志任组长,建立工作台账,明确责任分工,把各项政策和任务细化到人,认真组织实施。

(十七)加强工作督导和统计工作。各级人力资源社会保障部门要加强工作调度,改进工作作风,定期开展督导,推动任务落到实处。对贡献突出、成效显著的予以通报;对工作不到位、措施不得力、政策不落实、工作进展缓慢的地方,要及时予以纠正,对问题严重的要严肃问责。要及时、准确地做好技能脱贫千校行动进展情况统计工作,各省级人力资源社会保障部门要认真统计填写《技能脱贫千校行动进展情况表》(见附件),于每年12月15日前报送人力资源和社会保障部。

(十八)加大宣传力度。要组织新闻媒体广泛宣传技能扶贫各项惠民政策措施,将技能脱贫千校行动政策宣传到每一户建档立卡贫困家庭。选树一批技能脱贫千校行动先进单位,树立技能脱贫千校行动典型。组织世赛选手、专家、教练、翻译等人员深入贫困地区开展报告、宣讲等活动,讲述技能扶贫、技能成才、技能报国先进事迹,引导贫困地区广大青年走技能成长成才之路。每年的国家扶贫日(10月17日)前夕,要集中组织开展技能脱贫千校行动宣传活动,有关宣传画和宣传折页可直接从人力资源和社会保障部出版集团网站(www.class.com.cn)下载。

人力资源和社会保障部 国务院扶贫办
2019年1月8日

第三章 创业初期的"抱团取暖"与选择性依附

第一节 "关系"的识别与运用

一直以来,对个人创业的研究都围绕着诸多对个人创业起影响作用的因素进行讨论,试图给出各种影响因素如何以及为什么能够起作用的解释,或者干脆通过各种相关关系提出一个妥当的用以解释个人创业的模型。一般来说,支撑个人创业的要素不外乎两种:先赋因素和自致因素。如果将这两种因素与普通建筑工人结合起来讨论,显然先赋因素(主要指家庭禀赋)并不足以支撑其实现由建筑工人到包工头老板的身份转型;而后天自致性因素,比如个人的文化程度、技能水平等,也不足以支撑普通建筑工人在建筑业市场中获得一份订单与合同。生产方式的存在是劳动者与生产资料相结合的产物。对于个体建筑工人而言,个人基本素质的习得和建筑工人招募使得包工头具备了组建建筑班组的基本条件。不过,支撑一个建筑班组运转的根本要素则是包工头要能够从市场中获得可供施工的工程合同。

在市场经济体制中,市场不同主体间的合作是基于互惠性收益的考量。它建立在公平竞争的基础之上。对于建筑行业来说,从开发商到建筑公司再到底层包工头以及材料商,一个工程的启动一般是建立在市场公开招投标基础上的。严格来说,一个建筑工程的市场化运作在获得建筑工程规划许可后,大致要经历设计招标公告、登记投标、发布招标公告、编制资格预审文件、编制招标文件、受理招标和预审投标资格、发售招标文件、组织开标、组织评标、中标、签订合同等11个环节。虽然建筑工程项目的市场化运作建立了完整的市场招标制度,但并不是所有的工程项目都通过招标实现分配施工。实际上,我国《招标投标法》规定中,建筑工程项目的实施有三种形式:一种是邀请招标,指的是招标人和单位通过非公开的形式,以投标邀请书邀请特定的法人或组织进行项目投标。根据我国《招标投标法》第十一条、《工程建设项目招标范围和规模标准规定》第九条、《工程建设项目施工招标投标办法》第十一条、《工程建设项目勘察设计招标投标办法》第十一条

规定,建筑工程项目邀请招标的情形为以下六种:

第一,工程项目不适用国有资金或国有资金不占控股、主导地位的;

第二,项目技术复杂或有特殊要求,专业性较强,只有少量几家潜在投标人可供选择的;

第三,受自然地域环境限制,或建设条件受自然因素限制,如采用公开招标,将影响项目实施时机的;

第四,拟公开招标的费用与项目的价值相比,不值得的;

第五,涉及国家安全、国家秘密或者抢险救灾,适宜招标但不宜公开招标的;

第六,其他法律、法规规定不宜公开招标的。

从建筑行业实际情况来看,邀请招标是常见的一种项目招标方式,而且在现实中,邀请招标由于并不具备很强的公开性,因此有很强的操作性。通过关系邀请投标的情况较为常见。

第二种建筑工程招投标形式是强制公开招标。这种招标形式指的是以招标人和招标单位以向市场公开发布招标公告的形式邀请有资格的非固定法人或组织参与项目投标。我国《工程建设项目招标范围和规模标准规定》第二条与第六条详细规定了强制公开招标的工程范围,涉及关系公共安全、公众利益的基础设施建设、公用事业、使用国有资金投资的、属于国际组织或外国政府资金贷款或援助的项目,并且规定了各类工程项目勘察、设计、施工、监理和设备、材料采购等标准。达到下列四种标准之一的即必须进行公开招标:

第一,施工单项合同估算价在200万元人民币以上的;

第二,重要设备、材料等货物的采购,单项合同估算价在100万元人民币以上的;

第三,勘察、设计、监理等服务的采购,单项合同估算价在50万元人民币以上的;

第四,单项合同估算价低于第1、2、3项规定的标准,但项目总投资额在3000万元人民币以上的。

相较邀请招标来说,公开招标透明度较高,没有固定的招标对象,符合条件的法人与组织都能够公平参与投标。对于建筑行业来说,符合公开招标的项目一般都是大中型项目。

最后,还有一种工程项目通常不在招标的范围之内。根据我国《招标投标法》第六十六条、《工程建设项目招标范围和规模标准规定》第十二条等法律、规章的规定,符合下列情况的建筑工程项目不在招标范围:

第一，涉及国家安全、国家秘密、抢险救灾或者属于利用扶贫资金实行以工代赈、需要使用农民工等特殊情况，不适宜进行招标的；

第二，施工主要技术采用特定的专利或者专有技术的；

第三，施工企业自建自用的工程，且该施工企业资质等级符合工程要求的；

第四，在建工程追加的附属小型工程或者主体加层工程，且承包人未发生变更的；

第五，法律、法规、规章规定的其他情形。

一般来说，除了上述几种情况外，小型建筑工程，其建设规模标准低于公开招标规定标准范围的，一般也较少通过招投标的形式实现市场化。

通过上面的讨论要指出的是，建筑工人实现由工人向包工头的转型，具有很强的关系依赖特征。除了建筑行业相关知识的习得、建筑工人的招募与班组的组建外，建筑工程项目订单的获得往往也需要通过关系的渠道来获取。因此，在身份转型的初期，关系的识别与通过关系寻求支持至关重要。建筑工程发包过程中的关系标就是最突出的表现。有的即便工程项目已然发包结束，在关系的运作下也能够实现利益的再分配。笔者所调研的一位包工头曾经通过关系运作从已经中标的包工头那里抢到了已经开始施工的项目。

"我在山东聊城时候，有一个项目刚开始是别人在做，已经做完了地基和地下室，地上工程还没有开始，因为冬天天气冷，地面结冰，暂时停了一段时间。当时我得到了这个消息，发包这个工程的建筑公司刚好是我知道的，他们的老板也是我们这里的人，我之前跟他还有过合作。我就通过建筑公司老板和副总接触他们的项目经理，跟项目经理吹风，交流项目转包的可能性。我说这个项目对我来说很合适，你看有没有办法转给我。他们（对方包工头）已经做好了的，成本多少，我来支付，剩下的工程由我来做。最后这件事在副总的协调下成了。那是我在山东做的第一个项目，也是在山东做的最大的一个项目。当时的目的就是想在山东开拓市场，无论如何都要拿下来的，决心很大。所以，有时候拿项目关系很重要。你就算拿到了标，开发商想给你挑点毛病还是很简单的，比如存在安全风险、管理团队配备不齐全等。只要不想让你做，实际上操作起来并不困难。"（XBPENG20160415）

当然也有通过市场途径而非关系路子起步创业并参与建筑业工程分包

与招投标的。不过,纯粹的市场化道路缺少关系的保障往往容易给创业者带来诸多风险和不确定性。比如,要打通市场路径可能需要投入过多的资金成本,而且还可能遭遇市场信任缺失带来的骗局风险等。笔者调研过程中就了解到有这么一位包工头,在创业初期,自己在资金和人力资源等方面都没有太大的困难,因此在市场嵌入的过程中并未意识到关系的重要性。然而在一次投标一个建筑项目时,他原本通过公开竞争,获得了建筑公司候选之一。在这个过程中,一位建筑公司内部人员联系到该包工头,要求其缴纳项目质量保证金,否则不能将项目发包出去。该包工头在不了解情况的情形下,将占工程项目资金10%的质保金打到了对方账户上(按程序应该是打到建筑公司账户)。而事后发现,向其索要质量保证金的建筑公司人员只是编外临时职工,事后逃逸。这件事说明的一个问题是,通过纯粹市场化路径嵌入建筑业市场,可能存在不可预知的风险。与建筑公司事先建立关系或有熟悉的关系人介绍则可能降低市场交易风险。

一、关系识别的原则

识别个人的社会关系网络,了解网络中不同个体的特征及其与行动者本人的关系程度,是个体行动者从自身需求出发寻求关系支持的前提条件。关系的识别并不是盲目的,而是个体基于特定目的有理性的行动。针对不同的行动,行动者通过网络关系寻求帮助时,关系识别的原则有所不同。一般来说,当遭遇那些可能使行动者本人及其身边人陷入尴尬和丢面子的情境,以及行动者正处于从优势境地向低谷变化时,行动者本人多倾向于向熟人圈子之外的弱关系求助,以避免在熟人圈内形成对行动者个人不利的话语环境。比如在乡村社会中,当一个家庭遭遇贫困需要帮助时,就较少有家庭向家族内亲属寻求帮助的。这与传统乡村社会共同体熟人守望相助的原则有所背离。主要原因在于,在共同体中,个体的贫困更多情况下被视为是个人无能的表现。而且向熟人求助往往容易给处于困境中的个体更多的心理负担。为避免给亲属留下无能的印象和徒增心理压力,处于贫困中的行动者要么选择隐瞒贫困,要么向共同体外的他人寻求帮助。如果当个体行动者处于事实上向上发展的情境中,而遭遇一时困境或处于向上发展的初期需要寻求帮助时,反而更多地会向强关系网络中的个体伸出求助之手。一方面,处于事业上升期的个体在向熟人求助时不会遭到熟人的看不起而产生额外的心理负担;另一方面,个人在处于向上流动的过程中也更容易获得身边他人的帮助。

对于建筑业工人创业做包工头初始阶段来说,正处于其个人向上流动的过程中,而且由于其多来自农村,因此,在寻求关系网络的支持时,熟人关系是其相对容易获得支持的关系类型,其中包括血缘关系和地缘关系。从建筑业工人创业做包工头的过程来看,其通过熟人关系寻求帮助,在关系的识别方面有更多的考量。具体来说表现在以下几个方面:

第一,在关系识别方面包工头首先考虑的是关系"有用性"。工具有用性是个人寻求他人帮助时通常会考虑的因素,也是包工头在创业初期寻求帮助时识别关系的首要原则。如果一个人不能给个体提供必要的帮助,那么,行动者自然不可能向其求援。对于出身农村的建筑业包工头来说,基于血亲和地缘纽带建立起来的强关系网络,包工头对网络中的不同个体有最基本的了解。对方能否给自己提供创业所需的人力、物力、财力、市场信息等方面的帮助,包工头一般都有一个清醒的认识。

"身边的人谁能不能给自己帮忙自然是心中有数的。家里人和亲戚自己最了解,能给自己帮上什么忙心里最清楚。他们一般能帮多少也就尽力帮多少。其他以外的像邻居、村里其他人,平时交往也都不少。他家什么情况,他做什么工作,认识哪些人一般也都听说过。这些要是不知道,怎么要人家帮忙。人家要是没能力,你去找人家帮忙那不是白去吗,还给人带来不必要的压力。那不好。"(XBYANG20160416)

第二,资源的"可获得性"。在识别了关系网络中哪些人有足够的能力为自己提供帮助后,行动者就需要评估哪些人的帮助是自己能够"求得"的。一般来说,评估关系网络中资源的可获得性,一个主要的标准是关系的熟悉性和可靠性。熟悉性能够提高个体行动者向对方寻求帮助时得到肯定答复的可能性,降低被拒绝的风险;而可靠性则一定程度上能够确保对方在愿意提供帮助后能够提供确定的实质性支持。当然,关系网络中的资源并不是无条件可得的。即便是在强关系网络中,熟悉的他人也有可能出于嫉妒、"眼红"和其他原因拒绝求助。尤其是在个体化和市场化社会的今天,人与人之间团结的义务与需求共同体已然被弱化和破坏,为自己而活与选择性亲密成为整个社会关系的集中写照,即便是在家庭关系中也日益呈现出这样的特征。① 因此,包工头在识别关系和寻求关系支持时会更多地同时综合考虑其他因素。

第三,过去使用关系的经验,即关系的"复用性"。以往,在传统熟人社

---

① 乌尔里希·贝克,伊丽莎白·贝克.个体化[M].李荣山,译.北京:北京大学出版社,2011:97.

会中,关系资源的可获得性在绝大多数情况下能够得到关系熟悉性的保障。而如今,在市场化和个体化社会背景下,熟悉性不再总是能够提供保障。那么,个体行动者在寻求关系支持时所能够提供参照的标准就只有过去与关系网络中不同主体互动的经验。如果在以往的经历中,行动者曾经成功地从特定的关系和主体那里获得过支持和帮助,那么,在同等条件下,行动者就更倾向于向同样的个人寻求帮助,这就是关系的"复用性"。行动者双方在过去的成功互动经验能够为新的互动行为提供情感支持和工具性保障。每一次关系主体的成功互动都能够给对方留下好感,同时也为下一次互动奠定基础。一般来说,过去寻求支持的经验和关系的重复使用更能够确保关系资源的可获得性。

> "我们村书记,他做建筑行业七八年,路子广、关系多。我刚开始做的时候就是找他介绍进的建筑公司。现在不跟建筑公司合作,很少能接到活。就是现在我干了两三年后,虽然还在建筑公司,但也经常还要托他的关系才能把项目拿下来。因为同样挂靠在公司下面的人不止我一个班组,大家都去竞争,单凭我做得不错,也不能完全保证拿下来。有他跟建筑公司通个气(打招呼),更有保障。几年下来,我跟我们书记关系一直很好,他挺照顾我,我有难处都先找他商量。知根知底,靠得住。"(XBWANG20160612)

第四,关系援助的"低成本性"。"关系"只存在于帮助维持这些关系的物质或象征性的交换之中。[①] 有用的关系资源虽然是可获得的,但求帮助者通常还需考虑求助行动可能需要付出的成本是不是自己可负担的。中国式"关系交换"的一个特征是时空以及质量不对等性。[②] 时空的不对等性指的是,行动者向他人寻求帮助成功后,除实质性如金钱和实物等帮助需要如数偿还外,其他如人情等帮助,接受帮助者往往不需要立即偿还。但"人情债"却已经欠下。在提供帮助者需要帮助并向行动者提出援助需求时,之前接受帮助的行动者在情感上有义务为对方提供帮助。不仅如此,即便是实质性的帮助已经偿还后,对方也可以向行动者要求提供额外的帮助。这样的实质性和人情偿还可能已经超越了当初行动者寻求对方所提供的帮助。也就是说,行动者寻求帮助的成本已经超过了接受的支持本身。因此,行动者在向关系网络中的他人寻求帮助时也往往将成本考虑在内。低成

---

① 包亚明.布尔迪厄访谈录:文化资本和社会炼金术[M].上海:上海人民出版社,1997:202.
② 边燕杰,张磊.论关系文化与关系社会资本[J].人文杂志,2013(1):107-113.

本、可获得性、有用性自然是寻求关系支持的最佳状态。包工头在向强关系网络中的亲友和同乡寻求帮助时,也需要考虑自己在未来需要偿还、支付的成本。比如对方提供的资金支持,未来可能需要偿还资金的同时,向对方偿还足额的资金,并且可能还需要附带提供对方更多的诸如市场信息等成本。当偿还成本超过了预期接受的帮助和负担能力之外时,这种关系支持就不是最优的。

总的来说,从建筑业包工头创业起步过程来看,包工头的关系识别和运用是从身边的强关系网络开始的。关系的识别和"找关系"行动遵循从中心强关系到外围逐渐拓展到弱关系的差序格局路径。

二、不同关系所提供的帮助

关系运用的背后是如何将关系资本化为可利用的资源。当然,在社会资本理论看来,并不是所有自然状态下的关系都可被视为社会资本。"只有那些特殊类型的关系才可以称得上是社会资本。这种可名之为社会资本的关系,我们将其称为社会网络(或关系网络)。"[①] 前文中,笔者将建筑业包工头的关系网络构成分为"内核关系网络"与"外围关系网络"。不同的关系网络所提供的帮助与支持不同。从实际支持来看,主要有资金支持、人力支持、实物支持、市场信息、情感支持、关系介绍等。

从调研的情况来看,内核关系网络更多地提供了资金、情感等支持,且扮演了关系介绍人的角色。资金是建筑业包工头建立包工队伍以及日常开销所必需的资本。一般来说,一个工程开工,需要一定的启动资金,这些启动资金由承包工程的建筑业包工头来垫付。工程地下建筑部分是主要的启动垫资项目。这些启动资金一般至少占整个工程款的25%～30%。包工头在项目启动初期经常面临较大的资金压力。虽然在大包工头下面有些小的包工头,类似工长一类的人,他们不需要直接垫资,但他们劳务所得的工程款实际上是由承包工程的大包工头支付。因此,他们也无形中分担了垫资压力,因为他们要为自己包工队内的工人工资支付垫付资金。沉重的资金压力下,包工头一般要从各种渠道融资。不过,从实践情况来看,包工头的现实融资渠道相对单一,尤其是在创业初期,由于缺少银行信用和有效担保,初创企业者很难通过银行贷款等正式渠道实现创业融资。相关的移民创业研究也都发现,创业者所需要的包括劳动力、资金、创业知识等在内的社会资本大多都来源于创业者个人的熟悉关系网络,尤其是家庭、宗族等亲

---

① 张其仔.社会资本论[M].北京:社会科学文献出版社,1997:29.

属关系网络。①

> "一般关系不熟悉的,不知根知底的不愿意借钱给你。他觉得你做生意跟做其他事不同,风险太大。万一亏了,血本无归,他的钱不好要回来。他们也了解或听说一些建筑包工头被大老板拖欠工资,大老板跑了,钱要不回来亏得倾家荡产的事情,新闻他们也有看到过。所以,在借钱做生意这事上,不是熟人是用不上的。"(XBCHEN20160629)

关系介绍人是"内核关系网络"中对建筑业包工头创业较为重要的一种支持。他们是包工头在"内核关系网络"之外寻求多元化社会支持的重要中介渠道,也是他们从准备创业走向建筑市场的第一步的关键所在。调研过程中发现,几乎所有的访谈对象在创业做包工头的过程中,与建筑公司和开发商的首次接触都是通过非正式关系介绍的途径,而不是通过正式的市场渠道来实现的。

除此之外,人力支持也是包工头创业所需要的重要资本。从处于中心位置的内核关系网络入手,强关系所带来的人力帮助是包工头启动创业最重要的资源来源。一方面,来自亲缘和地缘关系网络中的熟人进入包工队伍所组建起的建筑班组为包工头提供了建筑队伍最核心的骨干成员。尤其是,这些人所组成的建筑工人队伍相对稳定,避免了工人强流动性给建筑班组带来的不稳定性和风险,也降低了包工头创业初期可能因工人高流动性和不稳定性而通过普遍市场招工所产生的成本。另一方面,进入建筑队伍中的一部分亲友还组成了包工头建筑班组的最初管理成员。他们有的从事带工和监工,有的在包工队伍中担任会计员,有的担任施工队长等。熟人组成的管理团队在包工头建筑班组成立初期能够起到积极作用。其一,熟人进入管理团队,能够极大激发管理人员的主人公意识和责任感,在工人管理和建筑班组的运作过程中工作更加细致负责,整个团队的凝聚力也更强。其二,这部分有能力进入建筑班组并承担管理工作的熟人,不仅能够大大降低创业过程中的市场风险,而且也降低了从市场中雇用专业管理人员所需要的高额成本。

> "一个建筑班组必须得有严格的管理团队,才能有资格投标建筑项

---

① 张一力,张敏.海外移民创业如何持续:来自意大利温州移民的案例研究[J].社会学研究,2015(4).

目或接到建筑公司分配的活。建筑公司在项目招标时候会审核建筑队的资格,看班组配备是不是合理,能不能独立开展施工作业。像项目经理、安全员、技术员、预算员这些都是必须有的。一般来说,这些专业性很强的人员都是从建筑公司请的,身边的熟人能做这些事的不多。但是请人的成本比较高,像项目经理这样的,都是按年薪给。要看工作量和工程规模,少的一年也要开20多万块。其他的像会计、队长、带工,还有安全员、项目经理助理这些下面一点的人,都是我的熟人。财务是我小孩舅妈,她之前在是做过会计的,过来帮我管管账。我大儿子现在就给我看工地,我忙其他的不在场的时候,一般都是他去工地监督。请熟人的好处是刚开始资金紧张,工资一般等几个项目做完,账能走开之后,有钱了再给他们结工资。时间比较灵活,他们也能多担当。外面请的人就不行,一个工程做完就得给人结工资。不管你当时资金能不能周转过来,也不管你赚没赚到钱。别人不会等你有钱了再要。这是事先请人时候就规定好的,不熟悉的人没有可商量的余地。即便是找一般的建筑工人,熟悉的人也比不熟悉的靠谱。不熟悉的人最有可能偷懒,如果你一天给他开100块,他就混一天是一天,他不在乎偷懒是不是拖延了工期。他自己偷懒,他觉得自然有别人比他干得多,弥补了。再说了,对他们来说,拖了工期反而更好,这样他每天都能有活干,他按干的时间长来算赚的工资更多。熟人就不一样,他知道我的工程款就那么些,按照固定工期,他一天本来能开100块,如果干得好,干得快,工期赶得紧,他一天可能就能开120块。干完了这个活还有后面的活他也跟着我干。利润空间有多大,能赚多少,怎么干赚得更多,他们都能跟我站在一个水平、一个角度来看这个问题。熟悉人他愿意干得快一方面是他平均一天赚得更多,另一方面是他也能替我考虑。不像是一般的工人那样只顾自己眼前那点,没有长远的考虑。所以说,要是你,你是愿意用熟悉的人还是用不认识的人?哪个好,哪个不好,你得比较着看,一比较就心中有数了,用熟人肯定是比不熟的人有好处。"(CBCHEN20160815)

"我们两家平时来往不错,家里人(家中妇女)也经常串串门聊聊天。有个什么事的话,有能力就帮一把。陈刚(包工头)来的时候跟我说家里有没有闲钱先用着,后面等工程款到了,赚了钱就给我。当时我家里还有点周转,就拿了6万块给他,然后他也给我讲了讲他包工队的事情。正好那段时间我从江西厂子回来,也不打算再回去干了,工作还没着落,我就开玩笑一样:说要不我去给你打工去?他当时就答应了。"

"既然是请别人帮忙,自己能给别人的自然得照顾着。虽然说大部分人帮忙的时候并没有什么要求,但也多少有些愿望。借了别人钱,别人想找个活干,那也没什么。自己反正也是需要用人的。有的可能根本没做过建筑,但从小工开始做也行。左右都是熟人,来就来了。面子上过得去。"(XBZHOU20160416)

内核关系网络起作用的一个重要逻辑就是能够为创业个体分担更多的成本和风险。就像蔡禾、贾文娟等在对建筑业工人工资发放行为进行研究中所指出的那样,在资金有限的情况下,包工头的工资发放一般秉持"逆差序格局"的原则。① 为了留住建筑工人,包工头会将有限的工资款优先发放给那些边缘性、临时性、高流动性的人,而长期跟随自己务工和与自己熟悉的建筑工人的工资往往会延后发放。实际上,在"逆差序格局"的工资发放过程中,熟悉的建筑工人分担了包工头的资金压力和风险。对于创业个体来说,熟人的风险和压力分担尤为重要。这也是为什么在家族式创业企业和个体创业者创业初期,企业和团队中多熟人存在的重要原因之一。② 一项对墨西哥建筑移民的迁移过程研究就发现了建筑分包人倾向于雇佣来自紧密关系网络工人的现象。研究指出,一个提供就业机会的"恩主"(指前期移民已经做了包工头的人)一般会招募来自自己熟悉的关系网络的亲属、朋友和同村人等成员,而这些人又会去招募属于他们自己熟悉关系网络中的成员。Lomnitz 在研究中描述了一个迁移至墨西哥城移民聚居区的建筑包工头如何在一年的时间内就雇用了高达三百到四百名的建筑工人。在工期紧张和用工繁忙的时期,包工头倾向于直接或间接的通过现有工人来招募雇用那些来自他们原来迁出地村子里熟悉的亲人、朋友和老乡等。③

然而,如边燕杰所说,"强关系所能为个体创业者所提供的帮助多表现为实质性、直接帮助"。④ 当包工头参与建筑业市场竞争所需要的市场信息和机会超过了强关系所能提供的直接帮助时,弱关系就会发生作用。弱关系能够为创业个体提供足够的市场信息和市场机遇。从弱关系所起的作用来看,通过强关系中介获得的弱关系联结能够使包工头获得直接接触承包

---

① 蔡禾,贾文娟.路桥建设业中包工头工资发放的"逆差序格局":"关系"降低了谁的市场风险[J].社会,2009(5):1-20,223.
② 周大鸣,田洁.经营型移民的社会流动:以东莞虎门智升学校为例[J].江西农业大学学报(社会科学版),2013(1):4-11.
③ LOMNITZ, LARISSA. Mechanisms of articulation between shantytown settlers and the urban system[J]. Urban anthropology, 1978(7).
④ 边燕杰.找回强关系[M].张文宏,译.国外社会学,1998(2).

商和建筑公司的机会,获得更多的工程发包和招标信息。

不仅如此,实地调查还发现,不同的早期工作经历,尤其是有无从事建筑行业工作的经历对于包工头创业初期关系的识别和使用逻辑有重要影响。一个明显的例子是,那些早年从事过建筑相关行业的人创业做包工头时,更经常地向自己有过工作关系的建筑工人和建筑公司寻求帮助,当需要更多的帮助或者通过自己的工作关系来获得帮助时,才会选择向身边的熟人或身边从事建筑行业的熟人寻求支持。也就是说,那些在创业做包工头前有过从事建筑行业经历的人,其关系识别和作用的路径表现出一定的"逆差序格局"特点。而创业前没有过从事建筑行业经历的人从事包工头创业,由于没有更多的弱关系可供支持,则会更多地选择从身边的熟人和从事建筑行业的同乡熟人那里开始寻求帮助。

总的来说,相比较"内核关系网络"所提供的情感、资金与人力资源支持,"外围关系网络"更多地提供了包工头创业所需要的市场信息、实物帮助和活路渠道。这些一般是"内核关系网络"所无法直接提供的。但"内核关系"往往为"外围关系"的扩展提供了中介支持。在初识社会资本不足和弱关系的力量难以发挥作用的情况下,即便熟人支持在很多情况下为创业个体制造了与所获得帮助不对等(时空不对等和质量不对等)的人情债。寻求强关系的支持往往成为底层社会的人们实现身份转型与创业的唯一替代性方案。而且,即便在市场化与个体化的今天,强关系网络对个体的创业与创业提供了更直接、更多,通常也是更有效的资本支持。在大多数情况下,从强关系网络中获得资本支持也是农民工群体所能获得的为数不多的社会支持。

第二节 "抱团取暖":"散户"包工头的生存逻辑

建筑行业几乎是目前所有行业中自动化程度最低的,因此,建筑行业集中了规模较大的劳动力群体。此外,建筑行业还具有施工流程复杂、环节多、涉及主体多等特点。除了建筑主体施工外,还包括装修等后续作业。建筑行业的这些特点,为从事建筑行业的个体创业做老板提供了条件。即便是那些从事最基础、最基层体力劳动的建筑工人,比如各类施工、装修等,也具备基础的创业条件。

一、建筑行业中的"散户"

在建筑行业中,根据施工内容、工程复杂性、建筑标准、施工地点的不同,主要分为两种截然不同的从业人员。其中一种是依附于有资质的建筑公司的成建制的正规建筑队伍。通常来说,这些建筑队伍人员配备相对齐全、队伍人员相对稳定、技术更加过硬、施工更加专业化,设备和工具等也更加齐全。此类成建制的建筑队伍一般更多地出现在大型工程场地。另外一种则是零散的民间建筑班组。一般来说,这种建筑班组人员配备简单、不成建制、人员稳定性较差、施工流程标准化程度不高。建筑工人施工作业主要靠经验,没有所谓的质量验收环节。这类民间小型建筑班组一般承担小型建筑项目作业,如普通民房建造和装修、小型路桥工程等。如果我们将建筑行业市场分为主要市场和次级市场的话,那么,这些"散户"就构成了次级建筑市场的主体。

(一)散户的来源与群体特征

通常来说,由于建筑主体工程的施工和作业程序化标准更高,质量要求更高。因此,主体工程的施工作业一般由团队共同配合完成。主体建筑施工作业完成后,后续的装修工作仍然重要。对于那些大型工程项目而言,主体建筑完成后的装修作业一般外包给有资质的建筑公司来完成。在城市中,由于建筑项目的总体作业体量相对较大,因此主要的建筑作业一般都由建筑公司承担和垄断,包括装修作业。但是,对于那些分散的家庭装修而言,则主要由一些零散的建筑队伍承包。换句话说,所谓的"散户"包工头,在城市中主要承担的是分散家庭的装修作业工作。

与主体建筑的建设中同时作业横向作业的建筑班组较多且相互之间需要较高的配合不同,装修作业由于工程量相对较小,且主要是流程化作业。因此,横向同时作业的工种一般较少。以家庭装修为例,主要涉及以下流程:基础改造、水电、防水、泥瓦、木工、油漆、安装等环节(表3-1)。不同装修环节之间为严格的纵向流程。这意味着,某一个环节的施工与作业几乎完全独立于其他环节,而且不同环节至今的作业内容、材料要求、作业程序、验收标准等都完全不同。因此,理论上来说,不同环节的装修流程作业可以由完全不同的装修主体来完成。尽管实践中大多数的房屋装修都是由一个主体牵头组织其他人员完成,但不同作业内容的班组实际上并非必然隶属于一个完整建制的装修队伍。实际上,在散户房屋装修中,即便是由专业资质的装修公司组织的装修,其装修过程中不同流程作业人员之间也几乎没有交叉同时作业的情况。这也就意味着,建筑行业装修作业为独立的建筑行业工人作业提供了条件。

表 3-1　房屋装修流程及作业内容

装修流程	作业内容
基础工程	成品保护、拆除、砌墙、墙面挂网等
水电工程	水电交底、水电开槽、水电走线、验收测试等
防水防潮	卫生间防水防潮、闭水实验等
瓦工工程	修补找平、贴砖、排水实验等
木工工程	龙骨架设计、门窗制作、家具框架、木工制品封装等
油漆工程	墙面基层处理、墙面打磨、刷漆等
安装工程	开关安装、玻璃安装、厨卫主材安装等

在城市建筑装修行业中存在这样一个群体,他们不隶属于任何建筑装修公司,也不隶属于任何一支成建制的装修队伍。他们自身掌握装修的某项或多项装修作业技能,并且自备作业工具。他们与很多其他装修作业技术工人相互熟悉,有装修工程时,相互之间通过私人联系或组群联系组成临时性的作业班组,共同为一个装修工程服务。有时一些人可能同时承担着多个装修工程的作业任务,他们穿梭于不同的装修作业场地。

"房屋装修和主体建筑作业不一样,主体建筑作业任务量大,需要的人员多,很多技术包括装备不是一个人能承担得了的。所以,主体建筑建造都是公司来做的。但装修一个人就可以做。当然不是说整个装修一个人全程做下来,而是一个人可以做一个环节或者多个环节。实际上这个主要看个人时间和精力。一般来说,装修的活相对来说技术性要求都不高,装备要求也不高。有的人有精力,学了很多东西,他既可以做水电,也可以做主体结构改造,也可以做木工等等。他一个人可以做好几项。所以,如果你应付得来,你就可以同时做很多项。如果应付不来,大多数人就是主攻一个作业环节。"(Z20210304)

建筑领域的装修和主体工程施工有着较大差异。装修作业各环节的独立性较强,往往无须协同、联动作业。正如上述案例中呈现的,不同装修环节的作业一般是一个人完成的。一个人是否承接多个装修施工环节,取决于个人所会的装修作业专业,以及个人精力。在绝大多数情况下,装修作业的不同环节有着不同的作业人员。由于不同装修环节彼此之间没有严格的联系,且装修各环节有着明确的作业顺序,而作业人员则往往是独立的个人。因此,装修施工中往往呈现出一个个独立的散户作业人员,这些作业人员既不供职于建筑公司或劳务公司,也不挂靠在其他包工头队伍中。

我们可以初步总结出散户包工头的基本特征。一般来说，独立散户包工头从施工作业领域来看，更多地分布于房屋、建筑装修领域。这些散户"小包工头"一般掌握着装修作业中的某一个或多个环节的过硬技术，能够独立作业，完成相应环节的装修任务，他们游离于主流建筑市场之外，主要为个人或家庭提供装修作业服务。

(二)"单干"的好处

游离于主流建筑市场之外，个人独立承接装修业务，使得散户"小包工头"表现出"单干"的状态。散户包工头之所以"单干"，既与特定现实条件有关，如工艺标准、施工流程、税收问题、验收程序等，同时也与现代服务业的发展模式有着密切关系。

从工艺标准的角度来看，由于建筑安全问题备受关注，建筑业的施工流程、工艺技术和工程验收等都有着严格的规定。以建筑施工为例，仅土建环节就有140余项规范性的技术标准，几乎每一个建筑施工环节都有着严格的技术规范和工艺标准。这也意味着，建筑施工对于包工头，或者工人作业的限制较多。一般来说，大型工程的施工作业严格遵守相关技术规范和工艺标准，因为此类工程有着较为严格的验收程序与标准。而小户装修作业则不同，尽管装修作业也有类似的规范性标准和技术要求，如环保标准、防水标准等，但一般验收程序相对简单，对施工人员的限制相对较少一些。实际上对于建筑行业从业人员来说，那些技术要求较高的作业环节，其作业人员一般都要求具备相应的行业从业资格证书，或者其他能够证明其具备标准化技术规范和施工工艺的资质能力材料。对于从大多数农村走出来建筑施工人员来说，要具备上述要求并不容易。因此，许多装修作业人员选择"单干"的形式独立作业。他们也因此成为游离于主流建筑市场之外的"非建制"建筑施工从业人员。

除了技术规范和施工工艺标准因素外，税务问题也是影响"小包工头"单干的重要原因，包括建筑工人在内的农民工，一直以来给人"工资较低""工作辛苦""没有保障"等刻板印象。不过，这些刻板印象是在近40年的人口流动过程中长期积累下来的，尤其是在人口流动的早期阶段，农民工的确较多地表现出"工资较低"、"工作辛苦"和"没有保障"等特征。不过，随着农业转移人口市民化战略的实施，以及城镇化进程的加速推进，农民工的境遇得到极大改善。尤其是在工资水平、社会保障和公共服务领域，就工资待遇而言，笔者的调查显示，超过63%的农民工月工资水平超过5000元。在建筑行业，建筑工人的工资水平则相对更高，约有81%的建筑工人月平均工资超过5000元，而5000元的月收入已经达到了个税起征点水平。

那些成建制的建筑队伍和施工工人,其工资发放相对标准即按照劳务收入的形式采取固定发放的方式进行发放,如按月发放。因此,成建制的施工队伍和建筑工人需要根据个人收入水平按照个税政策扣缴一定的个税,而那些"单干"的装修施工作业人员则很大程度上避免了税务问题。原因在于,散户"小包工头"的装修交易一般发生在独立的私人之间,即个人对个人的交易关系。装修施工的合同约定在绝大多数情况下也是以某种非正式的方式进行,比如简单的个人手印和个人盖章等,即约定了相应的合同关系和合同内容。至于装修款项的支付,则更加简单,往往以私人转账的形式进行,而私人转账并无特定的资金支出科目说明。因此,在税务问题上,一般并无正式收入记录。应该说,"单干"为建筑装修作业人员节省了相当一部分个税支出,更加符合建筑工人节流支出的预期。

严格的施工规范和技术工艺标准,以及税务问题,固然是影响小包工头"单干"的重要原因,同时也被视为装修人员"单干"的好处。但随着现代服务业的迅速发展以及模式创新,一些新兴技术的变革也为个人独立"单干"提供了便利条件,如网络订单式上门服务。严格来说,建筑业并不属于服务行业,但如果我们将建筑行业的不同环节单独拆分出来,尤其是装修作业,那么某一个独立环节的装修作业在现代城市中,绝大多数情况下可以以上门服务的形式进行。当前,许多手机 App 中都有关于房屋装修的订单式上门服务项目,如"58同城",人们可以根据自己的房屋装修需求,在 App 中下单描述自己的需要。而施工作业人员则可以根据自己的技术能力选择接单上门服务。此类网络订单式上门服务解决了以往建筑人员个人"没法接到活"的困境,而正是个人没法接到活的现状决定了许多建筑工人多采取挂靠建筑队伍和劳务公司的方式生存。因此,从技术革新的角度看,现代服务业的发展以及相应网络技术平台的出现,为建筑施工人员独立"单干"提供了便利条件。

二、"散户"包工头生存的社会基础与"关系"逻辑

(一)"圈子"建设

"散户"建筑工人要在装修施工作业中生存,除了订单式作业外,朋友介绍是其重要的"活路"。原因在于,订单式作业大多数情况下仅限于家庭维修作业中的某一个环节,而甚少涉及多个不同环节的作业。因此,订单式上门装修作业一般量少,难以满足需求;而其他大多数装修作业都以毛坯房装修和旧房翻新装修为主。这类装修作业则涉及全房改造,因此几乎涉及房屋装修的全部环节。在这种情况下,独立单干显然已经难以承担装修任务,

"抱团"就成了散户装修工人的唯一选择。

"这得分两边来讲。对我自己来说,我一个木工只会做木工的活。家里如果只要做个橱柜什么的,我自己还能做。自己也可以接活。但如果是全套装修,我自己肯定做不了。你得跟别人一起合起来做。换做接活的那个人,他一般也是自己只会做一种工,最多不超过三种。那剩下的做不了,所以他接了活也得找人一起干。这就是说,得配合着来。刚开始是难一点的,因为你不认识其他干装修的,你自己又接不到活,就没得干。如果你村里有其他人干这行,还好一些。跟着他干,他有路子。他不接活,他也知道谁手里有活。时间长了,干得多了,别人就知道你干这行了。有你能干的活,他需要的话就直接找你了。"
(L20210507)

一般来说,散户装修工人在"抱团"时往往有一个"领头人",这个领头人一般要么关系路子较多,能够揽到更多的装修活计,要么其拥有多种装修技术,能够承担多个装修环节的独立作业。对于这类装修工人来说,他们相比其他单一技能的装修工人更具优势。他们负责招揽那些自己不具备的特定装修工艺的工人,组成一支临时的松散队伍,共同完成全房装修作业。在完成一次装修作业后,装修工人习惯互加联系方式,以建立稳定的"圈子",为下一次的合作奠定基础。

需要指出的是,尽管来自不同装修环节和施工专业的装修工人组成了具有一定熟悉关系的"工作圈子",但不同装修工人往往并不相互隶属,也没有建立真正意义上成建制的施工队伍。原因在于,游离于主流建筑市场之外的散户独立装修工人很难有稳定的活计。因此,对个体的装修工人而言,他们为了确保大多数的时间里有活干,一般会同时加入多个装修施工"圈子",并且在多个施工场地间流动施工作业;而对于那些在装修施工作业中起带头作用,即能够接到活的所谓"包工头"而言,他们手中也掌握着同一个装修工种的多个施工作业人员的信息,以供其组建临时装修队伍。而事实上,正如我们上文所言,装修施工作业各环节遵循流程式作业,一个环节做完,下一个环节才开始。因此,即便是一个临时组建的装修队伍,其内部不同施工作业人员也甚少同时在场。大多数时候,一个环节施工即将结束,即可通知下一个环节的作业人员准备进场。对装修作业人员来说,即便是那些圈子较广、路子较多的领头人,也同时扮演着施工工人的角色。换句话说,装修领域的包工头兼具"老板"与"工人"的双重角色。

(二)"口碑"生意与轮换工头

散户抱团、松散的临时建制,以及装修作业的零散性决定了装修包工头没有稳定的渠道获得活计。对于这些包工头来说,队伍的组建靠"关系",活路的来源同样靠"关系"。一般来说,装修领域的包工头靠的是"口碑"。比如某一次装修作业获得了主家的认同,那么下一次的活路就极有可能来源于主家的介绍。

> "装修行业,无论是对于我们施工方来说,还是对于业主来说,其实都存在着严重的信息不对称问题。对我们施工方来说,你不知道谁家有装修的需求。而对于业主来说,他们在多数情况下也不知道谁负责装修作业。当然,现在有很多的装修公司,业主们可以明确地找到他们寻求装修作业。但是,装修公司实际上只是一个发包方,他们接下来的装修任务还是要靠底层的装修工人来执行。不过,就我的了解来说,尽管装修公司他们算是有资质的,但装修公司一般收费比较贵。所以,大多数业主还是倾向于找那些私人装修队伍来做。这其中的信息不对称问题就是我们这些散户装修人面临的大问题。要解决这个问题,只能靠口碑。你做得好了,业主自然会帮你做宣传。所以,一般来说,我们这些零散的装修人在做事的时候都特别认真、负责,我们希望能够用我们的施工质量来打动业主,寄希望于他们能够将我们推荐给其他有装修需求的亲朋好友。做生意都说做回头客,装修这行虽然极少做回头客,但其实也是做的口碑。你做得好,自然有人相互推荐你来做。"(Liu20210912)

如果我们不考虑装修公司这类有资质的市场主体,那么,装修领域的供需关系建立并不容易。需求与供给双方信息的不对称,是装修供需关系建立的最大困难,尤其是对于那些散户装修工人而言,更是如此。因此,一旦建立起了某种合作关系,装修工人都特别重视。在施工质量上做文章,在报价方面给予优惠,是装修工人惯常使用的博取业主好感的手段。一次良好的合作关系的结束,往往是下一次其他合作关系建立的重要基础。正如案例中所呈现的,在装修领域,过去的业主是新的装修合作关系建立的重要纽带,是弥补装修作业供需双方信息不对称的重要因素。

此外,需要指出的是,装修领域的包工头并不是稳定的。前文我们已经指出,装修领域的施工作业人员兼具"包工头"和"工人"的双重角色。这里一方面强调的是,即便是那些接活的装修召集人,他们在施工作业时为了最大化维持个人收益,也亲自上阵施工作业;另一方面,装修包工头的双重角色还强调其作为装修召集人和包工头身份的轮换制。由于不同装修施工作业人员口碑和关系圈子的不同,我们可以设想每一个环节的装修施工作业人员都有基于业主这一纽带接到新的装修活计的可能;而接到装修活计的施工作业人员则扮演着组建新的临时装修班组的包工头角色。因此,对装修工人而言,他们不仅做的是口碑生意,还交替、轮流扮演着包工头的角色。至于一次装修施工作业中谁来扮演召集人和包工头的角色,则取决于谁最终接到了装修活计。而是否能够接到装修活计,则很大程度上取决于其过往施工作业中积累下的"口碑"。就这一点而言,轮流做工头、工人与包工头的双重角色,是装修领域包工头的重要身份特征,也表现出其发展路径的特殊性。

第三节 "选择性依附":建筑工地包工头的"裙带关系"

除了散户自主抱团创业外,也有选择加入建筑公司和成建制施工队伍的。相比较散户"包工头",这些加入成建制施工队伍和建筑劳务公司的建筑包工头表现出较强的依附性。实际上,对于很多建筑工人的创业过程来说,"依附"恰恰是一种重要的生存策略。

一、"大老板"与"小老板"

绝大多数市场创业者在创业初期为获得其他市场主体的接纳和分享市场份额,都会不遗余力地做广告宣传自己。从线下墙上贴涂小广告,到网络各大主题论坛或网站发帖子,或者在电视台、广播等平台上打广告等,姑且不论众多的市场创业者采取上述广告宣传手段能够在多大程度上收获实效,但就笔者所了解的建筑行业以及调研过程中包工头的反馈来看,打广告并不是建筑业包工头宣传自己的有效手段。换句话说,各种形式的广告宣传并不能使包工头,尤其是那些刚创业的包工头获得包括开发商、建筑公司和客户的认可,并放心将建筑项目交给他们来做。用一位包工头的话说,"在网上打广告作用有限,有时候可能会有人联系做工,但只可能是很小的私家的活。对于大的工程建设项目,开发商和建筑公司基本上都有自己经常联系和合作的建筑队伍,每个建筑公司下面也都有一大批挂靠的施工班组。要想从这些队伍里分一杯羹,太难了。要想拿到项目,最好的办法就是加入建筑公司挂靠队伍,或者有认识的包工头,跟他联系长期合作,或者由他引荐。"从调研的实际情况来看,挂靠建筑公司的包工队伍,虽然原因都是缺乏建筑资质,但大部分建筑队伍都是具有一定实力,能够独立承建工程项目的。而对于那些刚创业或处于创业初期的建筑班组来说,嵌入建筑市场最主要的途径和形式主要是与一些较大的包工头寻求合作。一个建筑工程项目专业领域众多,需要的建筑班组一般多达几十个。即便是同一个专业领域,也可能同时存在多个班组作业。如果将大的包工头作为一个个的节点的话,那么,众多小型创业包工头寻求与大包工头的合作就可以视为包工头之间的依附关系,笔者将其称为"节点依附"。在依附关系中,众多的小型包工头根据专业领域的分工实现在大工地上的群体"共生",因此也就有了在建筑工地上工人所谓的"大老板"与"小老板"之分。①

  一般来说,一个建筑包工队伍中包含多个建筑班组,比如一个包清工的建筑队伍中可能就有泥瓦班组、混凝土班组、钢筋班组、水电暖通班组等。一个建筑工程的施工需要这些不同建筑班组的协同合作。不仅如此,一些规模较大的建筑工程在分包出去后,承包工程的大包工头一般可能并不具备独立完成建筑工程所需要的建筑队伍和班组配备。可能一个工程需要4个泥瓦砌墙班组,但包工队中只有2个。在这种情况下,就需要包工头从市场中寻找新的泥瓦班组合作。那些从事某个单独建筑专业领域施工的小的建筑班组或包工队伍的负责人一般就被称为"小包工头"。以笔者所调研的一个建筑工地上的包工队伍结构来说,包工头陈是新洲区 D 村一个双包(包工包料)包工头。陈挂靠在一个叫作"一业"的一级建筑公司下面,2016年中标一个47层楼的工程项目,5月份在武汉市循礼门开工。其包工队伍人数在120人左右,其中有各工种的建筑班组8个。目前在这些建筑班组中,班组负责人和小型包工头与陈同是老乡或同一个村的有2个。在这之前,曾经在陈包工头手下担任小包工头或建筑班组组长,后来逐渐发展壮大独立做工程的人有3个,其中同样来自新洲地区的人有2个。根据调研所收集的资料来看,在大型建筑工地上,一些发展规模较大的建筑业包工头,无论是自己建筑队伍中的不同专业领域班组的小包工头,还是根据工程需求从建筑市场中临时请来合作的专业建筑班组的负责人,大包工头一般倾向于跟那些自己熟悉的建筑包工头合作。除了在市场上多年合作形成稳定职业关系的包工头外,大部分熟悉的小包工头的身份都与大包工头具有某种血缘或地缘上的关系。比如大包工头陈的队伍中水电暖通专业的小包工头就是陈的同村老乡,木工班组包工头则是他的小孩姨父。这些小的包工头与大包工头陈就形成了一定的依附关系。

---

  ① 当然,在建筑工地上,"大老板"与"小老板"的叫法之分也有的指的是建筑工人将"开发商"称作"大老板",将建筑承包队伍的大包工头为"小老板"。在建筑工地上,包工头之间不仅存在专业分工划分,同时也存在因发展规模不同而表现出的事实上的层次划分。

也有的小包工头虽然不隶属于大包工头的包工队伍，但由于与大包工头有熟悉的关系，在接到一些小型工程时，大包工头会出于"拉一手""帮一把"的逻辑，将小工程直接交给或转包给小包工头来做，转包也并不收取介绍费。这也是小包工头在建筑市场中获得"活路"的重要来源。用包工头 K 的话来说：

> "我是这样想的，只要在我手下管过事、做过事的，对方只要有能力，愿意做，我力所能及的，肯定给他机会。人帮人，最后还不是帮自己吗？他有了发展，他也会感谢我。建筑市场就那么大，谁都不能说没有困难的时候。有困难的时候拉一把，相互扶持，大家都能有机会。朋友越多，路子越广。这十几年下来，以前在我手下管过事、后来出去自己做发展得好的现在都有好多个了。"（XBZHANG20160503）

选择相同的建筑公司挂靠也是包工头之间关系依附的一种形式。通常而言，来自同一个地区的包工头在创业初期会选择同一个建筑公司挂靠以获得建筑资质。比如，笔者调研的新洲区 S 村的 7 位包工头就共同挂靠在一家叫作"联华建筑劳务有限公司"的建筑公司下面。开发商在工程发包过程中，有时候会将招投标信息直接告知建筑公司或劳务公司。这些注册建制类建筑公司收到工程发包信息，会组织挂靠在自己公司下面的包工头开会，或以邮件、电话形式通知各包工队伍。一般来说，包工头创业初期实力较弱，虽然挂靠在有资质的建筑公司下面，但并不具备单独承揽大中型建筑项目的能力。这种情况下，同样来自一个地区的一个建筑公司挂靠的其他大包工头接到项目就可以和初创业的小包工头合作，或者将部分小型项目交给他们来做；小包工头也可采取寻求合作的形式，与参与大包工头的项目建设。还有一些小包工头采取"抱团"投标的形式，不同的小包工队伍和建筑班组形成合力，组团投标。共同的挂靠与同乡身份能够确保包工头的共同发展。尤其是对小型包工头来说，这种形式能够使其在大包工头的支持和庇护下实现自己对建筑业市场的嵌入。

二、"帮·带"的逻辑：大包工头为何选择熟悉的小包工头？

从大包工头的角度讲，为什么他们倾向于跟与自己有一定关系的小包工头合作，尤其是倾向于从亲属和通向关系中寻求合作呢？从另外一个角度来说，与熟悉的、有一定关系的小包工头合作，对于大包工头来说有何有利之处呢？根据笔者的调研，可以从以下几个方面解释：

首先，与熟悉的建筑班组和小型包工队伍合作可以形成稳定的建筑队伍结构，这样在劳务分包和市场招投标过程中就能够更顺利地通过资格审查，降低临时组建完整配置包工队伍的时间成本。在建筑行业工程项目发包过程中，招标一般要审核投标建筑队伍的资质和人员配备是否合理，是否具备建筑施工项目的一般要求。而且一旦签订合同后，工期就已经确定。建筑项目必须如期完成，否则超期就要罚款。承接工程项目的包工头与熟悉的小包工头合作，形成关系稳定的建筑队伍，有利于建筑队伍保持持续稳定的资质和条件，在招投标过程中更易获得资质审核通过。而且，稳定的建筑队伍配置有利于工程的顺利开展，节省从市场上新招募建筑班组的时间，各建筑班组在熟悉的包工头的协调和配合下能够更有效地实现交叉作业等，也有利于保障工期。

其次，建筑业劳务分包制资金层层垫付，底层包工头在劳务分包过程中分担了大部分开发商和建筑公司的资金缺口，从而给包工头自己带来了极大的资金压力。与熟悉的小包工头合作，可以帮助大包工头分散资金垫付的风险，使劳务分包的资金垫付主体更加多元化，从而确保包工队伍整体的生存和运转。一般来说，开发商在工程项目发包后，并不会一次性或立即将工程施工款项支付给承包工程的包工头，而是采取阶段性支付的策略，即工程完成一部分，支付一部分。即便在工程完工后，整体工程款也不会完全支付，一般情况下，开发商只支付总工程款的85%~90%之间，剩下的10%~15%的工程一般都在未来一年或一段时间内逐渐付清，这部分资金就要包工头自己垫付。一般来说，为了分担资金压力，包工头也会采取一定的措施，比如延迟发放工人工资、赊欠材料商和供货商资金等。实际上，在一个大的包工队伍中，资金垫付的分担方式主要还是靠不同专业班组的小包工头集体分担。大包工头拿不到工程款，小包工头自然就分不到钱。那些熟悉的或者长期与自己合作的小包工头和建筑班组负责人更能够理解和接受资金垫付的压力，而那些从市场上临时招募过来填补包工队伍建筑施工力量不足的建筑班组，一旦工程完工，就会要求结算工程款项。他们一般不会站在大包工头资金压力的角度帮其分担资金垫付压力。这也是为什么大包工头倾向于选择与自己有一定关系的小包工头和建筑班组合作。

"这也是没办法的事情，一个工程1000万，上面拖个10%，我就要垫100万进去。一两年内可能还不止做一个工地。都拖着，一年几百万，放在谁身上压力都很大，谁都受不了。更何况你还得有现金流。我连材料商的钱都拖，我自己内部钱自然发不出来。好在不少班组和小包工跟我关系不错,大家都是干建筑的,对这行都知道,也能理解。有困难大家一起撑着也就过去了。要是刚来不认识的,刚开始合作,那就不行。有钱没钱你也得发给人家,有的是投机临时过来赚点,人家做你一家就结束了,不结算人家肯定不愿意。"(XBCHENG20160803)

建筑包工队伍内部基于关系逻辑的资金分担与蔡禾、贾文娟①提出的路桥建设业工人工资发放的"逆差序格局"特点有些类似。关系不仅在工人发放工资时降低了包工头的风险,在工程款拖欠和包工队伍资金垫付过程中,在关系逻辑下,包工队伍内部小包工头的资金分担同样降低了大包工头的风险。

再次,越是自己熟悉的小包工头,在工程施工过程中越能够将自己的利益和整个包工队伍的整体利益结合在一起。他们在施工监督和质量方面更有责任感,一定程度上,能够替大包工头着想,对整个包工队伍的整体决策的落实和执行也更加有力。建筑工程的施工建设既要求较高的协同性与合作性,同时也强调工序的逐步开展。比如,一个工地要开工前,水电暖通必须先期进入工地现场,通水、接电,以供后期工程施工使用。再比如,主体工程未完成,抹灰、砌砖和装修等班组也难以进入现场。不过,也正是因为建筑施工不同工序的逐步展开,在不同环节的衔接方面容易出问题。在建筑工程质量存在问题的时候,不同班组会相互推诿责任,将质量问题推到上一个施工环节。这就给整个工程施工和包工队伍内部团结带来麻烦。②

"你看那么多包工队项目部里多少人都是自己的亲戚进来干的,一些班组也是自己认识的人拉起来的队伍,为什么?有了事,他们能跟你一起扛,能站在你的角度看问题。工期慢的时候,他们跟你一起着急,一起想办法加班加点催自己的人干活。出了问题不是先找麻烦,而是先解决问题。这就是自己人的好处。大家心往一处去、力往一处使。都是绑在一块的。我赚了钱,他们就赚钱。我不赚钱,他们自然也知道自己赚得少。再说了,一般开钱的时候,同样是干活,我给他们(熟人)开的钱都是比一般人要高一些的。熟不熟不只是那点关系或者嘴上说

---

① 蔡禾,贾文娟.路桥建设业中包工头工资发放的"逆差序格局":"关系"降低了谁的市场风险[J].社会,2009(5):1-20,223.
② 元昕.欠薪体制与建筑工的分化:建筑工地劳动过程的民族志[C]//郭于华.清华社会学评论第五辑:面向社会转型的民族志.北京:社会科学文献出版社,2012:46-73.

说,开钱时多开,那是实实在在的。我给你区别对待了,那你也得带好头,这个大家心里都有数。"(XBLI20160804)

也就是说,施工的不同班组相互熟悉,或者小包工头与大包工头有熟人关系,在施工过程中,建筑施工班组能够将自己的个人利益与整个包工队伍整体利益相结合,能够站在大包工头的角度,协调整体包工队伍间的关系,遇到问题协调解决而不是相互推诿,从而保证建筑工程施工质量和各班组之间协同、团结、稳定。

最后,与熟悉的小包工头合作,在工程发包过程中,不同专业领域的小包工头能够基于自己对特定专业领域的深度认识和了解帮助大包工头进行科学、准确的预算编写,提供更加直接、实用的市场信息等。虽然说包工头一般要对建筑施工的整体流程和细节知识有一定的掌握,尤其是对建筑市场行情,比如各种工程与材料市场报价要心中有数,因为只有这样,在工程招标时,才能与预算员一同制定合理的预算与投标书。不过,即便是预算员和包工头,也不可能对建筑行业不同环节和市场领域有完全科学、准确、实时的了解。建筑队伍中,不同专业领域的熟悉的小包工头能够提供特定专业较为实用的建筑信息和市场报价,在工程预算控制与管理方面提供第一手的可靠信息,帮助大包工头科学、合理决策。

三、"依附"的道理:小包工头为何选择熟悉的大包工头?

从大包工头的角度讲,选择与小包工头合作一方面是出于对自己有利的实用主义原则,但另一方面也是出于关系的考虑对小包工头的道义性帮带。而如果从小包工头的角度来说,急于嵌入建筑业市场,迫于自身初创业规模小,难以从建筑业市场中获得份额,与大包工头的合作就更凸显出选择的必要性和主动性。

很多包工头创业初期是极其简单的,几个人,带着基本的手工工具,就开始了建筑班组的组建。虽然说挂靠是包工头生存的重要途径,但规模过小的建筑班组连挂靠都是没有意义的,而且挂靠还要缴纳挂靠金。因此,对于那些初创业的规模较小的建筑班组,盲目地在市场找建筑合作缺乏稳定性与可靠性。在可选择的情况下,他们还是倾向于向自己熟悉的大包工头寻求合作机会。选择熟悉的大包工头合作,比如选择同乡包工头依附,至少在活路、工程款和未来发展上有所保障。

其一,依附大的包工头,在建筑"活路"方面更加有保障,甚至比自己独立挂靠建筑公司更加具有稳定性。而且,在自己建筑班组的成长与发展方面,由于一般选择熟悉的大包工头依附,大包工头一般也愿意给予机会和扶持。找活难是绝大部分初创业包工头普遍遇到的难题。由于缺乏市场经验,稍具规模的工程项目都不会选择那些小型包工队伍来做。即便市场上有大的包工头会将建筑工程中一些个别专业的活路转包出去,也会最大化榨取利益。实际到达小包工头那里,能够获得的利润已然很低。以装修为例,目前建筑市场上多达八成的建筑装修工程被建筑公司包揽,只有一小部分业主向建筑市场上的零散"蹲街"工人叫活。这些"蹲街"工人一般就是自己从事装修的小包工头或帮小包工头揽活收取介绍费的小中介(中介一般收取5%~10%的介绍费)。个体的零散小活利润率低,且工程来源缺乏稳定性。即便是小包工头,承接此类项目也是无奈之举。

"新人挺不容易的,承包项目价格虽然重要,但是别人对你不了解也不是那么容易给你活做。没有门路也接不到活。我刚开始做的时候因为没有熟人,到处接不到活,有的时候跟别人谈,价格都压低到自己亏的程度,但是别人不知道我的能力,不知道我能不能做好,不愿意给。交保证金,别人也不情愿,说保证金他们也有风险,万一完不成,工期拖延会破坏施工计划。要是出了质量和事故,结果更难收场。唉,万事总是开头难。"(XBMA20160518)

如果依附的是熟悉的大包工头,情况就会好一些。大包工头对小包工头的剥削与压榨也会大大减少。对于有关系的小包工头,大包工头会有意识地扶持而不是最大化的利益榨取。

虽然大多数情况下小型包工头手下的建筑班组会被合并到大的班组中,但长期的经验、资金积累有助于小包工头后期的进一步成长。

"我刚开始要做这行的时候就去找了我们邻村一个做双包大工程的,是通过我们书记认识的他。他挂靠的是一级资质的建筑公司,接的活一般都比较大。我等于是先在他的包工队干活的。我们几个一起进去。我带的几个人还是我来看。我实际上等于是工长,工资会单独给我结算。他是稳定有活的,他有活我就有活。刚开始做,还是得一步步来。先做几年,只有积累了钱,才能慢慢做得更大一点。都是知根知底的熟人,别人吃肉,总还有你口汤喝。别人也有大包工头往外包一些小活的,可是那些油水都被榨光了的,即便是有油水比较多的,比如门窗、钣金这些,那也不是谁都能拿到的。"(XBDING20160528)

其二，相比于临时性合作的大包工头，依附熟悉的大包工不仅能够有稳定的"活路"，在工程款的结算上风险也相对较低。这对于那些初创业、资金风险负担能力较小的包工头来说无疑是最大的保障。建筑行业拖欠资金并不是建筑工人特有的现象。由于劳务分包制特殊的资金垫付现象，工程款的结算一般都是在工程完工后进行。包工头内部同样存在严重的工程款拖欠问题。很多包工头由于资金垫付压力，也存在与建筑工人同样的"要钱难"困局。有调查研究表明，曾经有过被发包方拖欠工程款经历的包工头占全部包工头的比重高达94%，最长的曾被拖欠款项达3年之久。[①] 在笔者所调查的包工头中，被拖欠工程款也较为普遍。一般来说，大的包工头由于资本雄厚，且手里经常不止一个工程在建，资金垫付与周转能力较强，能够承担更大的资金风险。但小型包工头资金缺乏，垫付能力较弱。一旦出现工程款拖欠，就可能遭遇生存危机。依附在熟悉的大包工队伍下面，包工头之间的个体信用与经营状况都彼此了解，工程款的结算相对来说更具有可靠性。工程款虽偶有拖欠，但市场诈骗现象几乎不存在，大大降低了小包工头的资金风险。

其三，由于小包工头对大包工头的关系依附建立在由亲缘、地缘等关系基础而产生的个人信任与市场信任上，这种信任可以降低市场交易过程中相互监督的成本以及减少交易摩擦，进而减少市场交易过程中的谈判成本，甚至在依附性的关系交易模式中，谈判环节本身是在一种相互了解以及和平的形势下进行的。这可以减少小包工头在从事建筑行业的创业初期分散过多的精力，而主要将个人精力投入到建筑施工、市场学习等方面，从而有助于其创业初期的个人提高。小包工头的"活路"主要来源于大包工头的关系份额。与大包工头的交易形式也因关系熟悉和相互信任减少了过多的谈判与反复博弈，可以降低小包工头的风险和压力。一般地，建筑工程施工过后，项目部都会在后期进行工程验收。对工程各个施工环节进行质量评估。为了最大化压缩包工头的利益空间，发包商与包工头之间的博弈经常很激烈，要在挑刺与据理力争之间不断博弈。如果单一的专业建筑班组与大包工头仅仅是市场交易关系，错误的追究和追责就可能直接通过大包工头落在小包工头身上，给小包工头的交易谈判和利益博弈带来压力和风险。而小包工头基于关系依附于大包工头，在市场交易关系的同时多了一层熟悉关系的保障，可以减少交易风险的压力直接负担在小包工头身上。

一直以来，"邻带邻、乡带乡，熟悉的亲友互相帮"就是移民创业最常见

---

① 韩秋奇.包工头生存境况调查[J].江西农业科技,2005(3):70-72.

的模式,在跨国性移民创业中更是常见。那些对华侨移民创业的研究已然揭示了这一点。① 其他研究也不同程度揭示了同乡外出创业的裙带关系。比如对新化打印业的研究就发现,打印业之所以出现新化人比较集中和形成全国网络的现象,其内在逻辑就是在创业过程中新化人基于血缘、地缘和市场联结与互嵌,熟悉的同乡人之间相互提携与就业产业链的充分分工所形成的网络。② 建筑业包工头在创业过程中同样存在血缘与地缘等关系与对市场的协同嵌入,形成"一人从业,带动一家;多人从业,发展一片"的网络化模式。裙带性的依附关系,为小型包工头的生存与发展提供了市场机遇和市场空间。小包工头基于关系对建筑市场的"绑定式"嵌入,不仅可以在包工头之间形成共同解决问题的机制,进而降低市场交易成本和风险,同时也使小型包工队伍在创业初期不至于因没有"活路"和受市场排斥而中途"夭折"。当然,由于建筑业本身是新洲区的支柱产业,建筑业较为发达。此外,注册建制类资质企业较多,从业包工头数量规模较大,也提供了创业包工头依附的平台。而且,许多小的乡镇,甚至是村子里面,都存在早期从事建筑行业、如今已经发展规模较大,成为建筑企业老板或项目经理的前辈。这些熟悉的建筑前辈,为后来的创业包工头依附提供了先天的条件。

第四节 "节点"复制与创业路径依赖

建筑业包工头之间的裙带关系导致包工头的创业呈现出一定的路径依赖性。大包工头对小包工头的扶持与小包工头对大包工头的依附使不同时期包工头的创业模式呈现出复制性。如果以大包工头为节点,那么,小包工头的创业实际上就是对不同节点的简单复制。其创业也因依附性表现出某种"搭便车"的特点。

一、创业复制与路径依赖

对有关移民创业的研究表明,与流入地居民相比,移民创业的比例总体上较高,且创业速度也相对较快。一项调查显示:

"移民到加拿大 9 年后,有大约 5.3% 的加拿大移民拥有自己的私

---

① 刘莹.移民网络与侨乡跨国移民分析:以青田人移民欧洲为例[J].华侨华人历史研究,2009(2):27-35.
② 谭同学.亲缘、地缘与市场的互嵌:社会经济视角下的新化数码快印业研究[J].开放时代,2012(6):69-81.

营公司,而加拿大本地人的比例为 4.8%。这意味着外来移民比加拿大本地人更快拥有自己的产业。从另一方面看,大约 19.6% 的加拿大移民是自雇人员,而加拿大本地人这方面的比例为 16.1%。加拿大统计局的这项研究也显示,即使是在加拿大生活了 10 年到 30 年的移民中,自己创业的热情也高于本地人。这项研究同时表明,总体而言,移民私营公司的规模往往小于加拿大本地人的私营公司。2010 年,移民私营公司平均雇佣约 4 名员工,而加拿大本地人私营公司平均雇佣约 7 名员工。同一项研究还显示,移民在抵达加拿大后头两年就自己创业的比例很低。这说明移民在开始加拿大生活的最初阶段往往需要慢慢熟悉社会环境,了解商业信息等。从另一方面看,有不少移民也是因为不好找工作而被迫自己创业的。"

移民创业之所以比例高、创业速度快、较一般人创业成功率高,主要原因是迁移是在关系网络的作用下完成的,一般是在前期移民创业成功后,通过亲带亲、友带友。前期移民为后续移民的流动提供了居住、生活方面的指导与保障;而在后续移民创业过程中,前期移民在创业知识的指导、语言方面的支持、市场联络和资源扶持上为后续移民提供了很大帮助。① 比如,周欢怀等②研究了在意大利佛罗伦萨的温州商人,发现温州人在当地编织的社会网络为温商们的创业提供了资金、知识和劳动力等资源,使他们能够在较短时间内通过复制型创业嵌入当地的皮具产业集群。应该说,这些移民的创业具有明显的路径依赖特征。在其他的创业类型如产业集群与家族创业中也普遍存在路径依赖问题。③

"所谓路径依赖是指某一事件演化过程中,先期优势或者演化路径上细微的随机扰动能够改变或锁定整个事件演化的历史进程"。④ 对于创业路径依赖来说,主要指的是创业者之前的从业经历、创业经验、他人创业隐性

---

① 张一力,张敏.海外移民创业如何持续:来自意大利温州移民的案例研究[J].社会学研究,2015(4):25.

② 周欢怀,朱沛.为何非精英群体能在海外成功创业?:基于对佛罗伦萨温商的实证研究[J].管理世界,2014(2):68-76,89.

③ 也有同类研究将其他创业者对后来创业者创业的影响导致后创业者的路径依赖定义为"同群效应",即更加强调创业者所处的外在环境等对创业者创业认知与决策的影响。具体参见:曹小红,蔡莉,苗淑娟.基于高技术产业集群的模仿创业决策机理研究[J].科学学研究,2008(4):739-748.

④ DAVID P A. Why are institutions the carriers of history? path dependence and the evolution of conventions, organizations and institutions[J]. Structural change and eonomic dynamics,1994,5(2):205-220.

知识的习得、关系网络与资源获得方面对创业者创业类型及其过程的影响。先验知识与经历很大程度上将影响甚至决定创业者从什么地方起步创业、在哪个领域从事创业、如何创业。在传统的创业理论研究中，机会创新被认为是影响创业成功的先动优势，有利于获得良好的创业绩效。而反过来，"模仿性机会创业则可能因创业经验易于学习、扩散迅速等，使创业遭遇损失和绩效降低"。[①] 从传统创业理论的研究来看，创业过程中的路径依赖对创业成功与创业绩效有负面影响。不过，也有研究指出，无论是在以新兴市场为代表的中国还是以发达市场为代表的美国，中小型企业的创业者都能够从模仿型机会创业中获益，他们大都经历了模仿他人产品或在此基础上进行增量创新以创建新企业并逐步发展的过程。[②] 实践与理论之间的悖论将创业路径依赖的研究不断向前推进。

一般来说，复制型创业和创业表现出的路径依赖更多地表现在移民创业、集聚创业与产业集群、家族创业等案例中。所谓集聚创业和产业集群指多个创业个体或同一个产业内的不同创业者在同一个地区共同创业。工业园区和创业孵化器等是集聚创业和产业集群创业的最主要表现形式。集聚创业之所以更经常地表现出路径依赖的特征，主要原因在于，创业者在创业过程中过多地依赖创业集聚地所提供规模化网络资源，包括创业经验、人力资源、市场资源、政策资源等。这些创业者由于受到这些网络化资源的影响，能够从网络资源中获益。他们往往很难改变原有的网络关系，也不愿脱离既有的网络，从而使创业集聚地的网络对当前和后来创业者施加持续的影响。路径依赖通过创业模式锁定、给创业者带来正反馈和报酬递增后，复制创业和路径依赖在创业者身上得到不断强化。[③] 产业集群地的创业者也因此得以不断复制以往创业者的创业经历和创业模式。组织学习理论也认为，创业者在创业不同阶段，包括前期、初期和中期所学到的显性或隐性创业知识虽然一定程度上能够帮助初创业者迅速进入创业状态，缩短创业周期，并提高创业成功率，但同时也会为创业者制造"路径依赖"的"陷阱"。创业者深陷"关系盘丝洞"，使创业者难以摆脱之前创业者在创业模式和创业历程上的影响。

---

① GREGOIRE D A, SHEPHERD D A. Technology market combinations and the identification of entrepreneurial opportunities: an investigation of the opportunity individual nexus[J]. Academy of management journal,2012,55(4):753-785.

② 刘谷金.企业动态能力与企业绩效结构关系研究[J].湖南科技大学学报,2011(4):63-67.

③ PAGE S E. Path dependence[J]. Quarterly journal of political science, 2006,1(1):87-115.

二、"搭便车"创业与包工头的路径依赖

相较一般商业创业要求机会创新和产品创新,建筑业创业对创新的要求并不高,因此包工头的创业比一般商业创业更加明显和普遍地表现出路径依赖与复制的特征。这与建筑业本身的特点、创业者都来自同一地域、建筑业包工头常见的依附于裙带关系,以及持续不断的包工头创业等有很大关系。

(一)先验知识的学习与经验复制

建筑行业本身是偏劳动密集型行业,不同专业的施工程序与操作技术都是在长期从事建筑业的基础上积累而成的。技术的传承很大程度上也是在大工带小工、师傅带徒弟的传统模式下实现的。这也是为什么"干中学"是包工头获得创业隐性知识与市场经验的重要途径。通过包工头言传身教和创业者耳濡目染习自其他建筑业包工头的前期经验对于一般建筑工人创业的路径依赖与模式复制有直接影响,包括创业做包工头需要投入哪些资源、嵌入建筑市场需要通过哪些途径,这些都能够从其他包工头那里获得答案。

"做建筑的都大同小异,有的组织几个人,准备点工具,能干活也就行了。有的要点技术,请几个师傅,带着几个徒弟和工人能做事也行。只要知道是怎么回事,别人怎么做的你也照模样做。大家都是这样开始的。"(XBLI20160619)

对前人经验的简单复制是建筑业包工头创业模式的一大明显特征。这也是为什么绝大部分建筑业创业包工头即便文化素质较低、启动资金相对较少、缺乏完全的经验也能够成功创业的重要原因之一。

笔者调研的包工头中,有这样一对包工头,他们是舅甥关系。舅舅周某51岁,从事建筑行业17年;外甥林某初中毕业,今年已经26岁,没有稳定正经工作,曾外出打工多年,但因不愿意吃苦,嫌工资少,一直没有稳定下来。去年,周某妹妹将林某介绍到舅舅周某工地,让他跟着舅舅边干边学,试图让林某从事建筑行业。

"他也有这个心想做做看,但以前没做过。到我的工地来,就让他先做个领班,帮我看场。以前他做事静不下来,不靠谱。现在只要他愿意学,什么都好说。他不会的,我手把手教。我把我会的、知道的都教

给他。没有人,我给他人,给他东西,让他带几个人慢慢来。给他铺好路,他只要愿意干,那些都是我之前走过来的,(他依葫芦画瓢)不会走太多弯路,也不需要他费太多的精神去想这想那,学着干比他自己摸索要简单、舒服得多。"(XBZHOU20160417)

(二)裙带依附与"搭便车"创业

建筑工地上包工头之间的裙带与依附关系,尤其是小包工头对大包工头的依附,导致小包工头在创业路径上表现出了对大包工头更直接的复制性与依赖性。在依附性关系中,大包工头对小包工头的帮助与扶持在生产现场对小包工头形成了更直接的经验影响。不仅如此,由众多包专业领域不同的包工头在大工地上的协同作业,实际上形成了小型包工头在建筑工地的集群创业。基于共同的市场资源,小包工头所带领的建筑班组的成长遵循着大致一致的模式,即在大包工头的庇护与"帮带"下,逐渐嵌入建筑业市场。在有"活路"的情况下自身资本得以慢慢积累壮大,从而实现由小包工头向大包工头的发展。新创业的小包工头倾向于嵌入之前创业包工头已然形成的集群性网络,利用大包工头的市场关系实现建筑市场嵌入,在大包工头的大型工程中寻找"活路",小包工头基于对大包工头依附的创业和市场嵌入模式使其创业具有明显的"搭便车"特点。

(三)创业者地缘集群与连续创业

创业者多来源于同一地域,不同包工头之间在关系网络上相互交织,也是包工头在创业过程中表现出路径依赖和复制型创业的重要原因。从创业地点来看,包工头虽然并没有表现出明显的集群性创业,但建筑行业包工头存在的一大特点是未注册的零散非建制型建筑班组。因此,绝大部分建筑业包工头并没有稳定的创业地点,而是随工程不断变换而流动。对于来自同一地区的创业包工头来说,唯一不变的是其流出地的同一性。实际上,笔者在调研中发现,部分包工头虽然在城市购买了住房,但几乎全部建筑业包工头的居住地和常住地都仍然在农村。也就是说,建筑业包工头创业虽然并未形成一般商业创业所表现出的产业集群,但就包工头本身来说,却形成了事实上的创业者地缘集群。创业者地缘集群以及常住地的稳定性导致包工头创业者之间存在很高的相互学习和经验借鉴的可能性。

"有空的时候我们也会到一块聚一聚,吃吃饭,唱唱歌。这在我们之间挺常见的。一般认识的包工头经常有机会会聚一下。聊聊工作,谈谈心。自己包工队的那更是经常一起吃饭,很多问题的讨论也有时候是在吃饭时候定下来的。在家的时候在一块吃饭的时间不太多,但平时见了还是会聊一聊工地上的事。这是难免的。"(XBJIANG20160703)

包工头创业者的地缘性集群还表现出连续创业的特点。即一个地区在不同时期不断有建筑业包工头出现。形成建筑业创业连续统。笔者所调研的武汉市新洲区,近20年来不断出现新的包工头创业。从事包工头行业时间最长的36年,最短的4年。连续创业使得该地区建筑业创业经验和创业精神在地缘性集群内部不断得到持续传播和复制。先验知识对后来者的影响作用不断得到强化。创业模式和路径也更显传承性。不仅如此,依托内核关系网络持续创业,能够使内核关系网络的资源更加趋于集群化。从而给后来创业的包工头提供更多的社会资本支持,同时也能够起到更大的市场保护作用,有助于提高后来包工头创业的成功率。

第五节 建筑工地上包工头的群体共生

在关系型创业研究中,学者普遍认为,关系不仅能够降低新创业者的市场进入门槛,在创业者内部形成基于产业链的细密分工,而且创业者之间的熟悉性和相互之间的信任也能够推动关键市场信息的快速、低成本流动。[①] 张一力等对意大利温州皮鞋业移民的研究中就有一段这样的描述[②]:

> 2001年,H的表哥先把H的表姐带出来,年底表姐把H申请过来,随后的两年H又陆续把大弟弟和妹妹带到意大利。"弟弟、妹夫他们以前在中国也是做过沙发的。刚来的时候他们话也不懂,我懂意大利语,就配合起来,我做市场,专门跟意大利人打交道。后来小弟和弟媳妇也过来了,他俩在国内不会做沙发,是在这里学的。"亲戚之间相互学习,很快掌握了显性的操作性知识,克服了"新进入缺陷"。"兄妹几人到了意大利以后,分着做木架、靠垫、沙发皮和沙发,一起配合着做。"家族成员在经营业务中密切配合,形成了清晰的垂直分工,降低了产业链中的沟通成本和机会成本,提高了经营效率。

---

① 周欢怀,朱沛.为何非精英群体能在海外成功创业?:基于对佛罗伦萨温商的实证研究[J].管理世界,2014(2):68-76,89.
② 张一力,张敏.海外移民创业如何持续:来自意大利温州移民的案例研究[J].社会学研究,2015(4):25.

温州人向意大利的移民基于关系网络而完成,对当地社会与市场的嵌入也是在关系网络中的早期移民帮助下得以实现的。在这个过程中,关系网络中的不同个体虽然在同一行业内共同创业,但基于市场分工不仅没有形成竞争性关系,反而在行业内形成关系紧密合作的产业链条。实际上,有的市场分工还是在有意识避免关系性竞争情况下的协商选择。也就是说,在熟悉的创业者群体内部,关系与市场达到了某种程度的平衡。这样既避免了市场中的关系竞争,同时在形成的产业内部彼此紧密合作,也形成了规模效应,甚至行业垄断。湖南新化人在全国不同地区打印产业的发展也表现出了类似的集群创业与市场均衡。

建筑包工头之间的裙带关系之所以能够形成,大小包工头之间之所以能够实现共生,一方面是包工头之间的熟悉关系在起作用,另一方面也是因其建立在建筑行业专业分工与市场份额合理分配的基础之上。关系与市场在建筑业工地上同样能够实现均衡,从而使不同的包工头能够实现共同生存与发展。单独的市场或基于关系的单独联结都不可能使包工头实现群体性的共生,仅仅是关系联结,可能在群体内部造成关系竞争从而破坏关系稳定性,而仅仅是市场原则可能无法避免某些弱联结的风险。

现实中,建筑包工头之间因关系与市场均衡而实现共生具体表现为三个方面:其一,大包工地上大小包工头的裙带关系与相互合作的主动权实际掌握在大包工头手中。在有关系的小包工头选择来"投靠"和"依附"时,大包工头会给小包工头一定的分工机会与市场空间。其二,在挂靠同一个建筑公司时,不同包工头所带领的建筑队伍和班组有所侧重。在建筑公司拿到招标资格向挂靠包工头再分包时,单个包工头之间如果没有能力,会联合起来进行投标。其三,建筑行业家族式合作创业与合伙创业虽然在全部包工头中所占的比例并不高,但家族式创业与合伙创业同样也表现出一定程度的关系与市场均衡的特点。

一、关系依附与市场分工的均衡

关系依附与市场分工间的均衡建立在建筑行业多专业领域的基础之上。建筑行业专业分工领域较多,包括十三个工种。大型工地要求多工种协同配合施工。在一个建筑队伍中,除了专业性较强的小型建筑班组,一般的建筑队伍都有多个工种。这也导致大包工头手下有不同的小包工头或工长共同生存。小包工头对大包工头的依附正是建筑行业多专业领域分工的结果。

分工是不同包工头共同存在的前提条件,而建筑行业生产过程的多环节与分割性则是不同包工头得以群体共生的重要影响因素。一般来说,如果一个产业分工太过细致,不同环节间流程衔接要求较高,那么个体创业者就独立环节所进行的创业成功率是较低的。[①] 因为分工太细很可能会导致不同环节整合的成本较高,因此产业链条倾向于整合而不是分散。而个体创业由于受资本规模的限制也很难在整个产业链条中的诸多环节或整个生产线上进行创业。但建筑行业则不同,建筑行业虽然同样生产环节众多,包括土方、基础、回填、主体结构、封顶、撞墙、内外粉刷、楼地面、装饰等,但就整体流程而言,不同的建筑环节虽然是紧密衔接的,不过从不同工种的施工作业来看,则是单独作业的。即便是有些环节要求不同工种协同、交叉作业,也是各个建筑班组独立施工,相互之间在工序上相互配合。生产过程的多环节性与施工分割性客观上允许建筑行业根据实际需求将不同的环节独立外包给不同的专业建筑班组。

实际上,即便是大的包工头,像那些双包包工头,虽然有资质独立承担整个工程施工,但也不可能拥有包括13个建筑专业的所有建筑班组和施工队伍。而且,即使是出于成本控制的需要,大包工头也不可能独立承担所有建筑建造环节的施工任务。在大型工程中,至少超过半数的施工任务和建筑环节都要通过更加细致地分包外包给市场中的建筑班组。这一方面是出于成本计算和工期控制的考虑,另一方面也是出于分散资金垫付压力和降低风险的要求。

> "你不可能说一个项目你所有的活都自己做。那不现实。一是你一个包工队不可能有那么多的工种和班组。那样一般是建筑公司才有的规模和建制。像我们这样的零散包工,一般都没有那个实力。所以一般自己接到活以后,半数以上的还是得再分包出去。而且有时候施工也有要求,你可能包工队里有一两个班组,但可能根本不够用的。那就得再从市场上去找,把活包一部分出去。"(XBLIN20160616)

专业分工与施工环节的分割客观上提供了细致分包的条件。但市场分工如何解决关系依附造成的影响,或者说关系依附如何适应专业化分工的要求,则是大包工头在与小包工头合作时需要考虑的问题。尤其是当小包工头是大包工头熟悉的人时,关系与市场分工的平衡就更加重要。原因在于,即便是关系依附,大包工头也需要考虑关系分工是否符合自己的利益需

---

① 谢国雄.黑手变头家:台湾制造业中的阶级流动[J].台湾社会研究季刊,1989(2).

要。纯粹的关系依附可能并不会降低市场成本,而且还可能造成施工质量与成本控制的双重风险。不过,从调研的实际情况来看,关系依附并未给大包工头带来额外的压力,在选择关系型小包工头合作时,大包工头会综合考虑对方的能力和关系分工带来的市场后果,进而在两者之间寻求平衡。

以包工头 K 为例,2002 年 K 开始进入建筑行业做包清工,在做包工头之前做过短暂的建筑工和货车运输司机。目前建筑队伍一般保持在 80 人左右,根据工程需要人员会有增减。队伍中有泥瓦工、钢筋工、水泥工、木工、水电工等 8 个建筑班组。其中泥瓦工与木工两个班组与自己是同乡关系。其余的几个班组的小包工头是自己在多年从事建筑行业的过程中长期合作形成的稳定关系的班组。K 的队伍中原本有两个泥瓦工和木工班组,两个同乡班组是在后期加入,并逐渐在包工队伍中稳定下来,替代了原来的班组。

"原来是有泥瓦和水电班组的,是从市场上找的,跟我也合作过几年。我这边只要接到活,通知他,他就过来开工。后来(2013 年)老彭从家里过来找我,说自己弄了个水电班,问我有没有活可以做。我是知道他的,他之前就是做水电的,但后来有一段时间没做了。因为相互之间了解,他人也不错,总得给点情面,但队伍究竟怎么样不知道。当时我手里有两个活,一个正在做,另外一个还没开工,马上要挖土。我让他到新工地去做前期。前期一般来说要做一些基础工作,如通水、通电,防雷等。这些一般可以让他先做。后期主体做完,装修要做的活一般更多,我还是给之前给我做水电的做了。像一些小活,刚开始我还是可以给老彭做的。但其他得慢慢来,不能一下子全部交给他。他也知道我另外有水电班,我那个合作的水电班也知道我来了一个小班。我放心让他们去做,他们相互之间都得看着。谁做得不好那自然心中有数,你能不能继续做,不用我自己讲,是得拿本事说话。说到底,关系是关系,这个没什么说的,但终究活得做好,活做不好,其他的什么都是空的。这几年老彭做得也是很扎实,队伍也比原来充实,质量并不比我包出去的班组差,那我为什么不给他做呢。另外那个水电班,那也没什么可说的,他们是公平竞争的。谁退出,那是他们之间的事。当然,你干得不好那别人自然有意见,这个不影响感情。现在主要的活虽然是老彭在做,但活多的时候,他一个班做不过来,也会包出去一部分。"(XBKONG20160805)

从包工头 K 的例子可以看出,小包工头对大包工头的依附虽然基于关系而建立,但关系并未排除市场原则。至少在大包工头那里,市场原则某种程度上依然是高于关系本位的。不过,关系可以在市场原则下有活动的空间。比如活做得好,关系是可以在市场竞争中后来居上起主导作用的。完全的市场分工原则并不绝对可靠,出于稳定性的考虑,在同等的市场分工和做工的质量条件下,关系在大多数情况下成为大包工头首要考虑的因素。总的来说,大包工头在这个过程中起主导作用,关系与市场分工是否平衡,取决于大包工头的利益权衡。关系并不排除竞争,但竞争的最佳结果是在关系与市场分工间保持平衡。

二、合伙创业与"股份合作社"

裙带依附并不是建筑行业包工头之间关系联结的唯一类型。近年来,建筑行业内逐渐开始出现一种合伙创业的包工头创业形式。这种合伙创业与家族式创业不同,他们彼此之间多数是老乡关系、工友关系等。他们各自根据自己所拥有的资本特长,或出资金,或出技术,或出设备,或有一定市场关系等,按照市场估价入股,成立类似股份制的"建筑合作社",最终按照持股比例进行利润分红。这是近年来才出现的新的包工头创业形式。早期,由于建筑行业入行门槛低,启动资金要求不多,工人工资也相对不高,因此个体创业成为可能。然而,近 10 年来,建筑行业市场急速膨胀,材料价格、工人工资等水涨船高,市场风险也较以往越来越大。包工头创业的成本与入行基本要求大幅提升,单个小包工头的市场嵌入越来越困难。一些没有能力单独创业的小包工头开始寻求合伙创业,甚至有工人也占有一定的股份份额。通常在入股合伙创业的人之间会民主推举一位代表人物作为包工队伍日常管理的执行人。这些创业者年龄相对偏年轻化,更具有现代市场的观念。

合伙创业的好处是能够最大程度上凝聚、整合分散的社会资本,彼此分担创业与市场风险。由于彼此都在某种程度上成为创业老板,因此创业过程中的责任感与积极性更高。他们的主人公意识较强,包工队伍凝聚力和稳定性也比一般包工队要好。

"我们各有所长,大家都是入了股的,有的交了钱,有的设备也是折算了的,有技术有市场的也算进来。有时候大家都觉得自己是老板,那你就得为自己着想。人啊,你得往他想要的东西上面去考虑。他想要的,你想办法让他自己用本事去搞。把这个做好了,大家的潜力就出来了。有哪个老板不为自己的利润着想的？有技术的你全力发挥，有经验的你带好工人，有市场的你给我全力去跑，工人也不会说走就走。大家有劲往一处使，这生意自然是差不了。要论单个人，我们可能都没有能力自己去创业，还有一些入股的工人，他们更没有那个能力。但合在一起，我们比一般包工头实力都不差。工人更高兴，以前哪里有这样的机会去参与创业做老板呢？"（XBZENG20160802）

合伙创业实际上是不同包工头之间多重关系的叠加与重合。不过，关系嵌入是相对于市场有更多独特机会的交换系统，关系嵌入更多地表现为交换双方的信任、承诺、优质资源共享和共同解决问题。[①] 在合伙创业模式中，关系只是彼此联结的一个纽带，要加入这个团队，必须要"一有所长"。无论是管理能力、技术、经验、资金、设备、市场等，都必须经过市场认可的（有价值且能够估价）。"能力"在这里是重要的市场因素，关系是将不同的市场因素与资源整合在一起的纽带，包括按照比例分红的市场规则，这是平衡关系因素的重要市场要素。两者之间的平衡在包工头合伙创业中显得更加突出，也更加重要。

[①] UZZI B. Social structure and competition in interfirm networks: the paradox of embeddedness[J]. Administrative science quarterly, 1997, 42(1): 35-67.

第四章 深度市场嵌入期"关系"的分化与再联结

关系网络中的弱关系不利于创业者的机会识别和创业资源的获得,而强关系则具有优势。① 这一现象在中国特有的集体主义文化和熟人网络背景下表现得尤其明显。和许多其他商业创业者一样,包工头在创业前期准备和初期创业过程中,所利用的社会资本来源严重依赖于包工头个人先天存在的社会关系网络,也就是我们常说的"强关系网络"。就本研究的定义而言,即内核初级关系,主要指亲缘关系和地缘关系等。这种内核初级关系虽然在包工头创业初期能够为创业包工头提供包括资金、人力、设备、情感等方面的支持,甚至提供其依附的载体,但内核关系所起的作用仍然存在时空局限性。就像戈丁和道灵格所指出的那样,"要想让新创实业具备可持续发展的东西,创业者就必须构建新的、包含范围更广资源的关系网络,即所谓的市场关系网络"。② 对创业小包工头来说,创业所需的初级资本固然能够从内核关系网络中获得,建筑市场的初步嵌入也能够通过依附熟悉的大包工头来实现,但依附只是小包工头实现市场嵌入与早期生存的一种手段,不可能使小包工头得到较大规模的发展。随着小包工头自身实力的发展和规模的壮大,"依附"不再有利于其生存,反而由于受到大包工头在市场上游的利益限制,难以实现突破性发展。

在很多的创业研究中,强关系对创业企业作用的边际递减规律得到了验证,而同样被强调的还有弱关系在创业企业中后期发展中普遍发挥主导性作用。强关系要么逐渐退出对创业企业发展的影响,要么影响较小。③ 小包工头要在建筑行业实现突破性发展和成长,就不能仅仅通过"搭便车"来实现,而必须通过嵌入更大的建筑业市场中、参与更广泛的市场交换才行。换句话说,在创业过程的不同阶段,建筑行业包工头必须妥善处理好以

---

① MA R,HUANG Y C. Social network and opportunity recognition:a cultural perspective[J]. Academy of management proceedings,2008,1(6):1-6.
② OSTGAARD G B,TRAILER J W. Measuring performance in entrepreneurship research[J]. Journal of business research,1996,36(1):15-23.
③ 张一力,张敏.海外移民创业如何持续:来自意大利温州移民的案例研究[J].社会学研究,2015(4):25.

内核初级关系为主的"小世界"与以外围市场关系核心的"大世界"之间的关系。韦伯指出,"一种社会关系能够为其成员提供精神满足感和物质利益。如果成员期望通过被其他人接纳而使其处境得以改善,使其地位、安全感、价值满足感得以提升,则他们会专注于保持关系开放;相反,如果经验告诉他们必须通过操控的策略才能改善其处境,他们就会专注于维持关系封闭"。[1] 韦伯因此认为,"基于亲属、血缘关系的特殊信任无法创造出市场社会所需要的普遍信任"。但是对建筑包工头扩大化市场嵌入过程的调查显示,创业包工头善于利用初始关系的运作实现外围市场关系的联通与拓展,也即包工头能够通过人情关系的运作创造出普遍的市场信任。

那么,在实践中,包工头扩大化的市场嵌入是如何突破内核初级关系的封闭性影响,从而实现由"小世界"到"大世界"的扩展的?创业包工头关系网络扩大化的过程和逻辑是怎样的?显然这些还需要进一步深入讨论。

第一节 当"关系配额"满足不了市场需求

在大工地上,小包工头与大包工头的群体共生建立在关系依附与市场分配之间的均衡,即通过关系分配的市场额度与小包工头的市场承包能力大致相等。然而,小包工头并不是停留在创业初期的水平而停滞不发展的。创业初期的关系依附是为了生存,但发展并不能通过简单的依附来实现。当关系分配与市场能力不再能够维持平衡时,裙带关系就可能出现张力而分化,表现为小包工头对大包工头的分离。自立门户单独嵌入建筑业市场通常是这种分离的最终结果,也是建筑业创业包工头实现身份转型和地位流动的进一步表现。

一、从"单一依附"到"多元依附"

小包工头在创业初期,由于缺乏资金、"活路"(市场关系),受包工队伍规模较小、承包能力有限的制约,一般会选择依附熟悉的大包工头以获得稳定"活路"。在依附的过程中,小包工头所能获得的建筑份额一方面取决于大包工头所能获得的市场份额的多少,另一方面则是由小包工头本身的承包能力所决定的。一般来说,对于一个刚创业的包工头来说,即便是家庭建筑业务也足够养活一支单一专业领域建筑班组。而对于稍大一些拥有多个专业类别或多个建筑班组的建筑队伍来说,则需要一个工地的建筑工程来

---

[1] WEBER M. Economic and society[M]. Berkeley: University of California Press, 1978: 45-61.

供养。小包工头在依附大包工头的过程中,随着自身资金的积累、资本规模的扩大,会寻求进一步扩大化的创业,比如扩建自己的建筑班组、增加其他相关专业类别的班组等。建筑班组的扩建以及建筑队伍规模的扩大意味着创业包工头的建筑承包能力提高,需要更多的建筑份额来满足其日益增长的市场能力。以包工头 TANG 为例(模板包工头),在刚开始做创业模板时队伍只有 10 个人,跟着一个同镇的远房亲戚做主体(建楼)。三年后,积累了一定资本和购买了新的模板壳子后,将规模扩建至 30 人。由于之前依附的包工头所承包的工程以小高层为主,10 人的模板队伍已经足够应付,而扩建后的 30 人模板班组,市场承建能力已然超过了大包工头所能分配的关系配额。虽然大包工头一般情况下会同时承建两栋楼,但模板班组 20 人左右也足够轮班应付。包工队伍内部关系配额与市场能力间的均衡已然出现张力。

> "我们做主体模板的,一般的小高层,我们 10 个人加上原有的壳子足够了。一层做完壳子,浇过灰,他们砌墙的做好,然后就可以做上一层。这个东西(支壳子)是一层一层做的,不是一下子全做,所以基本上固定的规模的班组就能做了。一个 3 栋小高层,1 年周期,我做模板也就半年就下来了。我们工头能给我的活刚开始也是足够我做的。做了几年还是积累了点钱,想着把队伍扩大一些,能多做一点活。你不能总是看着眼前这点东西吧,得往后面长远看。做这点固定的活,说实话能养活的人有限。即便是做 20 层的 2 级资质的工程,我 20 个人的队伍就能做下来。要是还做小高层,我现在 30 个人,能同时做三个工地。但问题是我们包工头给不了我那么多活。我要是只做我们工头一个人的活全放在一个工地上,那人都闲着养不起。举个例子,我原来的班组一天能干完的活,现在半天都做完了。工人都在那闲着,他们能接受,那我受不了啊。工资我还不是得给他们开。所以,人多了,活就不能少,得跟得上。"(XBTANG20160820)

当大包工头承包的建筑工程在关系配额的条件下难以满足那些依附小创业包工头的市场能力时,关系配额与市场能力之间的均衡就会被打破。当然,一般有一定实力和规模的大包工头,其手下的任何一个建筑专业类别可能都不止一个班组。当关系配额与市场能力间不再能够达到均衡时,要匹配满足小包工头的市场能力,可能出现两种情况:一是依附的创业包工头通过竞争从其他建筑班组那里获得额外的建筑份额;二是在与原来依附的大包工头保持合作关系的同时,从市场中寻找新的"活路"来匹配相应的市场能力需求。就像上面的模板包工头 TANG,自己的模板班组承包能力大大超过依附的包工头所能分配的建筑份额时,就选择了分出一支模板队伍到市场上做活。

> "那我没办法,多余的人只能我再去找活干。干了这三年,也认识了一些人。这边的活(TANG 原来依附的大包工头)我还是接着做的,毕竟我跟着他一起做了这么久,他这里的活还算是挺稳定的。我这边有师傅(带工),我不在的时候他是可以帮我看场的。这边有 20 个人,我带十来个人在别处做些散活。因为分出来的人不多,所以零零散散地这边做完了,那边做。一般一个电话哪里有活就到哪里去了。有时候我们工头接的活多了,那边需要人,如果空闲着,再过去。这都是灵活的。"(XBTANG20160820)

从依附一个包工头生存,到一边依附原来的大包工头一边在市场上寻找新的"活路",创业包工头的生存与发展经历了单一依附到多元依附的过程。通常,在这个过程中,新的"活路"是通过自己积累的职业关系网络而获得的。也有的是通过偶然性机会认识的一个新的大包工头,有机会在其手下做一个工程。通常,创业包工头会将此视为扩展新的关系和"活路"的重要契机,会投入较大的精力,将活做得又好又快。争取在该项目的大包工头和项目经理心中留下了好印象。在以后的时间里,该大包工头有合适的活,也会要求交给该小包工头来做。依附的多元化是创业包工头实现更深入的建筑市场嵌入的第一步。对于包工头的扩大化市场嵌入来说,这是一个过渡阶段。一方面,创业包工头出于长期合作关系和维持进一步稳定"活路"而不敢贸然脱离原来的依附关系。因为这可能导致未来诸多不确定性风险。另一方面,这也是创业包工头在发展的过程中或者说进入中期阶段,开始利用自己积累的建筑经验和职业关系寻求建立新的市场关系的一个契机。通过依附的多元化,创业包工头力求在寻求更广泛的市场嵌入时能够降低风险,确保自己进退都有保障。

二、从"多元依附"到"自立门户"

在笔者调研的过程中,不止一次有创业包工头强调过这么一句话:"跟着别人干的时候,别人的关系那就是你的关系,但要在这行能长久地做下去,你还是得有自己的关系。"在依附性的关系中,小包工头由于靠大包工头的"活路"生存，自己发展市场关系的可能性不大。在市场中，小包工头实际上处于劳务分包、市场关系与利益链条的最底端。不过，从单一依附到多元依附，小包工头已然开始拓展自己的关系网络。其与最初依附的包工头间的裙带关系也开始解锁。这意味着大小包工头之间的"依附关系"开始向"合作关系"转化。

"关系肯定是重要的，现在什么事不需要关系啊？你能找到我来做访谈，不也是通过我外甥女的关系才认识我的吗。干我们这行的，没有关系更是不行的。市场上那么多包工队、建筑班组，没有关系凭什么有活就一定给你做？这也不只是活干得好坏的问题，说你干活干得好别人才找你，也不完全是，这只是一部分。活肯定得干得好才行，这没什么可说的，绝大部分包工队的施工质量还是能够有保障的。但同等条件下，说到底大家拼的还是关系。我跟你熟，那我有活先想到你，给你干。这也是为什么开始的时候大家都会找个熟悉的包工头靠一靠，这时候讲的是能生存。那么激烈的竞争，你得先活下来。生存下来之后，求的就是发展了。怎么去发展，那你就得有自己的关系，得自己有能力去找"活路"。多靠几个包工头，就是自己找"活路"的开始。靠着一个，他可能也不是一年到头全都有活干，有时候可能一段时间没活了。他可能会闲着，你不能也闲着吧。你只要闲着没活干，你的人没饭吃这就得走。大包工头他不怎么怕这个，他们是积累了多少年的。这边人走了，他那边一个电话过去，马上就能叫人过来。你不行啊，你刚开始干没多久，那人都是好不容易凑齐的。走了你就得费劲再去找。你不一定有大包工头那样的关系和来路。所以有时候自己想再发展发展，首先还是得想多靠着几家。这边没活了，那边可能就有活。鸡蛋不能放在一个篮子里，这个道理你也是懂的。认识的包工头越多，你的"活路"就越广。当然了，时间长了，你的路子广了，知名度也有了之后，你自己也就能接到活，也就不完全是靠别人分给你了。那时候你才是自由的。"（XBMENG20160702）

随着创业包工头个人实力的增长，在积累了一定的能力、资源和信誉之后，创业包工头在建筑市场中的"合法性"就会得到不断的提升。通过"依附"不同的大包工头，创业的小包工头将"活路"的来源和对市场信息的控制权一定程度上掌握在自己的手中，这就是上述案例中包工头所强调的"市场自由"。

拥有了一定的市场自由,意味着创业包工头与大包工头之间的关系不再局限于依附与被依附的关系。掌握了"活路"和市场信息,使创业包工头有机会将依附关系转化为合作性关系。创业包工头与大包工头之间维持合作型关系的意义在于,创业包工头能够以更加独立的主场主体嵌入建筑业市场,从而在市场议价、合作形式等方面拥有更多的主动权和自由。相比单一依附的阶段和条件,在多元依附的基础上,创业包工头具有更多的"自立门户"的意识,有的可能注册自己的劳务公司或建筑公司,有的可能独立挂靠建筑公司已获得资质,也有的可能即便没有注册建制公司,也没有挂靠资质企业,但以独立的市场主体身份参与市场交易,使创业包工头更加具有自己"做老板"的自我认同感。

"我认识的一些人,刚开始跟着别人(大包工头)手下做事,后来自己发展了,有条件的也注册了公司。注册公司的好处是你自己有资质,相当于做生意有了门面了,别人来找你干活也更放心。出来自己单干,选择总还是比在别人手底下做事自由些,有很多事你自己就能做主。说实在话,在别人手底下干活的时候,你根本不像包工头。在他们(大包工头)眼里,你只是他包工队伍里的一个建筑班组,即便你的建筑班组规模可能也不小,那也更像是一个工长,而不是包工头。虽然有的工人嘴里大老板、小老板地叫着。可是你自己心里知道,你这样算什么老板呢,还是给别人打工的。你自己出来那身份就不一样了,怎么干、在哪里干,这些都是你自己接活自己决定的。你跟别人谈价,那是直接给你钱,不用通过别人。"(XBHU20160619)

上述案例中,创业包工头所谓的自立门户的重要性在于区别工人与老板之间的身份差别,并且强调指出,"自己单干才更像是老板。"那么,现在的问题是,"单干"对于创业者的"老板"认同真的那么重要吗?

谢国雄在对台湾制造业职工"黑手"变"头家"[①]的创业过程研究中发现,在问及"职工承担制造业外包业务是否意味着独立创业和做老板"时,不同的被访者表现出了不一致的身份认同。有的业务外包职工认为,自己能够从市场上线获得订单而不必在工厂做工就意味着自己做老板。但也有的外包职工认为,自己虽然承包了外包业务,但并不拥有整条市场生产线,上游仍然被外包工厂所控制,自己只是整个生产线的其中一个环节。因此自

---

① 这里,"黑手"指的是工厂里的工人,而"头家"指的是"老板"。

己并没有脱离打工旨趣,并不能算作创业老板。虽然不同的人自我认同表现出差别,但绝大部分人都认为自己出来承接工厂外包业务相比较以往在工厂直接打工更加"自由"。谢国雄总结指出,这种"自由"至少表现在三个方面:"一是不受原来工厂规章的束缚;二是可以自由设定工作速度,工作更加有弹性;三是有权决定要不要接一项工作"。①

实际上,笔者所调研的创业包工头也具有上述类似特征。在依附关系中,创业包工头的工作仍然主要靠所依附的大包工头提供,被依附的小包工头对工程项目只有特定的施工控制权而缺乏市场议价权,因此并没有"做老板的感觉"。在裙带依附关系一定程度上"松绑"后,创业包工头普遍感受到一定程度的"市场自由",并且能够将这种"市场自由"与"老板"身份联系起来。从多元依附到"自立门户",包工头对创业市场嵌入的认识和自我身份认同有了进一步的转变。对从工人到包工头的身份转型以及"自己做老板"能够有更加真切的认识,自我认同进一步提升。应该说,从内核裙带关系网络中"走出来"是创业小包工头在创业发展过程中必然要经历的一个重要阶段,尤其是对那些处于创业起步阶段的小包工头来说,更是如此。经历了从"单一依附"到"多元依附",再到"自立门户"的过程,创业包工头开始逐渐脱离依附性的裙带关系,以更加独立的姿态更加全面、深入地嵌入建筑业市场。成为独立的市场主体,是创业包工头身份转型与创业的一种突破,也是创业包工头个人创业的一种重要表征。

三、被依附包工头的态度:裙带关系制约了市场嵌入吗?

"关系"作为一种非正式机制,在市场不完善和正式制度缺乏保障的情况下,以补偿性的方式为创业包工头提供社会支持。包工头在创业的早期阶段,也的确从"关系网络"中受益,包括对大包工头的依附使其获得稳定"活路"而得以生存。但基于熟悉关系建立起来的裙带网络对创业包工头的身份转型与市场嵌入的作用总是积极的吗?换句话说,如果裙带关系对创业包工头的市场嵌入和主体身份的形成作用是积极的,那么我们又该如何理解创业包工头的"自立门户"呢?包工头间的裙带关系是否制约了创业包工头的市场嵌入呢?

以上对创业包工头从"单一依附"到"多元依附"再到"自立门户"过程中关系配额与市场能力之间非均衡的讨论仅仅是从创业者一方的角度来进行观察的结果。实际上,创业包工头独立市场主体身份的转型与更全面、深入

---

① 谢国雄.黑手变头家:台湾制造业中的阶级流动[J].台湾社会研究季刊,1989(2).

的市场嵌入不只涉及创业包工头本身。要进一步全面理解创业包工头在裙带关系解锁和"自立门户"的市场嵌入过程中身份的转型与创业,我们还有必要了解被依附的大包工头的态度与看法。作为创业"过来人",大包工头对创业小包工头市场身份转型的理解以及对小包工头"自立门户"的看法,能够从另一个角度说明,建筑工地上大小包工头之间裙带关系与市场能力的非均衡究竟产生了怎样的后果。同时我们还能够通过大包工头态度与看法,理解在小包工头由依附到自立门户的过程中,大包工头究竟起到了怎样的作用。

为了避免创业者的市场嵌入的"新进入缺陷"和避免较高的失败率与风险,快速嵌入社会关系网络是绝大多数创业者在创业初期会做出的重要选择。但以往对创业关系网络嵌入的研究也发现,过度的关系嵌入和网络关系的高致密度也可能产生负面的结果。比如,创业者网络内部过度的信任以及由此带来的主体间非理性承诺可能会造成创业者认知偏差,并进一步抑制创业者资源的获取、转移和交换过程。不仅如此,创业者之间基于熟悉关系建立起来的裙带网络还可能对其中的创业者产生束缚作用,如对那些想要逃离关系群体和组织的个体进行抑制、打压和惩罚等。在那些有依附关系的创业行动者之间,个体的"逃离"可能还意味着某种背叛,被视为对被依附者的某种竞争性"威胁"而不被理解。比如,谢国雄[①]对台湾制造业"黑手"变"头家"过程的考察就发现,并不是所有的"头家"都欢迎自己工厂内的"黑手"出去创业。因为过多的"黑手"变"头家"可能会在一定程度上造成市场的"乱无秩序",并稀释劳动力的品质。只有在三种情况下,原来的"头家"会对"黑手"创业表示理解:当那些出去创业的"黑手"与原来的"头家"构成互补而不是竞争性关系;原来的"头家"与其客户间的关系较为稳定而不惧怕新"头家"的竞争;出去创业的"黑手"在原"头家"手下并不扮演重要角色,其自立门户的创业行为并不影响"头家"的生意运作。

通过以往的研究我们可以看到,基于熟悉关系构建的创业者裙带网络具有一定的稳定性,对网络中个体的市场嵌入,尤其是独立的市场嵌入可能具有制约作用。但在有些情况下,裙带关系未必会制约市场嵌入。这要放在具体的创业者关系网络和市场嵌入案例中来考察。

从笔者调研收集和了解到的情况来看,在绝大多数情况下,创业包工头的"自立门户"并未破坏小包工头与所依附的大包工头之间的关系,因为"自立门户"并未割裂小包工头与大包工头之间的市场联结,而且基于原本熟悉的非正式关系联结,"依附关系"已然转化为紧密的"合作关系"。在创业小

---

① 谢国雄.黑手变头家:台湾制造业中的阶级流动[J].台湾社会研究季刊,1989(2).

包工头的"自立门户"过程中,大包工头也未人为设置某种障碍,阻碍小包工头的市场嵌入。

>"刚开始做小包工头在别人手下做事,后来自己出去做,做得越来越大的人多的是。我现在一年承包营业额两三百万,可在我手底下做过事后来出去的,上亿富豪都有。十年前有一个做瓦工的,那时候他才带不到20个人,跟着我做事。那人没什么文化,但为人好、厚道,活干得也好。刚开始他只做我的活,后面他的队伍起来了,也开始跟别人做。那时候他也跟我去挂靠同一个建筑公司,我们开会的时候他本来一直都是坐我后面的(建筑公司在有招标项目时会着急挂靠的建筑队伍开会,按照建筑队伍规模从前到后排,排在前面的表示建筑队伍规模较大,包工头实力较强)。但是也就后面两三年时间,凭着他的好人品和活做得好,后来有个建筑公司把他挖过去带他到西亚那边去做桥梁和公路工程,还做到了项目经理。他做了两年回来已经发展得比我好了。现在他已经有几千万的资产了,还注册了自己的公司,接的项目也都是上亿的。那跟原来跟我那会儿比是天上地下的差别。我有时候也在想,为什么他能在那么短的时间发展那么快。其实还是为人好,爱交朋友。到现在他发展那么好了,我们之间还是交往不断的,私底下也是朋友,这并不影响我们的关系,我做我的,他做他的,我们都有活干。他干得好那是他自己的本事,是他努力得来的。"(XBXUE20160415)

应该说,从上面的案例中可以看出,大包工头对于创业小包工头的"自立门户",甚至是超越自己的发展保持了理性的态度,而且相互之间并没有因小包工头的"自立门户"和迅速发展导致关系的破裂。包工头普遍能够将纯粹的人际关系和市场关系区别开来。实际上,这可以从两个方面去理解。一是小包工头在"自立门户"的阶段,并未给大包工头带来市场竞争方面的威胁,而且也未在大包工头的建筑队伍内部扮演重要角色。也就是说,小包工头的"自立门户"对大包工头来说并无实质性损失。这一点与谢国雄所考察的台湾建筑业"黑手"变"头家"有类似的逻辑。二是小包工头在发展壮大后,与原来的大包工头之间仍然保持相对较紧密的联系。对于原来的大包工头来说,小包工头的发展壮大也意味着其关系资源的拓展。可以不在建筑业市场上以新的形式寻求进一步的市场合作。血缘与地缘等关系虽然具有一定的封闭性,建筑业包工头之间也更经常地表现出某种裙带依附关系,但建筑行业中的信任与合作并不局限于熟悉性的关系网络。血缘与地缘等集群性关系网络的运作并未阻碍陌生关系的扩展。

裙带关系并未明显制约创业包工头的市场嵌入，小包工头的"自立门户"并未实质上挑战大包工头的利益，甚至在大包工头的市场地位和权威受到一定挑战的情况下（小包工头的发展超越了原来的大包工头），包工头之间的关系也未受到破坏。那么我们可能还需要从另外一个角度来理解这个问题。那就是，小包工头的"自立门户"或跨越式发展给大包工头可能带来什么样的后果？对这个问题的回答会帮助我们更直观地理解为什么裙带关系并未制约小包工头的市场自立。下面这个包工头的看法具有一定的代表性和解释性：

>"他自己出去单独干到底好不好，得看从哪个角度来说。对我来说，他不跟我干，出去自立门户了，我顶多是少了一支稳定的班组。但这对我影响不大，市场上可用的人很多，班组随时一个电话打过去就能找来，不是不可替代的。从他的角度来说，他出去干，说明他有了更好的机会，他有自己的能力去跑市场了。这是好事。对我来说也不是坏事。他自立门户表明他在发展，这个形势是向上走的。他有可能以后对我来说是个机会也说不定。干建筑这行都知道风险大，靠的是机会和关系。个人的资源和能量毕竟是有限的，他的机会和关系以后完全有可能成为我的机会和关系。我在他最需要的时候帮了他，以后我有需要的时候他为什么不能帮我呢？再说了，市场竞争虽然大，但他即便发展得好了，凭着我们本来就熟悉的关系，他也不可能跟我抢项目。这个大家心里都有数，不可能做那样的人。"（XBCHENG20160711）

在这里，案例中的包工头之所以对离开自己自立门户的小包工头表示理解，很大程度上是源于"我曾经在他最困难和最需要帮助的时候帮助过他，他即便发达了，也不可能对我存在恶性竞争关系，更不可能忘恩负义。他有回报我的可能"这样一种认识。这种认识类似于翟学伟教授所总结的中国人际关系运作的向度模式，即人情关系存在恩惠的一面。所谓恩惠，即人际关系中的"事先投资"，在对方最需要和未发达前的关系投资，可以建构出关系投资者相对于被投资者的"恩情"，并期望在这种关系中保持某种地位的相对主动性。① 包工头自立门户过程中，建筑业包工头之间的裙带关系之所以并未限制小包工头独立自主的市场嵌入，也具有这样的逻辑特点。

---

① 翟学伟.关系与中国社会[M].北京：中国社会科学出版社，2012：82.

第二节　从"内核关系"到"外围关系"

对创业者和企业来说,社会网络的作用在于获取资源,以求得发展。然而,性质、属性不同的关系联结所掌握和能够通过其获得的资源是不同的。边燕杰等人的研究认为,企业经营中,通过市场联结可以获得更多的市场业务和订单,使创业者能够获得更好的市场合作机会、贷款和控股关系;[①]而拥有政治联结的创业者和企业,则可以避免被政府侵占的可能,在获得政府政策性补助、融资机会和税收减免方面占据优先有利的位置。[②] 关系联结的不同模式和属性能够为企业带来创业和经营所需要的异质性资源,要求创业者和企业建构各种性质不同的关系网络。尤其是市场连接在创业者和企业发展过程中具有极端重要性。对于创业小包工头来说,需要他们在拥有裙带网络和依附关系的基础上更多地去主动建构市场关系,即笔者所谓的"外围次级关系",以获得更多的建筑工程承包机会与业务。在上一节中,我们讨论了建筑工地上大包工头与创业包工头之间裙带依附关系的均衡状态被打破的过程和逻辑,并分析了对于创业小包工头来说关系拓展的重要性与意义。那么,接下来的问题就是,从"内核关系"向"外围关系"的拓展是如何实现的呢?

一、"关系"的连通与网络可达性

在回答上述问题之前,我们有必要回顾并借鉴有关社会网络联结与关系可达性的相关研究结果,从中获得有关弱关系连通的启发。在社会网络研究领域有这样一条规律:在社会网络中,那些看似互不相识的两个人的距离其实并不远。世界上任何互不相识的两个陌生人之间,经过平均六个中间人,就可以建立起某种联系。这个规律的发现来自米尔格拉姆的一项实验:通过随机选取两个陌生的美国人,要求每个实验参与者向选定的位于美国波士顿的特定收件人传递信件,且只能通过各自认识的人传送。结果显示,信件平均经过六个人就能够送达目的地。[③] 这个实验结果所得出的规律就是社会网络研究领域著名的"六度分离"理论。米尔格拉姆实验的重要意义在于揭示了人类社会存在普遍的"短路径连通"特性。我们在现实社会

---

① 边燕杰,丘海雄.企业的社会资本及其功效[J].中国社会科学,2000(2):87-99,207.
② SHLEIFER A, VISHNY R. Politicians and firms[J]. Quarterly journal of economics, 1994,109(4):995-1025.
③ MILGRAM S. The small world problem[J]. Psychology today, 1967,2(1):60-67.

中也经常会看到或经历类似的现象,即一些本来相互陌生的人会被发现有着共同的朋友。尽管也有许多研究表明不同人之间存在基于经济、政治、文化、种族等的隔离,但人类的确生活在基于关系网络而编织的"小世界"当中。即便是网络社会较为发达的今天,在跨国界的较大地理范围内,互不相识的两个人之间要建立某种联系,所经过的中间人也大致保持在5~7人之间。多兹等人的一项"6万网络用户转发电子邮件至13个国家范围内的18名电子邮件收件人"的实验就以上述结果印证了米尔格拉姆的"六度分离"理论[①]。"小世界"理论被实验一再地证实,表明人类社会不同的人之间存在潜在的"连通性"。

在上面的"小世界"理论中,"小世界"的隐喻实际上表达的是一种潜在关系连通的可能性,而不是意指关系网络的大小或者关系连通范围是否广阔。在笔者看来,不妨将相互之间具有某种先天纽带联系的人所组成的相互熟悉的关系网络称为"小世界",如本书的研究对象中那些具有先天亲缘或地缘关系的新洲建筑业包工头之间所形成的裙带关系和依附性网络。在这里,"小世界"特指这样一种关系网络:在这个关系网络的群体中,不同的个体基于这样或那样的联系,相互熟悉,具有高度重叠的交往对象。这个熟悉群体所形成的关系网络具有高度的致密性,彼此之间关系连通的路径更短,经历的中间人更少。信息在不同的主体间传播、流动的速度更快。在建筑工地上,创业小包工头与其依附的大包工头之间形成的裙带依附关系就可以被视为是这种"小世界"。不过,调查表明,"小世界"并不总是能够满足创业小包工头市场嵌入和持续发展的需要。从单一依附到多元依附再到"自立门户"的过程,就表明了建筑业创业小包工头具有将"小世界"扩展为"大世界"[②]的需要和愿望。从"小世界"到"大世界",作为关系拓展结果的重要性和意义,我们在前面对包工头"自立门户"的讨论中已经有所强调。这里需要进一步讨论的问题是,建筑业创业包工头的关系网络从"小世界"扩展到"大世界"的社会过程和逻辑是怎样的。具体来说就是,关系拓展过程中主体间获得连通性的机制是什么,包工头通过何种手段和途径与"内核初级关系网络"之外的他人建立市场联系?

关于潜在关系的连通机制,麦克法兰等人总结了两种关系连通性获得

---

① DODDS P S, ROBY M, DUNCAN J W. An experimental study of search in global social networks[J]. Science, 2003, 301(5634).

② 在独立的市场嵌入过程中,创业包工头与其所结识的不具备亲缘和地缘关系的陌生包工头或其他从事建筑行业的人一起建立起了范围更广、主体异质性更强的关系网络。在本文的研究中,笔者将这一网络定义为"外围次级关系网络"。在这里,为了分析的需要,与"小世界"相对应,笔者将其称为"大世界"。

的机制:同质性机制、平衡性机制①。同质性机制源于拉扎斯菲尔德与默顿的开创性研究。他们在对作为一种社会过程的"友谊"形成的研究中指出,相比较"社会选择","同质性"更能够解释"人以群分"缘何能够在某些特质相似的人之间更为普遍的存在。② 在拉扎斯菲尔德与默顿之后,同质性作为社会选择前提,在有关美国种族隔离的诸多研究中得到验证。③ 它也解释了在政治领域与居住和交往有关系的种族小群体倾向。在某个属性上具有同质性的个体之间的连通,也因此容易形成某种"类聚"关系。结构平衡机制讨论的是在一些不具备同质属性的个体之间如何获得连通性。赫德尔采用心理学的模型分析认为,非同质性个体间连通性地获得源于结构所产生的趋于平衡的压力。④ 即关系的连通即便是同时存在正向和负向两种形式,但结构的平衡总是要求正向和负向的关系连通总体上达到成对的负和正的状态,进而实现结构的正向平衡。如果关系是失衡的,来自结构平衡的压力会催生出新的关系连通形式。结构平衡理论启发了后来社会关系网络研究领域对"敌人的敌人是朋友"这一假说的验证研究。⑤ 不过,结构平衡机制的解释建立在一个假定事先存在的松散的关系结构,实际上是一种理想型的解释视角。

同质性与结构平衡两种关系连通机制实际上回答了"弱联结"何以可能的问题,即社会网络联结的"可达性"。不过上述两种机制的提出是从一种纯粹的人际关系角度进行的静态的关系结构考察。对于创业包工头来说,市场的嵌入还需考虑市场因素的影响以及动态关系的变化过程。因此,创业包工头的关系网络在从"小世界"扩展到"大世界"过程中,市场关系的连通机制显然具有上述人际关系连通机制的一般特征,但也不尽相同。

---

① MCFARLAND D A, JAMES M, DAVID D, et al. Network ecology and adolescent social structure[J]. American sociological review,2014,79(6):1088-1121.

② LAZARSFELD P F, MERTON R K. Friendship as a social process: a substantive and meethodological analysis[M]// BERGER M, ABEL T, PAGE C H. Freedom and control in modern society. New York: Van Nostrand. 1954:18-66.

③ SCHELLING T C. Dynamic models of segregation[J]. Journal of mathematical sociology, 1971, 1(2):143-186.

④ HEIDER F. Attitudes and cognitive organization[J]. Journal of psychology,1946,21(1):107-112.

⑤ KUNEGIS J, ANDRESS L, CHRISTION B. The slashdot zoo: mining a social network with negative edges[C]// Proceedings of eighteenth international conference on World Wide Web (WWW 2009), Madrid, Spain . NewYork: ACM Press. Geography,1982(58):156-176.

二、同质性连通：类聚的"偶然性"与"必然性"

包工头 H 与 ZHENG 的相识源于一次在 KTV 的偶遇。

"当时我与一个刚签约的建筑公司里面项目部的一个副总 M 出来放松，带着三个朋友，请（M）去 KTV 唱歌。我提出让 M 推荐有没有好的唱歌地方，他推荐了我们当时去的那个 KTV，说那是他之前去过的，还不错。在那边的大堂，刚停下来，对面一个包间走出来一个人，抬头看到 M 就过来说话。M 也过去跟他打招呼。他们看起来是早就认识的。我也走过去，M 给我介绍说这是一个建筑劳务公司的经理秘书，他们以前有过合作，顺便把我也介绍给了 ZHENG。当时 ZHENG 说他请了几个朋友在这里玩。说过话后，我还单独问了他在哪个包间，然后我和 M 就进了我们的包间。在唱歌的过程中，我借着去卫生间的理由出去，在外面拿了瓶酒，到了 ZHENG 的包间给他敬酒。他的几个朋友里也有干建筑的。我一次和他们喝了一杯，然后跟 ZHENG 特意要了联系方式，他也跟我聊了一些他们公司的事。他们也会接一些项目，往下面外包一些劳务。也给一些建筑公司当中介劳务。我觉得这是个机会，而且是通过 M 认识的，是靠得住的。聊完出来后，我到前台那里留了一些钱，跟收银员特意叮嘱了 ZHENG 包间的费用我来支付。回到了我们的包间十几分钟，ZHENG 就到了我们这边，跟 M 喝了两杯酒，我们两个也喝了一杯。相互之间聊了一会，其间我还特意问了一句说他们后面多会儿回去，我给叫车。我是想在他们打算回去的时候出来，把给他们结账的事办了。最后他们走的果然还是比我们早，我留意了时间，出来跟他说话。在我的坚持下最后以我的名义请大家，也算交个朋友。从那天之后，我跟 ZHENG 之间经常有联系，他也给我介绍了几个活，通过他也结识了一些包工头。算是交了一个小圈子。"（XBHU20160822）

从包工头 H 与 ZHENG 的结识过程来看，具有一定的偶然性。通过在 KTV 偶遇，以及身边的人介绍，从不认识到认识。在娱乐的过程中帮助 ZHENG 结账，以这种形式拉近与 ZHENG 的个人距离，也体现出了包工头 H 灵活的市场头脑。整个结识过程也表现出了包工头 H 个人弱关系网络的连通性。不过，这里笔者想要强调的是，虽然过程的发生具有偶然性，但在偶然性的背后还是有其他某些必然性的因素在起作用。建筑行业从业人员一般长期活动在建筑工地上,较少参与社会活动,即使社会交往也主要是一些经济方面的社交。工人们长期枯燥、单调的建筑工作之外,娱乐休闲是他们较为偏好的一项业余活动。尤其是对于建筑业包工头来说,此类娱乐活动还蕴含经济活动和市场交易的意义在里面。建筑市场上的市场交易行为常常在娱乐活动的过程中奠定了交易基础。正如 M 所推荐的是自己经常去的 KTV 那样,同样从事建筑行业,出于同样的娱乐目的、在同一家常去的 KTV 相遇。显然,"同质性"机制在其中发挥了重要作用,表现出了交往偶然性背后的必然性。因此,我们可以说,正是同质性机制使创业包工头 H 能够实现自己的弱关系连通,扩展了自己的市场关系。

当然,建筑业创业包工头弱关系的连通所表现出的同质性机制作用并不总是通过这种偶然性与必然性的结合而表现出来,其他一些连通形式如挂靠在同一家建筑公司下面,或在建筑公司内部招标开会过程中的相互结识也是"同质性"机制作用的结果。相同的职业以及大致类似的生活方式与娱乐路径是建筑业包工头弱关系连通的一种重要途径。因此,即便是类聚过程和形式在有些情况下伴随着偶然性因素,但"同质性"则增加了这种交往"偶然性"转化为"必然性"的概率。

三、市场驱动与"网络中心性"诉求

"弱关系"的连通既可以视为一种目的,也可以理解为一种机制逻辑。实际上,小包工头在全面嵌入建筑行业市场的过程中,对关系的需求本身就是一种关系连通的驱动机制。这种机制具体可以从两个方面去理解:一是外在市场的驱动作用;二是创业包工头本身对"网络中心性"的诉求。

市场的驱动在这里指的是基于资源、信息获取和市场竞争的需要,创业包工头倾向于从更广阔的市场中整合各种自己在"内核关系网络"中难以获得的多样性信息与资源。沙恩和汉密尔顿等人研究就指出,在企业发展的过程中,小企业比大企业更倾向于与外部其他企业建立联结关系。[1] 表现在关系的连通方面,即创业包工头主动寻求与其他建筑业包工头、开发商、建筑公司工作人员等关系的建立。异质关系的建立以及新关系的不断联结可以弥补创业包工头"内核初级关系网络"的同质性缺陷,填补其市场关系的"结构洞",通过关系"搭桥",实现网络的扩展与资源的获得。[2]

---

[1] SHAN W, HAMILTON W. Country-specific advantage and international cooperation. strategic management journal,1991,12(6):419-432.

[2] BURT R S. Structural holes:The social structure competition[M]. Cambridge, MA:Harvard University Press,1992:119.

如果说市场驱动弱关系的连通说明了创业包工头"外围关系网络"的建立是一种外部因素的驱动下实现的话,那么,对"网络中心性"的诉求则来自创业包工头的内部驱动。所谓"网络中心性",即个体处于网络中较为重要或中心的位置,具有更高的权威性,所掌握的信息、资源在量和质两个方面都较为充足。独立性较强,对网络中其他行动者的影响较大。[1] 网络中心性的重要性在于,在整体层面,它可以显著提高创业企业的技术创新和企业绩效。从个人层面来说,个人处于知识网络和信息网络的中心程度对个体的绩效也会产生积极影响。[2]

对于创业包工头来说,在依附性的关系和"内核初级关系网络"中,他们实际上处于关系网络的边缘位置。虽然在"内核关系网络"中,关系的致密度较强,信息流通的速度与效率都很高,但即便是在紧密型的关系网络中,市场信息的传播也存在局限性。因为竞争同样发生在"内核关系网络"中,只不过这种竞争被关系配额与市场能力的均衡控制在了一种有限的范围内。即便是对"内核关系网络"中的大包工头来说,他们虽然处于网络的中心位置,但由于强关系网络本身信息流通的重复性问题,他们也需要从"外围关系网络"中获取有价值的资源或信息。这也是为什么大的包工头总是保持数量较多、质量较高的异质性市场关系。因此,对创业小包工头来说,要获得更多有价值的信息、资源,就必须突破"内核关系网络",将"小世界"扩展为"大世界",增强其在建筑业市场关系网络中的"中心性",以提高其网络结构自主性与资源获得能力。

当然,我们这里所说的"网络中心性"是一种相对性的表述,强调的是创业包工头拥有更多的异质性关系,从而拓展了自己的"内核关系网络",改变了自己在"内核关系网络"中的边缘性位置,在更广的"外围"市场关系网络中重新争取自己的市场位置。从创业包工头个体的角度来说,"外围市场关系"的连通改变了自己整体关系网络的边缘性,向着偏中心性发展。而从整体建筑业市场的角度讲,占据网络中心地位的显然是开发商和各级建筑企业。而包工头,无论发展规模大小,都处于劳务分包利益链条的底端,处于建筑市场关系的外围。不过,正是基于市场的驱动以及"网络中心性"位置的吸引,刺激了创业包工头在弱关系的连通方面具有更高的积极性和主动性。是创业包工头"内核关系"拓展、从"小世界"走向"大世界"的重要动力和机制。

---

[1] 刘军.社会网络分析导论[M].北京:社会科学文献出版社,2004.

[2] CROSS R,CUMMINGS J N. Tie and network correlates of individual performance in knowledge intensive work[J]. Academy of management journal,2004,47:928-937.

四、初始关系的"中介效用"

在有关创业包工头自立门户过程的讨论中我们已经指出,裙带依附关系看起来并没有制约市场嵌入,表现为大包工头并没有对创业小包工头的"自立门户"制造人为障碍,并且能够理性、正确处理个人关系与市场关系、内核关系与外围网络之间的关系。在这里我们需要再次指出大包工头在创业小包工头"自立门户"的过程中所起到的一些作用,其中之一就是在创业小包工头市场弱关系连通时起到的"中介效应"。

作为一种关系连通的机制,"中介"是陌生关系得以连通的重要途径。奥利弗认为,一社会网络的初始状态将在很大程度上影响其后续社会网络关系的形成。[1] 作者的研究最初是着眼于跨组织关系的决定性因素,通过控制一些变量来预测六种类型的组织间关系的决定性因素。研究发现,初始关系是影响组织间关系形成的重要变量。笔者以为,不只在组织层面,即便是个人层面,个人最初所拥有的社会关系网络对其后期关系网络的建构与形成也会产生重要影响。比如,格兰诺维特在讨论其弱关系的形成时就指出,如图 4-1 所示,当节点 A、B 和 C 都具有强连带时,B 与 C 发生某种联系的可能性就会很高,无论这种联系是强联系还是弱联系。[2] 实际上,在笔者看来,米尔格拉姆实验中所得出的规律"一些看似不相识的人,通过 6 个人左右的人际距离就可以建立起社会关系"就可以视为是某种"中介效应"在起作用。互不相识的人通过中间人的中介就可以建立起弱关系的连通。在这里,笔者对格兰诺维特弱关系的联结推论进行一定的表述上的修改,也就是说,在 A 和 B、C 都有一定关系的情况下,B 和 C 之间具有建立弱关系联结的潜在可能。不过,与格兰诺维特表述不同的是,笔者以为,A-B、A-C 的关系并不必须是强关系,也可以是弱关系,或者其中一对关系是强关系。也就是说,只要 A 与 B 和 C 都有联系,这种联系就可以是多种形式的联系,B 与 C 都可能发生弱关系联结。这种联结的发生是在 A 的中介作用下出现的。[3]

---

[1] OLIVER C. Determinants of interorganizational relationship: integration and future directions[J]. Academy of management review, 1990, 15(2): 241-265.

[2] GRANOVETTER M. The strength of weak ties[J]. American journal of sociology, 1973, 78(6): 1360-1380.

[3] 图中所表示的关系模型在波特有关"结构洞"的理论中也有所描述,不过,波特强调的是 A 由于同时和 B、C 具有联系,因此在三角关系中处于核心竞争性地位。他强调的是在市场竞争关系中掌握"结构洞"的重要性(Burt,1992)。在这里,笔者并不是要强调一种竞争性关系,而是试图通过对这种三角关系模型的重新解读,说明一种连通关系的可能性,就像格兰诺维特在他的弱关系连带中已经指出的那样。

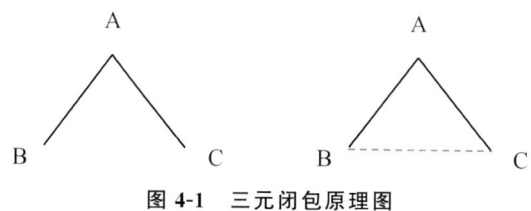

图 4-1 三元闭包原理图

创业包工头外围市场关系的连通,其"内核初级关系网络"同样起着重要作用。具有亲缘或地缘关系的包工头之间的裙带依附网络虽然是高度重叠性的"内核关系",但这是对于创业小包工头来说的,而且是一种相对意义上的高度重叠。在这种关系之外,每个人都保持着其他的社会关系。以大包工头为例,他所拥有的建筑市场上的市场关系就是小包工头所不具备的。而创业小包工头要拓展自己的"内核关系",就可以通过自己与大包工头的初始关系,借助大包工头的中介,实现自己建筑市场上弱关系的连通。在现实中,通过熟悉的包工头认识其他包工头、开发商或建筑公司工作人员,也是创业小包工头拓展关系网络、实现深度市场嵌入的重要途径。此外,与大包工头的裙带依附关系,也是小包工头所能借助和使用的重要初始关系之一。

在初始关系的中介过程中,有些并不是初始关系主体在场的情况下进行的。也就是说,当一个包工头想要结识建筑市场上的某些开发商、工程发包方或其他陌生包工头时,只是借助了与其熟悉的包工头的名头。用图4-1 中的图示关系来说,即包工头 B 和 C 本来不认识,但由于 A 同时认识 B 和 C,当 B 想要结识 C 时,只需要提到所共同认识的 A,而不需要 A 在场或由 A 来亲自介绍,即可实现外围关系的联结。不仅如此,在 B 使用 A 的名头结识外围关系时,也通常采取将熟悉关系放大或夸大的策略,即本来 B 与 A 可能只是一般熟人,但在与 C 的接触与认识过程中,可能会夸大自己与 A 的熟悉程度或友好关系,以此来增加 C 对自己的信任感,提高关系联结和强化的成功率。或者通过追本溯源的方式,比如 A 是我们一个镇的老乡,或者类似"A 是我小孩舅的堂兄"一类的关系表述。通过多重关系的溯源与夸大的关系熟悉性,是建筑业包工头实现对外围关系联结的常用策略。

五、日常生活的"经济化"与经济活动的"生活化"

泛经济化是市场经济背景下社会关系的一大特征。在日常生活中,人们有意识地将日常生活与经济活动紧密联系起来,经济活动通过日常化、非正式的、生活化的形式表现出来,日常生活实践围绕经济活动为中心展开,创业包工头将市场关系的拓展与经济交换行为建立在日常生活的基础上，称为"日常生活的经济化"。日常生活实践的"经济化"表现出了创业包工头关系拓展的积极性与主动性一面。

比如我们上面提到的创业包工头 H 与建筑劳务公司 ZHENG 是在一次 KTV 唱歌的过程中结识的。唱歌本身是日常生活的一种形式，而通过生活实践的背后逻辑，是为了巩固与 M 新建立的市场关系，且通过请 ZHENG 唱歌与其实现弱关系连通。整个过程是在 H 有意识、主动的情况下进行的。无论是单独敬酒还是替 ZHENG 结账，都是一种经济性的投资行为，为的是与 ZHENG 建立起友好关系，并为日后从 ZHENG 那里获得建筑"活路"奠定基础，表现出日常生活实践经济化的一面。实际上，笔者在调研过程中了解到，请客吃饭、喝酒、娱乐等生活化的形式，是包工头认识新的建筑业从业人员的重要方式。尤其是在创业初期，建筑业包工头的生活重心整个放在建筑事业上，一年中几乎绝大部分时间都在建筑工地上活动，日常生活中几乎所有的社会交往和人情往来都是为了建筑事业的发展。应该说，日常生活的经济化是建筑业包工头创业初期实践活动的突出特征，也是其关系拓展的重要途径。

与日常生活"经济化"相对应的一面是经济活动的"生活化"。所谓经济活动的"生活化"，指的是经济交换和市场交易的过程与形式不完全建立在严肃、正式的基础上，而通常是通过一些生活化的形式比如吃饭、娱乐等表现出来，且市场交易和经济活动的开展往往能够催生出非正式的社会交往和私人关系。程士强在对建筑业包工头进城创业过程和家庭经济实践逻辑的考察中就指出，"底层经济活动的开展并不是单纯的经济人之间的理性交易，而是具有'呼朋唤友''觥筹交错'的泛情感化的感性色彩"。[①] 不过，笔者并不认同"经济活动的生活化是建筑业包工头无意识、模糊性的实践图式的一种表征，或是某种内在于行动者的惯习。"在笔者看来，经济活动的"生活化"是建筑业包工头关系建构与维系的一种有意识的策略性行为。因为他们普遍能够意识到"太死板、一板一眼地做事有时候并不一定能够达到自己的目的"，通过一些轻松化的方式，以一种大家都喜欢和都能接受的非正式的形式来完成经济活动，有时候比那些例行化、纯粹理性的方式更加有效。

日常生活的经济化与经济活动的生活化是一对相对应的表述，也具有相对性的意涵。将经济活动与日常生活联系在一起，既实现了经济活动的

---

① 程士强.进城创业：包工头家庭经济的实践逻辑[J].社会学评论，2014(2)：56-65.

"去经济化",提高了经济活动的灵活性与多样性,为纯粹理性的市场关系注入了情感性因子,有助于经济活动顺利开展和提高经济交易的成功率。同时,以经济活动为中心开展日常生活实践,使其市场关系的建构与弱关系的连通更加具有明确的目的性,提高了其弱关系连通的效率,也培养了其市场经济的理性化品性。这两者的辩证统一,共同推动了建筑业创业包工头的深度市场嵌入与弱关系的连通,同时也在一定程度上揭示了包工头创业实践过程的复杂性。

第三节 将"外围关系"带入"内核关系网络"

建筑业包工头基于先天亲缘关系与地缘关系建立起来的裙带网络经过创业小包工头的"自立门户",以及他们各自市场弱关系的连通,逐渐形成了以一个个包工头为节点的关系网络。那些从"内核关系"走出来的包工头,建立起了新的"外围关系"。不过,这些以包工头为节点的多核心关系网络并不是孤立的,而是经由包工头之间的内在的"内核关系"相互联系在一起,形成了以"内核关系"为中心,以"外围关系"为内容,扩大化的多核心关系网络。扩大化、多核心网络的形成,建立在建构了新的"外围关系网络"的创业包工头,能够将自己的新关系网络重新带入"内核关系网络"的基础之上。"外围关系"的注入,使得"内核关系网络"在网络规模和质量上都得到了极大提高,其丰富了网络内的资源,有助于建筑业包工头的信息、资源共享。那么,创业包工头为什么要将新建立的外围弱关系带入"内核关系网络"?扩大化、多核心的包工头关系网络形成的过程、逻辑又是怎样的?陌生关系的熟悉化具有怎样的市场意义?这些正是本节所要讨论的核心问题。

一、从"内核"到"外围":"走出"还是"出走"?

建筑业创业包工头从内核关系的小世界到外围关系大世界的网络拓展与"自立门户",是市场独立嵌入的一种表现。不过,独立的市场嵌入并不意味着包工头与原有的内核网络撇清了联系。包工头在独立市场嵌入的过程中仍然需要借助内核关系的帮助,比如通过熟人中介认识新的市场关系。也就是说,创业包工头的"自立门户"相对于他们的"内核关系网络"而言是"走出",而不是"出走"。不仅如此,出自农村社群和熟人网络的建筑业包工头在嵌入建筑市场的过程中,其社会交往和实践行动不可避免带有一些非市场的影子。这就可能会导致包工头嵌入建筑市场时,市场原则与熟人惯习之间产生某种张力。

在前面的论述中,我们不止一次地提到在包工头建筑市场嵌入过程中"关系"的重要性,以及包工头对"关系"的频繁使用。实际上,关系的频繁使用一方面是由于建筑行业本身正式的市场制度缺陷使然,另一方面也是由于这些创业建筑包工头多出身农村社会,日常生活与实践中对熟人关系中某些讲面子、重人情等惯习的践行,导致他们在建筑市场交易中也习惯采用一些非正式的方式,比如子女上学的超大"贺喜红包"、婚丧嫁娶的"礼金"、逢年过节的"拜年礼物"、"赞助"私人活动、"请客吃饭"、"付回扣"、"搓麻将"故意输钱、送银行卡、购物卡等形式,以助推交易行为的完成。不仅如此,在市场嵌入和交易过程中,创业包工头还表现出倾向于与自己关系熟悉的人进行交易与合作,并且具有将新建立的市场弱关系转化为自己的强关系的倾向。那些"外围关系"经过多次的市场交易和重复使用,关系的强度得到逐渐提高。正如莫斯所强调的那样,熟人关系中的经济行为一般遵循"礼物交换"的逻辑,礼物交换与市场经济的不同在于,它强调交往对象的特定身份、特殊声望以及与自己的特定关系。① 与纯粹的市场关系以经济理性为追求目的不同,熟人关系中的经济行为目的在于维持某种稳定的社会关系和既有的社会结构。② 无论是出于维持某种稳定的结构性关系还是习惯于将陌生关系发展为熟悉关系,并将这种关系通过交易行为稳定下来,都表现出出身农村的建筑业创业包工头的市场嵌入和经济行动并不总是遵循纯粹理性的交换原则,而是感性惯习与理性原则的并存。

市场经济中,商品的价值计算标准统一以货币为衡量。从本质的意义上来说,货币是一种纯粹的"可交换性"③,同时也为市场提供了所谓"普遍主义尺度"④。市场的普遍主义尺度催生了市场经济"不问对象是谁"的普遍交易和一视同仁,也即斯密所强调的,市场交换过程中,交易双方都是一个"寂寞的交易者"⑤。当然,"不问对象是谁"的普遍交易原则某种程度上迎合了市场经济大范围交易与资源交换的要求,以及对效率的追求,然而,肯定理性计算、利益竞争与公平开放等市场原则的同时,必然对缺乏计算精神和竞争意识的熟悉关系产生冲击。⑥

---

① 莫斯.礼物:古代社会中交换的形式与理由[M].汲喆,译.上海:上海人民出版社,2005:79.
② 马林诺夫斯基.西太平洋的航海者[M].梁永佳,译.北京:华夏出版社,2002:355.
③ 马克思.资本论:节选本[M].北京:人民出版社,1998:54-71.
④ 郑也夫.特殊主义与普遍主义[J].社会学研究,1993(4):110-116.
⑤ AMARTYA S,Economics, business principles and moral sentiments[J].Business ethics quarterly,1997,7(3):5-15.
⑥ 刘少杰.陌生关系熟悉化:优化市场交易秩序的本土化选择[J].福建论坛·人文社会科学版,2014(4):160-167.

当然，市场的纯粹理性与创业包工头所表现出的一定程度的"感性"不是非此即彼的关系，在大多数情况下二者都是可以同时存在的，如建筑业市场中普遍存在的关系运作就表明了建筑行业中"感性"与"理性"共存的一面。建筑市场正式制度的缺陷以及出身农村熟人社区内的创业包工头实践行动中惯习的延续固然是这种理性与非理性因素同时存在的原因，但在熟悉社群中发展出来的私人道德面对市场的"冷漠"，必然发生某种相互作用。在市场的"冷漠"面前，私人的道德是被淹没了，还是私人道德对市场的"冷漠"进行了某种"暖化"，这是一个疑问。就一般情况而言，私人道德不太可能对市场的运作机制产生明显、深远的影响。更多的情况是，在市场的"冷漠"面前，私人道德受到伤害，被迫接受市场原则。讨论到了这个地步，我们还有一个问题没有得到解决，那就是，建筑市场中"感性"与"理性"的并存及其张力究竟伤害了谁？或者更具体的我们可以说，在面对纯粹理性与陌生的建筑市场关系时，创业包工头可能有哪些遭遇？关于这个问题，我们可以从目前建筑行业与建筑市场的运行情况来一窥其究。

二、市场风险：行业"乱象"与包工头的"污名化"

在裙带性依附关系中，创业包工头由于受到熟悉关系的保护，大包工头对创业小包工头的利益剥削是有限的，而且竞争也是在一种有限度的条件下进行的。实际上，在依附的关系中，小包工头的成长避免了来自市场恶性竞争的伤害。而进入独立市场嵌入的阶段，由于市场本身的盲目性与竞争的完全性，创业小包工头将面临来自开发商、总承包商的最大化的利益剥削，以及来自众多同类分包包工头的竞争。在陌生的交易关系中，尤其是在制度不完善的市场环境下，竞争可能失去公平性与开放性，导致市场失序。

（一）建筑行业"乱象"

竞争本身是市场的一大本质特点，并没有好坏之分，但不良的竞争则可能给同类市场参与者带来伤害。在建筑市场中，工程项目的发包并不是在完全公开、公平竞争的情形下进行的。还存在许多串标、买标、隐性关系标的现象。不仅如此，在完全陌生的市场环境中，有时创业包工头为了获得一个项目或者借此建立与某些开发商的联系，会选择接受一些不公平的合同条款，从而使自己的利益受到损害。涂尔干认为，交换价值无论是高于真实价格，或低于真实价格，这种交换都是不公平的；无论是买方遭受损失还是卖方遭受损失，这种损失都是一种不应有的损失，都会伤害我们的同情感。① 尤其是在发包方和开发商面前,创业包工头普遍处于弱势地位,在主体地位不均衡的市场关系中,包工头在交易行为中又并不总是拥有主动权。

"现在活不好找是真的,但要说活有没有,那还是有的,但问题是想要干活的人更多。不能一定说是僧多粥少吧,但有时候一个活确实是有很多人争着去干。开发商和建筑公司就是在这方面经常占便宜。那些总承包把活分出去,一定会把利润空间给你压到底。他不管你有没有钱赚,那不是他考虑的问题。他考虑的是自己在这中间能赚到多少。你不想干,有的是人想干。所以,有时候即便是自己算一下已经没有什么钱可赚了,为了有活干,还是勉强去争取接下来。活你是接下来了,但是自己也得生存啊。怎么办,那就得你自己想办法。钱就是那么点,正常干,利润空间已经没有了。钱只能从材料和工期上自己去抠。钢筋、水泥,这些材料,有渠道的自己去找便宜点的供货商。没渠道的,只能少用一点是一点。工期抢着往前赶,时间成本也算进去。有时候人家说包工头"心黑",包括一些业主也不怎么信任。其实问题的根源不在包工头身上,而是上游的发包方把利润榨光了。底下的人没钱赚怎么生存呢? 这才有了那些小动作。要不然谁不想用好料、干好活,谁愿意做那不好的人呢。这就是恶性循环,包工头有时候也没办法,也是受害者。"(XBLI20160827)

理性选择是市场交易者的行动逻辑。但理性选择的前提是市场参与者具有自主选择交易对象和交易形式的能力,而且还要看市场交易者是否有多种可供选择的方案。显然,对于创业包工头来说,上述两个条件都不具备。这也造成了在市场交易过程中包工头的行为并不总是理性的,即便他们并不缺乏熟人社群中的那种私人道德感与诚实守信的品质。

陌生关系中纯粹的市场理性在不良的竞争环境中丧失了道德性。而道德感的丧失所造成的结果是,市场交易向着欺诈性方向发展,从而极大地破坏了市场的正常秩序。从熟悉关系到陌生关系的转变,创业包工头的感性道德也被迫沦丧。那种在熟悉关系环境中养成的习惯性诚实在陌生市场交易环境的侵蚀下遭到破坏。道德性是重要的,即便是在市场经济中也是如此。它是确保市场在可控制的范围内良性运行的重要保障。在陌生的市场交易关系中,交易双方的道德感与责任感式微,使得市场交易缺乏一致性、

---

① 涂尔干.职业伦理与公民道德[M].渠东,付德根,译.上海:上海人民出版社,2006:168.

连续性和确定性。虽然制度本身有助于秩序的形成①,但建筑市场的制度也存在先天的问题无助于建筑市场的有序化。

恶性竞争所导致的市场压力,导致包工头在工程施工中出现偷工减料和用劣质材料的行为,加之建筑施工过程中安全监管不力,导致建筑安全事故频繁发生。自"20 世纪 90 年代以来,我国平均每年发生建筑生产全权事故约 1500 多起,死亡人数在 1200～1500 人左右。每年由伤亡事故造成的直接经济损失达 9800 余万元,间接经济损失近 2 亿元。"②近年来,建筑安全生产环境虽有所改善,但每年仍然发生较多的安全事故。据住房和城乡建设部通报,2014 年我国全年建设工程共发生生产安全事故 522 起,死亡人数 648 人。其中,全国 18 个地区发生房屋市政工程生产安全较大及以上事故共计 29 起,死亡 105 人,比去年同期事故起数增加 4 起,死亡人数增加 3 人。江苏(起数上升 82.5%、人数上升 42.4%)、福建(起数上升 70.0%、人数上升 23.5%)、四川(起数上升 62.5%、人数上升 7.1%)、山东(起数上升 58.3%、人数上升 23.5%)等地区上升幅度较大。③ 据统计,仅 2014 年我国全年建设工程就发生生产安全事故 500 多起,死亡人数超过 600 人。④

(二)建筑业包工头的"污名化"

在建筑行业,劳务分包是最基本的制度逻辑,但劳务分包制本身存在诸多缺陷。最主要的表现在两个方面:一是劳务分包中的违法分包现象较为普遍;二是劳务分包中工程资金的层层垫付导致底层建筑包工头资金压力巨大,面临严重的工程款拖欠,从而进一步导致了建筑工人工资发放困难。工资拖欠则更直接地导致包工头群体的"污名化"。

劳务分包的表面逻辑是总承包商由于缺乏足够的资金、设备、人员等而通过在市场上寻找合作伙伴,整合市场力量,共同完成建筑工程项目。而背后逻辑则是开发商和上游建筑公司或总承包市场风险向劳务分包下游的转移。在一个建筑工程中,几乎 80%～90% 的工程业务要通过层层分包来完成。在这个过程中,存在多个环节和层次的转包与再分包。劳务分包经过多个环节和层次后,利益关系就变得混乱不清。尤其是当转包方与承包方关系并不熟悉的情况下,权利与责任关系就再难理得清。一旦发生建筑事故或工程问题,包工头的利益受损,就很难通过正式的渠道或借助法律途径

---

① 柯武刚,史漫飞.制度经济学[M].北京:商务印书馆,2002:182.
② 中国建筑业协会建筑安全分会.小康社会建筑业安全发展战略及目标研究[J].建筑安全,2005(3):8-11.
③ 全国勘察设计信息网,http://www.cidn.net.cn/show.asp?id=31726.
④ 全国勘察设计信息网,http://www.cidn.net.cn/show.asp?id=31726.

维护自己的合法权益。因为利益关系混乱的转包和再分包本身就是一种违法行为。

劳务分包不仅导致建筑施工过程权责关系复杂化,同时层层的资金垫付也导致本来由上游开发商和总承包承担的资金压力转移到了底层大大小小的包工头和材料商身上。一般来说,在依附性的关系中,创业小包工头并不直接参与资金的垫付,而是由其依附的大包工头承担。但在创业包工头独立的市场嵌入中,资金垫付的压力直接分担到他们自己身上。而且通常是在一种陌生的纯粹交易关系中进行的。这就导致那些处于劳务分包利益链条最底端的包工头在资本和实力本就较小的情况下,很容易被资金垫付所套住,导致资金周转困难。况且,在劳务分包过程中一些没有专业建筑公司背景(或者只是空壳公司),仅凭自身的关系资本获得工程拦标的劳务介绍人,以"空手套白狼"的方式吸引普通建筑包工队包工头承揽工程,最终携款潜逃,也给包工头带来极大利益损害。① 而包工头被拖欠工程款的直接后果是,建筑工人工资发放困难,从而出现工人工资被拖欠的现象。

据 2014 年国家统计局农民工监测报告数据显示,2014 年我国建筑业农民工被拖欠工资的比重为 1.4%,在所有行业中最高。外出的农民工人均被拖欠工资约为 10613 元,比 2013 年增加 1529 元,增长率为 16.8%。被拖欠工资的本地的农民工人均被拖欠 8148 元,比上年增加 1050 元,增长率达 14.8%。② 在部分省和地区,建筑业农民工被拖欠工资的情况尤为严重。来自北京、上海、重庆、深圳等地的调查显示,受调查建筑农民工群体中每月结清工资的建筑工人占比为 28.1%,22.5% 的工人在工程结束时结清工资,40.2% 的工人要到年底才能结清工资。从工资拖欠情况来看,41.2% 的建筑工人有过工资被拖欠的经历。③ 而对重庆建筑业农民工的调查则发现,约有 68.11% 的农民工工资被拖欠日期超过 8 天。讨薪也因此成为建筑业农民工"对目前工作最不满意的影响因素",所占比重超过 32%。④

如果说建筑工人被欠薪通常能够博得广泛的社会同情,那么包工头在遭遇资金垫付和工程款延期支付时则往往得不到工人的支持、理解与同情。在工程款纠纷法律解决过程中,包工头也往往成为被动的一方。主要原因是目前劳务分包环节中发包方与包工头之间承包关系的非正式和混乱。对

---

① 王永康.包工头不择手段接工程,中圈套死缠烂打赖政府[N].中华建筑,2005-11-8.
② 数据根据《国家统计局 2014 年农民工监测报告》整理获得,国家统计局网站:http://www.stats.gov.cn/tjsj/zxfb/201504/t20150429_797821.html.
③ 章珂."包工头"积习难改:建筑业利益链条冗长[N].第一财经日报,2011-12-6.
④ 夏元.68.11% 的农民工称工资被拖欠日期超过 8 天以上[N].重庆日报,2012-12-13.

于建筑行业承包关系混乱的问题,一种观点认为,包工头与建筑公司形成的是建筑劳务分包关系,属于民事法律关系;另一种观点则坚持,"包工头"被公司聘为项目负责人,且作为自然人没有法定资质承包工程,因此其与建筑公司之间形成劳动关系。① 劳动关系尚无法构成民事法律关系。因此,在发生劳资纠纷时,包工头的利益无法得到法律保护。

作为建筑业劳务分包过程中利益控制链条当中的一环,包工头经常被建筑工人视为自己利益的对立面,而不是维护者。即便这些包工头实际上也是农民工出身,甚至是建筑工人所熟悉的朋友、乡亲。调查中发现,约有70%的农民工对包工头持消极的评价态度,认为他们"黑得很"。这主要源于在劳动过程中包工头对建筑工人的工资的压榨、对劳动力的过度使用,以及对工人工资的延迟支付,甚至是不给工资,严重的也伴随着包工头出于维护自身利益的需要对建筑工人的人身伤害。社会新闻中存在诸多包工头携卷建筑工人工资跑路的现象。现实实践中,包工头,尤其是普通小型建筑包工队的包工头,经济实力通常较弱,风险责任的承担能力较差,且流动性较强,一旦发生工伤事故或者群体欠薪情况,包工头可能无力承担责任或选择逃避责任,其中也不乏包工头与工人就欠薪、讨薪所引发的暴力伤害事件,如,包工头伤害讨薪的建筑工人,或包工头被讨薪的工人所杀害等,这一切都导致建筑业包工头群体的"污名化"。

三、"求变":把"外围关系"带入"内核关系网络"

建筑行业的市场失序导致建筑业包工头的名誉与利益受损。市场交易过程中陌生关系的无责任感和道德缺失是导致上述结果的重要原因。要解决市场失序问题,就必须重拾失落的市场伦理精神。对于当前市场经济人文精神的缺失与道德失范深感忧虑,"经济学家竭力主张一种能够使经济走上符合人性和具有伦理精神的道路"②。如何走上这样一条道路以保障市场能够在一条充满一致性、连贯性与确定性的道路上良性运行,刘少杰提出了自己的设想,即陌生关系的熟悉化③。陌生关系熟悉化的出发点在于,通过关系的熟悉化强化市场交易双方的道德感与责任意识,避免一次性交易产生的后续不良结果。实际上,市场经济中的确缺乏关系联结的长久性与稳定性。"在现代市场经济社会中,陌生感、流动性和动态变化使社会中的

---

① 宋广海."包工头"与建筑公司属于何种法律关系[N].中国劳动保障报,2007-12-18.
② 章海山.一种新的经济张力[J].思想战线,2006(6):50-56.
③ 刘少杰.陌生关系熟悉化的市场意义:关于培育市场交易秩序的本土化探索[J].天津社会科学,2010(4):43-47.

稳固联系减少,市场交易伙伴不断发生变化,市场交易频繁发生于匿名性的大型社会中。人们将寻找那些采取普遍道德立场,其道德兼顾其行为涉及的所有人的利益,而非特定类型的群体利益的人"。①

当然,出于市场交易的理性选择和竞争原则,交易的目的在于满足交易双方的需求,互惠性尚且是市场能够保证的,但竞争却并不能使市场交易惠及所有参与市场经济的人。但要在充满陌生感、流动性和动态变化的市场中寻求某种长久、稳固的联系,却并非不可能。陌生关系的熟悉化或许是一条可选择的路径。刘少杰在调查中发现:"经营者一般都拥有比较稳定的批发客户群,有的经营者同用户之间甚至保持了10多年的交易关系,相互间像亲戚朋友一样来往。甚至他们的交易仅用电话沟通,至多寄来一个白条就可以成交。有时对方来个电话就能发过去几千件服装,年末结算,多少年也没有出现差错。这种在熟悉关系基础上的高度信任,虽然不符合现代市场经济的交易原则和管理制度,但却形成了比较稳定的交易秩序"。② 不过,将弱关系转化为强关系并不只局限于个体层面。至少从建筑业包工头的实践来看,将"弱关系"带入"强关系网络",即将在市场中建构的"外围关系"纳入包工头先天的"内核关系网络"也是一种有效的"求变"途径。

(一)陌生关系熟悉化的过程逻辑

建筑市场中的遭遇导致包工头具有将弱关系强化以及将弱关系带回强关系网络的愿望。基于这种愿望,我们需要讨论的问题是,建筑业包工头如何能够把"弱关系"带回"强关系网络",其过程与逻辑是怎样的?

社会网络中的"三元闭包"说可以视为是建筑业包工头将弱关系带入强关系的最简单而有解释力的一种原理。其基本逻辑是若两个人有一个共同的朋友,则这两个人在未来成为朋友的可能性就会提高③。三元闭包是由节点形成网络的基本原理,实际上也是我们在上文中指出的"中介"原理。对于建筑业包工头来说,现实中的实际情况是,当一个包工头手中掌握多个工程信息和资源,而自己又没有能力单独包揽全部工程的情况下,通常倾向于向自己熟悉的包工头传播该市场信息。并将自己掌握的市场资源和信息让渡一部分出去。通过这样的方式,包工头一方面确立并强化了自己在建筑市场以及他们所处的熟悉的包工头关系网络的优势位置;另一方面也等

---

① 米歇尔·鲍曼.道德的市场[M].肖君,黄承业,译.中国社会科学出版社,2003.
② 刘少杰.陌生关系熟悉化:优化市场交易秩序的本土化选择[J].福建论坛·人文社会科学版,2014(4):160-167.
③ 大卫·伊斯利,乔恩·克莱因伯格.网络、群体与市场:揭示高度互联世界的行为原理和效应机制[M].李晓明,王卫红,杨摄利,译.北京:清华大学出版社,2011:33.

于是卖给了对方一个人情,甚至对方可能会给予一定的介绍费。包工头因此也可能获得实质性的利益或未来可能获得实质性的利益。关系网络正是经历从弱关系的他人到一个节点个体,再到与节点个体有强关系联结的熟悉网络这样一个过程,实现信息在强弱关系网络之间的流通与联结。弱关系通过这种形式得以被带入强关系网络。

"这种情况(相互介绍关系、活路)是常有的。每个人的人际关系都不一样,掌握的工程信息也不一样。一般来说,都是根据自己的能力有计划、有意识地去结交朋友。但对方有什么资源那也是不一样的。有时候他手上有项目,他认识你,想给你做,但你不一定符合你的情况,你也不一定都能有能力接下来。那怎么办,不想错过机会就得找人合作,你当个中介,把你的关系介绍出去。因为即便是你跟对方有关系,这种机会也不是每天都有的,别人不可能有资源都想着你。所以,一般有这样的机会谁都不想错过。有能力的接下来干,这没的说。没能力可以找人一起干。找谁来一起干,这个是有讲究的。找不认识的人合作,可以,也有他的好处。你可以事先跟他好好地谈条件,谈钱什么的都不用顾虑那么多。但不好的一面是这是一次性买卖。你这次拿了钱,其他的就不用想了。你不可能指望以后他有了同样的关系介绍给你,这个你是靠不住的。……找熟人,那这方面是有保证的。你把关系介绍给熟悉的人一起做,合同是一样签,按市场行情谈就是了。讲感情可以不去讨论那些小恩小惠,这些大家都是心里有数的。但是事情过后,我自己是没什么损失,我的关系还是我的关系,但同样你也给他介绍了关系,他有了新的活路,他就会记得你。大家都是熟人,我有了机会想到了你,你有了机会自然不能忘了我,不然大家还怎么见面呢?这就是找熟人的好处,钱你不少赚,还埋了人情。做建筑的,跟做生意一样,你有好处想着别人的时候,你希望的也是别人有什么能分享的好处,第一时间头一个想到的是你自己而不是其他人。这等于是没有成本的未来投资。从这一点来说还是划得来的。"(XBZHANG20160511)

实际上,在笔者看来,格兰诺维特所强调的弱关系的力量,即弱关系在求职过程中所具有的信息优势和新的资源的解锁,实际上都可以通过中介、连带等形式纳入关系紧密的关系网络中来。另外,即便是关系紧密的群体,他们在具备强关系资源的同时,也并不因强关系具有封闭性而拒绝能够为自己带来新的信息和资源的弱关系。① 通过不同的包工头将各自的市场关系相互中介、介绍,形成了市场弱关系在强关系网络的个体之间相互共享。市场信息和资源等在强关系网络内部实现扩大化流通与共享,既增加了"内核关系网络"中每一个个体的个人资本,同时,"内核关系网络"的整体社会资本也有所提升。

上述关系的中介实际上是为满足包工头的特定需要而出发的。除了这一点外,我们还可以从案例中看出,关系的中介还表现出我国传统文化中朴素的"报"的意味。所谓"报",具有回报与报答的内涵。礼尚往来、有施有报是中国社会关系的重要基础。② 再有《礼记》所谓"礼也者,报也"(《礼记·乐记》),"报者,天下之利也"(礼记·表记)。在西方社会学理论有关交换与博弈等的分析中,涉及公平、信誉、正义等问题,"报"因而被视为是一种重要的解释视角。③ 社会生活本质上就是一种交互报偿,合作、友谊、契约等关系虽然内涵不同,但都是"报"的某种形式。④ 建筑业包工头之间关系的基于信息、资源、活路等陌生关系的相互介绍与中介实际上也是某种"报"的交换。这也是表现出了这个出身农村社群的群体对传统文化的朴素践行。即便在建筑市场的交易活动中,这种"报"相对来说多了一些交换的意,它也是包工头将"外围关系"带入"内核关系网络"的一种重要机制。

如果以图形的形式表达建筑业包工头陌生关系的熟悉化及其网络,则如图 4-2 所示。

在图中心灰色区域内,A、B、C、D 表示具有相互联系的处于"内核关系网络"中的四个创业包工头,中心点 O 代表假想的被依附的大包工头。A、B、C、D 与 O 之间的相交织的关系构成了灰色区域以包工头为主体的内核关系网络。以 A、B、C、D 为中心的四个椭圆形虚线区域内的,与各自节点相连接的三个点,如 A1、A2、A3 代表 A 在建筑市场中结识的新的外围关系。它们与 A 共同构成了属于 A 的外围关系网络,即实现了由内核关系网络向外围关系网络的个人拓展(B、C、D 所联系的各自椭圆虚线内的关系网络,同上如 A 解释)。图中实线代表关系联结的直接性,同时 A、B、C、D 四

---

① 塔玛·戴安娜·威尔森,赵延东.弱关系、强关系:墨西哥移民中的网络原则[J].思想战线,2005(1):46-55.

② 杨联陞.报:中国社会关系的一个基础[C]//费正清.中国思想与制度论集.台北:联经出版事业公司,1976:350.

③ NOWAK MARTIN A, SIGMUND K. Evolution of indirect reciprocity[J]. Nature, 2005, 437: 1291-1298.

④ BRUNI L. Reciprocity, altruism and civil society: in praise of heterogeneity[M]. London: Routledge, 2008: 9.

个节点与 O 之间各自的连接线较粗,也代表着内核关系网络各主体之间关系强度较高,以 A、B、C、D 为中心各自建立的外围关系网络线条较细,也代表外围关系网络中不同主体间的关系强度总体上要比内核关系网络较弱。图中蓝色虚线代表着建筑业包工头通过关系结构洞的中介作用。以 A、C、C1 代表一个三角形关系结构洞的结构为例,包工头 A 与 C1 的相识与联结是经由 C 的中介实现的。通过三角关系结构洞的关系中介,包工头不仅进一步扩大了自己的外围关系(比如包工头 A 通过 C 的中介结识了 C1,A 的外围关系网络就扩展为 A1、A2、A3、C1。),同时也实现了陌生关系的熟悉化,并将成功外围关系带入内核关系网络,从而形成了上述如图中所示的均质化、多核心、扩大化、相互交织的包工头关系网络。

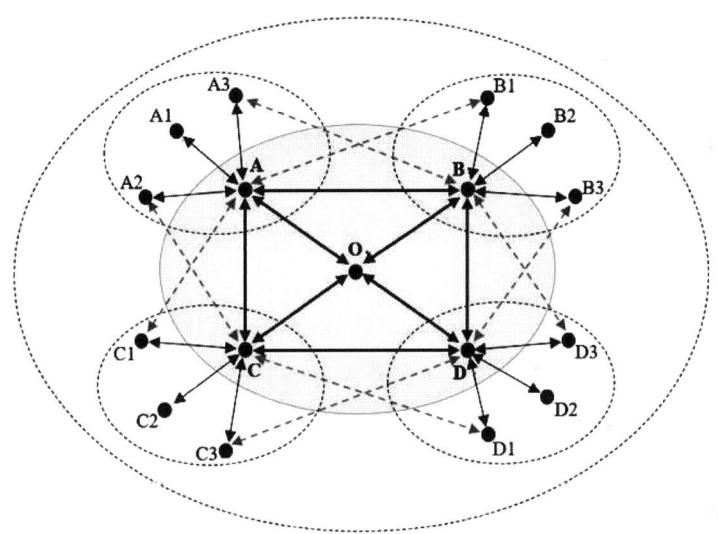

图 4-2　外围市场关系连通模式图

(二)陌生关系熟悉化的媒介途径与网络特征

现代化的新媒体平台为市场关系的连通以及不断地强化提供了条件。比如,几乎所有的被调研的建筑业包工头都加入了数量不一的包工头群组。比如 QQ 群、微信群等。每一个包工头都有自己的建筑群组,在市场交易过程中新结识的人不断加入此类群组,不同的群组内新人与"老人"相互交叉、重叠。多重网络的叠加使得包工头的"内核关系网络"与"外围关系网络"得到持续的动态化发展。应该说,新媒体平台一定程度上助推了建筑业包工头将"外围关系"带入"内核网络"。

从建筑业包工头陌生关系的熟悉化可以看出,建筑业包工头的创业虽然是建立在地区性熟悉关系网络的基础之上的,但这个群体在创业过程中的发展却并没有受到地缘等熟悉关系网络的封闭性影响,反而在市场嵌入的过程中不断拓展原有的关系网络,同时将新的关系网络并入熟悉关系网络之中,弥补了建筑市场个体包工头的关系"结构洞",形成扩大化的关系集群。

我们可以确定,由具有先天亲缘、地缘等关系的熟悉包工头所组成的内核初级关系网络并不是完全封闭性的,而是开放的。就信息的内部流通、共享与资源的内部流动来说,内核关系网络的确具有一定的封闭性。但另一方面,之所以说"内核关系网络"同时也是开放性的,是因为个体的包工头完全有可能在地域范畴上脱离对其他包工头的"职业依附",成为独立的市场交易主体,有机会结识新的陌生包工头,并且有意愿将新的陌生包工头通过中介介绍给自己内核关系网络中的其他熟悉包工头,而内核关系网络中的其他包工头也乐于接受新的市场关系成员的加入。在新成员的结识、中介、加入的过程中,内核关系网络与外围关系网络连接起来,形成了一种开放式的关系网络的连续谱。

第四节 陌生关系"熟悉化"的市场意义

市场是一个陌生人活动的场域,市场秩序的形成也是在人们自发的相互交易过程中实现的。在自然交换状态下形成的市场秩序被视为具有自我控制性,即亚当·斯密所谓市场具有"看不见的手",能够引导市场实现自我组织和协调。奥地利自由主义经济学派代表人物之一哈耶克也持类似的观点。他认为,市场是人类社会发展自然演化的产物,但不是人为理性设计和选择的结果,人们只是偶然中发现了它的存在。哈耶克在此持一种自由市场和自发市场秩序的观点。他将市场的秩序的自发性与人的自由"捆绑式"地结合起来,认为人的自由是自发市场秩序形成的基础。因此,尽管市场可能存在事实上的经济不平等,但为了人的自由,也不应干预市场的自发运行。哈耶克的这种解释显然具有某种刻意的话语绑架的意味。现实的情况往往是,自发的市场秩序严重伤害了市场参与者的感情和利益,市场交易过程中交易双方的不平等地位也很大程度上限制市场参与者的自由。至少从建筑行业市场的情况来看,劳务分包中的违法转包与分包等自发性,就严重损害了包工头和建筑工人的利益,最终也导致了建筑市场的诸多乱象和市场失序。

"看不见的手"无法避免市场陷入困境,反而因市场的盲目性和自发性导致诸多社会性问题。理查德·布隆克提出:"如果我们想保护环境,减少贫困和失业,避免恶性竞争的后果,那么自由市场就很有必要由强有力的道德框架、社会凝聚力和有理性的政府干预来支撑。……因为假如个人对自身利益的自由追求与社会的合作和强有力的政府之间必要的平衡被打破而无法修补的话,那么持续的人类进步就不太可能了。到那时,人类就会完全乞怜于自由市场——沦为它的奴隶,而不是成为它的主人。"①马克思也对亚当·斯密与哈耶克等人所持的"自发市场秩序"持批判性态度。马克思认为,商品经济的出现虽然在一定程度上具有某种"似自然性",但不能把生产过程的过渡性形式欺骗性地看成是永恒的自然形式。② 显然,与哈耶克不同的是,马克思虽然在一定程度上认可市场的形成具有一定的自发性,但马克思坚持认为,这种自发性只是市场初始阶段的一种原始状态。随着经济社会的发展,市场将呈现出自发秩序与自觉秩序相互交织的状态。③ 这里所说的市场的"自觉秩序",实际上表现出的是市场秩序的人为建构性特点。这一点在日后的政府调节市场运动中得到深刻彰显。

诚然,"经济秩序遵从买卖自由的自然动机,具有抵制外界建构性力量的倾向"④,但这并不表明外在的社会结构、规则和人为秩序无法对市场自发性施加影响。波兰尼认为,市场力量本身具有野蛮破坏性,放任和强调"市场的自发调节性"只是一种一厢情愿的乌托邦想象⑤,经济活动是深刻地嵌入社会中的。将经济活动与社会关系紧密联系在一起,为波兰尼提出外在力量对市场秩序的理性建构和市场经济的制度化过程奠定了理论前提。而在新经济社会学家格兰诺维特看来,经济行动的制度化表现为社会结构对市场秩序的影响,那种对市场秩序具有极大影响的社会结构正是社会关系网络,或者说是人际关系互动的结果。⑥

市场和人的经济行动既然是嵌入在社会结构和关系网络之中的,那么,我们就可以想象市场中陌生的经济行动者存在陌生关系熟悉化的可能,就像建筑业包工头将"外围关系"带入"内核关系网络"所做的那样。实际上哈耶克笔下所谓的"自发市场秩序"(Katallaxie),在希腊文中,本身就具有"将陌生人变为朋友"的含义。⑦ 市场秩序是内生性的,也是建构性的。市场秩序的建构性体现在外在的政府调控,以及市场内部参与者自发、主动所建构

---

① 理查德·布隆克.质疑自由市场[M].林季红,译.南京:江苏人民出版社,1999:5-6.
② 马克思恩格斯全集:第50卷[M].北京:人民出版社,1972:47.
③ 王秋梅,高文武.哈耶克自发市场秩序批判[J].学术界,2007(5):91-95.
④ 斯坦利·L.布鲁,兰迪·R.格兰特.经济思想史[M].北京:北京大学出版社,2008:31.
⑤ 卡尔·波兰尼.大转型:我们时代的政治与经济起源[M].杭州:浙江人民出版社,2007:3.
⑥ 马克·格兰诺维特.镶嵌:社会网与经济行动[M].北京:社会科学文献出版社,2015:6.
⑦ 李洋.市场秩序是自生自发的秩序[J].合作经济与科技,2011(9):98.

的市场机会空间。在笔者看来,建筑业包工头将"外围关系"带入"内核关系网络",将陌生关系的熟悉化,实际上既是一种深度市场嵌入的策略,也是对建筑业市场秩序的一种自发、主动的建构。就像刘少杰所指出的那样,我们完全可以将"陌生关系的熟悉化"视为是一条优化市场交易秩序的本土化道路。① 因为,在长期人情往来建立起的私人纽带的基础上进行的市场交易,可以导向更加长久、稳定的市场合作关系。②

毫无疑问,"陌生关系的熟悉化"不仅是建筑业包工头自发的市场嵌入行动,同时也具有深刻的市场意义。接下来我们需要进一步证明的是,关系信任如何弥补市场制度承诺较弱的缺陷。实践过程中建筑业包工头"陌生关系的熟悉化"究竟在哪些方面建构和优化了建筑业市场秩序,或者说这种将"陌生关系熟悉化"的实践行动在何种程度上具有市场意义。

一、关系合约及其治理的稳定性

就纯粹的市场交易而言,交易关系建立在市场契约的基础之上。建筑业包工头的市场交易活动无论是承包建筑工程还是从材料商那里进货,都必须签订交易合同。从理论层面上说,契约的本质内涵在于,在公平、公开、自愿的基础上,通过具有法律效力的合同形式约束市场交易双方的权利义务关系,并确定交易双方所交易产品的产权(所有权)让渡与变更。然而,市场交易过程中,契约合同往往并不是万能的,即它并不总能有效约束市场交易主体。由于市场交易活动在绝大多数情况下发生在互不相识的陌生人之间,而陌生人对于契约合同的履行不可避免地存在义务与责任感较低以及一次性交易欺诈逃离等现象。就像张维迎所说的那样,"在现实中,由于信息的不对称性,合同信息是不完全的,双方的行为通常不可证实,行为欺骗与否常常缺乏明确的界限,并且观察、证实对方行为的信息成本很高,导致法律执行者在执行中经济不可行,单纯地依靠法律制度无法解决全部的交易信誉问题。"③

单纯的法律制度无法从根本上保障市场交易信誉问题,格兰特·吉尔莫甚至在他的一本有关契约研究的书中开篇就不无悲观地写道"契约和上

---

① 刘少杰.陌生关系熟悉化的市场意义:关于培育市场交易秩序的本土化探索[J].天津社会科学,2010(4):43-47.
② 翟学伟.人情、面子与权力的再生产:情理社会中的社会交换方式[J].社会学研究,2004(5):48-57.
③ 张维迎.信息、信任与法律[M].北京:三联书店,2003.

帝一样,已经死亡"①,引起契约法律界一片哗然,也引发了人们对契约法律效力的重新思考。那么是否可能在法律合约的基础上注入其他因素以强化契约合同的效力在,增加契约对市场交易主体的约束力呢?美国学者麦克内尔提出,关系合约可以视为解决纯粹法律合约因不连续交易导致合约治理缺乏约束力的一个有效途径②,并将合约分为古典的、新古典的和关系的合约。③ 麦克尼尔的关系契约概念不只是指市场中的个别交易,而是具有"交换"的社会学意义。它包含有命令、身份、社会功能、血缘关系、官僚体系、宗教义务、习惯等多种内涵在里面。④ 作为一种不再局限于实在法的契约概念,关系契约强调契约治理中的"活法",即从更广泛的社会结构中去寻找能够使人遵从和对人具有约束力的规范依据,即所谓的社会关系和共同体。

"约前关系"的导入,尤其是熟悉关系加入市场契约范畴,等于是在正式的法律制度基础上增加了非正式的关系规范。传统熟人关系模式下,人们对关系的维持的愿望超过对私人利益的追求。关系合约的情境中,市场交易主体双方的出发点虽然主要是利己动机,但熟悉关系的存在导致价值动机对利己动机能够起到一定程度的平衡。这就导致在熟悉的关系网络中,市场交易时违约的关系成本大大提高。关系网络起到了虚拟的"盯梢""监督"作用。关系契约的约束力较纯粹的市场契约相对更强。即使是在关系合约执行遭遇困难的情况下,关系的存在也可以起到调节契约双方关系的作用。在关系契约治理中,当合约执行过程中出现不可抗力或其他意外原因导致合约双方利益受损时,契约双方更能够采取协商和态度解决问题,而不是采取极端手段相互伤害,有利于缓和交易双方的冲突,柔化矛盾关系。

关系合约既然能够提高对市场交易主体的约束性,那么建筑业包工头陌生关系的熟悉化则为关系合约治理提供了条件,或许能够缔造一种新型的建筑业市场秩序。国内外的一些学者也曾提出在建筑领域的交易实践中应用关系合约,以改善建筑交易主体各方的关系,减少争端和纠纷引起的成

---

① 格兰特·吉尔莫.契约的死亡[C]//梁慧星.民商法论丛.曹士兵,姚建宗,吴巍,译.北京:法律出版社,1995.
② 麦克尼尔.新社会契约论:关于现代契约关系的探讨[M].雷喜宁,潘勤,译.北京:中国政法大学出版社,1994.
③ 威廉姆森.资本主义经济制度[M].段毅才,王伟,译.北京:商务出版社,2002:99-104.
④ 麦克尼尔.新社会契约论:关于现代契约关系的探讨[M].雷喜宁,潘勤,译.北京:中国政法大学出版社,1994:1.

本消耗与资源浪费,实现多方共赢。[①] 建筑业包工头的"内核关系网络"本身就具有高度的关系属性。内核关系网络内部包工头之间的市场交易具有明显的关系契约的特点,在很多时候,相互熟悉的包工头之间的合作甚至是在非契约的情境下进行的,如在小包工头与大包工头依附性的裙带关系中就是如此。一些建筑业包工头与材料商之间就材料的赊欠使用方面通常也具有类似的特点。很多建筑公司和包工头都有自己长期合作的建材供应商,建筑公司与开发商也多选择与自己熟悉的、长期合作的包工头进行劳务发包与分包合作。长期的合作和重复交易使得陌生关系熟悉化。相比较陌生的市场关系,具有私人关系性质的熟悉关系主体之间能够在更大程度上相互分担资金垫付的风险与压力。开发商、总承包与底层包工头之间、包工头与包工头之间、包工头与材料供应商之间等多对市场主体关系因为关系契约的存在而"相安无事",不至于因资金垫付与资金拖欠导致关系恶化而致使建筑工程施工不同环节衔接与执行出现问题。面对共同问题时共同建立起理解与协商框架,以及在保证自己利益的同时,也尊重对方的利益关切,恰恰是建筑行业劳务分包垫资模式之所以可能的重要原因之一。

关系契约在治理建筑业包工头与承包商和开发商之间的混乱关系以及相互之间在利益剥削与反剥削之间造成的矛盾方面可能发挥积极作用。上面我们已经指出,建筑业开发商与总承包作为建筑行业利益链条的上游,对包工头的利益压榨较多。在市场交易过程中,存在诸多人为制造的合同关系软化问题。比如建筑工程验收时的刻意挑刺,扣罚工程款,单方面地修改合同条款等。这些都给包工头的利益带来了极大的损害。加之建筑工程款在绝大多数情况下不能如约支付,给建筑业包工头带来了沉重的资金垫付压力。因此,两个群体之间的关系在剥削与反剥削、欠薪与讨薪过程中恶化,彼此之间的扯皮与拉锯战也严重消耗了人力、物力、财力与时间成本。而建筑业包工头与自己熟悉的开发商与建筑公司,或总承包包工头之间的合作,由于增加了关系约束,可以将剥削与反剥削限制在有限的程度内。垫资与工程款结项也能够达成某种相互理解的一致性。有限的竞争关系以及各种尝试建立的合作关系不仅能够提高交易双方的合约执行力,而且能够有效简化并缩短建筑市场交易过程,提高交易的执行效率。不仅如此,关系契约还具有延长责任关系的作用,并且期待下一次的市场交易对方能够付出至少不低于上一次交易的诚意。而且由于熟悉关系的加入,建筑市场还

[①] RAHMAN M M, KUMARASWAMY M M. Contracting relationship trends and transitions[J]. Journal of management in engineering,2004,20(4):147-161.

发展出了许多长期契约,尤其在一些重大的工程项目和子项目较多的项目中,关系契约的作用更为明显。

关系合约的建立,在正式法律制度强制约束机制的基础上建立起了基于关系的"软约束"机制,促使建筑行业市场各主体在市场交易过程中由"他律"逐渐发展出"自律"的品性。关系契约与"软约束"机制提供的是一种对他人行为方式及其结果的可预期的期望。虽然威廉姆森提出混合状态下的关系合约治理可能具有不稳定性,但正如王珺所指出的那样,这种不稳定性是有条件的。关系合约的退出成本高低,决定了关系合约的治理是否具有稳定性。① 以集群经济为例,当集群经济中的个体企业的固定资产、沉淀资本和劳动力流动成本等退出成本较高时,关系合约的治理就具有高度的稳定性,而当这种退出成本较低时,合约治理中的关系对个体的约束力就可能较低,关系合约的治理就不那么稳定。在笔者看来,集群经济企业的这种退出成本影响关系合约治理稳定性的机制,与建筑业包工头在陌生关系的熟悉化基础上建立起来的关系合约稳定性有所区别。集群经济企业的关系建立在产业集群的基础上,即这种关系仅仅是地理区位上的关系。其本质上强调的是外部环境对于关系合约稳定性的影响。而建筑业包工头基于将私人市场关系带入公共的、熟悉的"内核关系网络",具有内在的私人交往的内在人情特征。而且,就建筑业包工头"内核关系网络"本身的集群特性,它所产生的市场影响,本身就可能给新加入的市场关系主体施加一定程度的影响与压力。这种关系合约的退出成本显然不是集群经济中的松散外部关系可比拟的。

关系合约虽然是不完全合约,但由于关系的存在,在关系的约束与内在压力下,隐含了对人们持续稳定交易与规范遵守的要求和规定,能够增加市场交易主体的道德感与合约履行的责任感,从而降低市场交易风险和调整交易主体间的关系。对建筑行业来说,包工头基于熟悉关系的合作,以及由此建立的关系契约,不仅降低了建筑市场嵌入的风险,提高了市场交易的效率,节省了时间、精力等的消耗,而且不完全的契约形式也可以为市场交易主体提供一个通过协商解决意外问题和冲突的适应空间,从而缓和包工头之间的不良竞争以及紧张关系。对于培育与提高建筑市场参与主体的素质、优化建筑市场秩序具有积极作用,某种程度上为建筑业包工头,尤其是创业包工头的市场嵌入、转型发展与个体的创业创造了一个良好的市场环境。

---

① 王珺.集群经济中的关系合约与稳定性机制研究[J].中山大学学报(社会科学版),2008(1):135-141,206-207.

二、非正式联盟与虚拟市场联营体

来自同一地区、具有一定亲缘和地缘关系的建筑业包工头的市场嵌入，虽然并没有向着正式的组织化的方向发展，但在市场中所形成的裙带关系网络，以及相互之间的依附、重复多次的交易与合作却形成了一种关系松散的非正式市场联盟。虽然这种非正式的关系松散的市场联盟缺少正式行业协会那样的常规化、组织化，也没有例行化的常规活动，但基于这种非正式市场联盟建立起来的市场伙伴关系，对建筑业包工头的市场嵌入起到一定程度的保护作用。即便是包工头的市场嵌入在一些情况下表现出独立的个体性，但在遭遇个体市场风险时，往往能够得到来自"内核关系网络"中其他包工头的帮助与支持。不仅如此，在个体的包工头无力承担超出自己承保能力的建筑工程项目以及个体信誉不足时，与其他包工头的熟悉关系也能够为其提供合作资源以及信誉担保。这是建筑业包工头"内核关系网络"特有的优势。来自市场中个体的建筑业包工头则缺少这种关系网络的保护。因此，当来自"内核关系网络"中的包工头将市场中的个体零散包工头以中介的形式介绍带入"内核关系网络"时，几乎所有市场中的个体包工头都持一种积极的态度。

当前，建筑市场中虽然存在行业协会之类的正式组织，但绝大多数情况下，这类行业协会的组织成员都是由一些具有注册建制资质的建筑企业和集团公司所组成的。这类行业协会一般并不接纳个体的会员，只有在特殊情况下才吸纳少量的名誉与特邀个人会员。比如，武汉市新洲建筑行业协会的入会条件中，就特别规定入会的会员必须满足以下条件：(1)在建筑行业领域具有一定的影响；(2)依法取得建筑行业企业资质的各类勘察、设计、施工与监理企业；(3)依法取得建筑业相关资质的造价、审计、施工图审查、招标代理、质量检测等中间诶组织、建材及建筑制品的生产、供应企业或单位。①从上述条件来看，对于个体包工头来说，是没有资格加入的。因此，市场中的几乎所有个体建筑业包工头都缺乏组织性，也有组织性的需求。某种程度上应该说，这种非正式的松散市场联盟也具有与行业协会类似的功能与作用，在客观上为市场中个体的建筑业包工头提供了非正式联盟的平台。

> "有自己的圈子相互照应是有好处的。有时候你跟别人关系好了，能借他的名声和关系用一下。比方说你跟一个人关系好，他在圈子内

---

① 武汉市新洲区建筑业协会网站，http://www.xzjzyxh.org/folder/46.htm。

名声不错,朋友多,人缘好。你在外面做事,碰到你不认识的承包商,但承包商可能知道你朋友的名字。你跟他讲我们以前一起干活的,或者我以前跟着他手下做事,这样关系就自然拉近了。同等条件下,可能你的机会就比别人好。所以说,圈子其实很重要。圈子里人多了,谁都有自己的一个长处。说不定就对你有帮助。你比方说我有一个关系很好的朋友,以前在"中宏"(一级资质建筑公司)做过项目经理,他为人很仗义,跟谁关系都很好,爱交朋友。有的建筑公司有项目只认他,谁去都不行,不管你实力多强。我以前也是给他干过活的,关系一直保持得不错。我有一些活也是凭着他的名字拿下来的。"(XBGONG20160819)

上述案例中所谓的"圈子",事实上就是包工头陌生关系熟悉化形成的非正式松散联盟。从案例的角度来看,陌生关系的熟悉化不只是"内核关系网络"将外围关系带入进来的单方过程,外围市场中的个体包工头也具有加入这种"圈子"的主动性和愿望。尤其是当"圈子"内的一些包工头已经小有名气或在行业内有一定声誉的情况下,这种声誉与名气可以作为新加入"内核关系网络"包工头的无形资本。

当然,陌生关系的熟悉化不只带来了建筑业包工头内部的关系联结与"圈子"。"圈子"内的人员构成是多元化的,除了包工头之外,还包括一些开发商、总承包与建筑公司内的从业人员。这种多元化的人员构成,实际上将建筑市场中产业链条的不同环节的人联系在一起,形成了一种基于项目和工程的伙伴关系。在欧美一些西方国家中,将包括开发商、承包商,甚至是业主在内的多元主体联系在一起构建的关系网络视为一种"市场联营体"。"市场联营体"建立在项目联盟的基础之上。在企业层面,这被视为一种扩大企业市场经营范围而不扩大企业规模的办法。[1] 对建筑业的这种市场联营的研究发现,项目联盟有助于保护建筑行业各方成员的利益,使其不被其他成员牺牲或削弱,联盟中的成员多注重分享共同的利益。[2] 对美国以及英国建筑业的研究都发现了类似的现象。承包方与需求方(业主、底层分包商等)之间的普遍联盟关系,或者在独立合同的基础上,以项目为中心发展起来的项目伙伴关系,能够发展出持续合作的战略关系[3],从而在建筑行业

---

[1] 姚先成.国际工程管理与现代建筑企业[M].北京:中国建筑工业出版社,2004.
[2] DEREK H T W, KEITH H, PETERS R J. 2002-Project alliancing vs project partnering: a case study of the Australian national museum project[J]// Supply chain management: an international journal, 2000,7(2): 83-91.
[3] ROBERT K L. Project specific partnering[J]. Engineering, construction and architectural management, 1994, 1(1): 5-16.

实现陌生关系熟悉化的另外一种形式。

建筑业不同主体之间关系的联结在发展出项目伙伴关系与战略性持续合作关系时,有助于建筑工程施工的顺利实施以及保障建筑工程质量。在"市场联营体"的结构关系中,要求各方主体相互之间以利益共享的形式而不是以转移风险的方式紧密合作,能够创造双赢的局面。① 基于关系网络的选择性亲和与信任可以强化共同的价值观念与行为准则,有利于更有效的资源动员和价格调节,从而减少或避免族群内部的恶性市场竞争。② 在笔者调查的建筑业包工头中,虽然较少发现有类似西方国家建筑行业的那种"项目联盟",但很多建筑公司与开发商下面所挂靠的众多建筑业包工头都维持较长时间的持续合作。而且,长期的建筑合作不仅使相互之间的关系熟悉化,而且也使工程项目的发包与分包主要发生在这种熟悉的关系网络之中。实际上,这也是一种虚拟形式的"市场联营体"。在这种基于发包方与分包包工头建立的"市场联营体"中,虽然仍然存在资金垫付与拖欠的问题,但相比较纯粹的市场交易关系而言,包工头的利益风险相对较小。比如,包工头在资金垫付的过程中,可以从与建筑公司签订了专属合作关系的材料供货商那里以赊欠或支付一半资金的形式获得全部材料的使用权。这在某种程度上减轻了包工头的资金垫付压力。发包方与建筑公司在这个过程中也获得了来自包工头的资金垫付的配合。双方得以维持一种长期、持续、稳定的战略性市场交易伙伴关系。

三、形塑弹性化的建筑业金字塔结构关系

当前建筑市场仍然主要是一个卖方市场,这不仅是就业主与建筑从业人员而言的,同时也是建筑业劳务分包中发包方与分包方关系的一种表征。基于建筑产业竞争结构、资质条件、劳务分包利益关系等,我们可以将其形象地比喻为"金字塔"结构。从产业竞争结构的角度来讲,我国建筑业总产值根据资质企业来划分,2015年,我国占全部各类资质企业数量不到10%的特级与一级资质建筑企业的总产值接近全部建筑产业总产值的60%。仅70000家数量众多的中小企业和小微企业总产值则只占建筑业总产值的40%。当然,这是就建筑产业结构来说的。就劳务分包利益关系来讲,金字

---

① XIAO H, PROVERBS D. The performance of contractors in Japan, the UK and USA: an evaluation of construction quality[J]. International journal of quality & reliability management, 2002, 19(6): 672-687.

② LIGHT I. Ethnic enterprise in America: business and welfare among Chinese, Japanese, and Blacks[M]. Berkelley: University of California Press, 1972.

塔的上层一般是各种级别的承包商,包括一级、二级、三级承包企业,这些资质较高的承包企业构成了上游总承包,总承包商下面的是专业的分包企业。专业分包企业涉及不同的建筑专业领域。专业分包下是大大小小的劳务分包公司。专业分包企业分包获得的建筑项目需要组织劳务施工队伍,是通过劳务分包公司实现的。而最底层则是大大小小的专业包工队,即由劳务公司组织、召集的具体施工队伍。

从劳务分包关系的角度看,从总承包、专业分包、劳务分包,到底层包工头的关系呈现出的是正金字塔模型。而如果从利益分配和利润的角度讲,则呈现出来的是倒金字塔利益模型。处于承包关系金字塔上层的建筑单位会逐层剥夺和压榨下层单位的利润空间。导致的结果是最底层包工头的利润空间较低。在纯粹陌生市场关系的情况下,开发商、承包商与底层包工头之间保持着简单的市场交易关系,双方的敌对关系与不信任由来已久。开发商与上游承包商倾向于以最低的价格完成工程的发包,风险与责任的转移是其分包的主要目的和内在逻辑。[①] 而底层包工头则力争通过最小的施工代价获得最大化的工程利润。二者之间的矛盾经常导致开发商、承包商与底层包工头之间的关系僵化。不过,由于市场中底层分包商群体规模较大,利益分配的主动权往往掌握在开发商和上游承包商手中,因此,底层包工头处于较为弱势的地位。

包工头要争取属于自己的利益,最大程度上降低风险,增加与开发商以及上游承包商议价的能力和自主性,联盟或发展伙伴关系,形成规模化力量就成为他们的一种选择。不仅如此,底层分包包工头的合作与伙伴关系的建立,在一种非主动的情势下,还缓和了与上游开发商与承包商之间的关系,有助于建筑项目的顺利实施以及项目施工执行过程中的协调与管理。陌生关系的熟悉化以及非正式虚拟联盟与伙伴关系的建立,有助于柔化建筑业劳务分包体系中建筑包工头内部以及包工头与发包方之间的矛盾与冲突关系,减少无效率、消耗性的对抗关系与恶性竞争导致的互相伤害,使建筑行业金字塔结构关系更加具有弹性。

同时,熟悉关系的陌生化还有助于理顺建筑市场普遍存在的各种工程项目的违法转包、分包造成的混乱的市场关系(图 4-3),降低由此给底层包工头的利益损害。因为,在一个关系熟络的内部网络中,分包与转包虽然同样存在,但熟悉关系的存在减少甚至杜绝了一次性交易的现象。转包与分

---

① MILLER C. PAVKHAM G, THOMAS B. Harmonization between main contractors and subcontrantors: a prerequisite for lean construction[J]. Journal of construction research, 2002,3(1):67-82.

包在熟人网络内部不至于造成权责关系的混乱。在出现劳务分歧和冲突时，也易于找到责任主体。这也是为什么目前大多数建筑工程项目的分包与转包现象多发生在相互熟悉的劳务公司与包工头，以及包工头与包工头之间的重要原因。

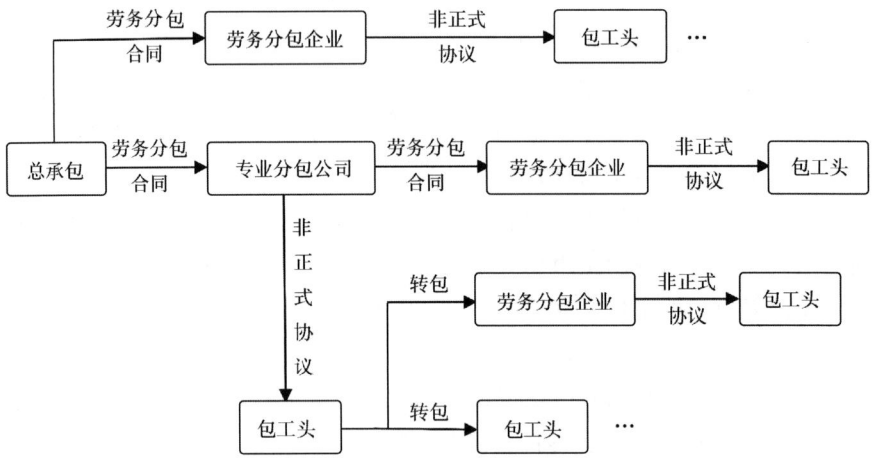

图 4-3　建筑业劳务分包过程中非法转包关系图

第五章 "关系型创业"的机制与逻辑

在全面讨论了建筑业包工头创业过程中关系使用的策略及其过程逻辑之后,我们需要从总体上来把握包工头创业的"关系逻辑",目的在于从一个理想型的角度总结建筑业包工头创业过程中关系作用的特点、创业的模式与路径特征,进而对农民工"关系型创业"的路径与逻辑有更深入、直观的理解。

根据前文对建筑业从业人员创业做包工头的过程及其关系逻辑的讨论,我们可以对"关系型创业"形成一个初步的认识。所谓"关系型创业",即创业者利用初始关系积累创业资源、拓展经营规模、稳定发展效益。创业者善于在创业和经营的不同阶段,为应对不同的创业与经营目的使用关系网络。同时,创业者还善于利用初始关系建构新的关系网络,并将新建构的关系网络稳固化,使之成为可稳定提供创业或经营支持的社会资本。总体来说,"关系型创业"一方面强调创业行为依赖关系集聚资源,同时也强调创业者在整个创业和经营的不同阶段,根据不同创业和经营需求随时调整关系使用类型和建构新的关系网络,即创业者的关系运用表现出阶段性、动态性等特征。

以建筑业工人创业做包工头为例,创业者利用在创业前就已经具备的关系网络(初始关系)来集聚资源,从而解决创业准备期所需要的各类资源,尤其是启动资金。在创业初期,创业者习惯于通过干中学和依附行业"老板"的方式积累创业所需要的技术、知识、人力等。在通过依附获得初步的市场主体合法性之后,创业者基于"内核关系"建构新的"外围关系",拓展自己的关系网络,即从"初始关系"发展出新的市场关系网络,从而积累客户、人脉、业务等资源,实现更深入的市场嵌入,进一步扩大创业规模,提升经营效益。在此基础上,为降低市场风险和更好地将市场关系转化为个人社会资本,创业者又将新建构的市场关系纳入"内核关系",实现弱关系的"强关系化",即陌生关系的熟悉化。

以上我们对"关系型创业"这一核心主题词进行了内涵阐释,并总结了"关系型创业"的一般特征。下面我们将从关系动员、关系作用的特征和关系的解释性等几个方面深入讨论"关系型创业"的逻辑。

第一节 "关系"驱动与差别化动员

一、"关系"驱动：典型示范压力下的"成功想象"

建筑业包工头的创业呈现出关系集群性的特点。这种关系集群特点不只表现为建筑业包工头在创业与市场嵌入过程中的裙带依附关系以及所形成的非正式市场联盟，还表现在，关系也是激发建筑业包工头创业动机的重要因素。也就是说，建筑业包工头的创业具有自发的关系驱动的特点。

关系对个人创业动机的推动作用在很多研究中都得到了强调。尤其是在跨国移民创业的研究中经常被提及。在跨国移民研究领域，移民网络得到了前所未有的重视。研究认为，移民网络提高了雇佣和获得可靠收入的可能，它不仅为实际的移民者提供了必要的社会支持，同时也增强了潜在移民者的移民期望。这种期望可能导致更大规模的跨国移民。也正是这种期望推动了持续不断的跨国移民行动，增加了移民人口。[1] 移民网络给潜在跨国移民带来的移民期望，实际上是来自网络中其他移民者的成功经验对潜在移民者的吸引力。个别移民者在海外致富成功的信息可能在与其有关的私人或流出地关系网络中不断传播，并在关系网络中被不同人再三印证是一条可靠的支付路径。由于大部分的移民网络都具有高密度、高频率与多重社会联系的特点，因此，可能使移民创业成功的信息和示范效应得到叠加而发挥到极致，从而对关系网络内的其他移民和潜在移民者形成巨大冲击，形成极具诱惑的吸引力。[2]

建筑业包工头的创业行为同样受到其关系网络的驱动。那些已经成功做了建筑业包工头并且取得成功的亲朋、好友，或邻里、老乡等为后来的潜在的创业者提供了典型示范，从而不断地有身边的熟人通过做包工头实现发财致富，并通过买车、盖房、送小孩接受更好的教育等直观可见的形式表现出来，在普通建筑工人和农民心里埋下了难以抑制的创业冲动。尤其是持续不断的建筑业包工头创业成功，使其他潜在想要做包工头的普通农民

---

[1] DAVIS B, STECKLOV G, WINTERS P. Domestic and international migration from rural Mexico: disaggregating the effects of network structure and composition[J]. Population studies, 2002, 56(3):291-309, 431.

[2] 陈翊.移民行动对跨国空间社会网络的依赖:对浙南移民在欧洲族裔聚集区的考察[J].华侨华人历史研究,2015(3):44-54.

和建筑工人认为做包工头具有可复制性,成功率很高,而且提供了形象丰满的案例和模板,这是吸引他们创业做包工头的最直接诱惑力。

位于新洲区东南部的辛冲镇,总人口6万余人,建筑业从业人员高达3万多人,拥有包括"新六""新七""新八""新科""中振""中兴博""中袖""三星""新鹏莱""卓峰"等在内的十大建筑企业,其他建筑从业包工头更多,仅建筑行业年总产值就高达200多亿元,约占全镇各行业总产值的40%,素有"建筑之乡"与"鲁班镇"的美誉。建筑业成为辛冲镇居民脱贫致富的最重要行业之一,也是从业人数最多的行业。20世纪80年代至今,不断有普通农民和建筑工人创业做包工头,也不断有包工头成长为建筑企业负责人,甚至是更大的建筑集团公司领导。这些层出不穷的建筑业成功案例成为后来辛冲镇居民创业从事建筑行业的重要动力,刺激着那些想要创业和正在创业做包工头的普通农民与建筑工人产生属于自己创业的"成功想象"。

> "全镇一两万人都在干建筑,工人多得数不清,不说那些做得很大的建筑公司老总,就是做包工头的那也是比比皆是。那都是朋友、邻居、亲戚的,你看着他们都慢慢做大,发展得越来越好,放在你身上你心里是什么滋味?搁谁都沉不住气了。大家都想干,不止我一个。别人都能做成,那自己为什么不也试一试。你做成了,那你的生活从此也就大不一样了。再说了,有那么多朋友走在你前面,有什么困难是不能解决的呢?所以,这不是有没有胆量去做的问题,而是你愿不愿意去做的问题。有时候你看着别人都赚得比你多得多,你心里痒痒得很。那时候根本就不需要别人去刺激你、推你一把,你自己都想往上面赶。"
> (XBGONG20160826)

身边人的成功创业与生活上的巨大改善成为刺激后来者做包工头的原始动力。这是来自关系网络中的其他建筑业包工头和建筑企业家的群体性吸引力。除此之外,在建筑工地现场的劳动环境中,建筑工人基于自身劳动过程与包工头的直接比较,也是促使其产生创业冲动的重要因素。郑广怀等在关于制衣行业工人非正式就业与劳动控制的研究中就指出,老板与工人在工地现场"同吃同住同劳动"的生产组织方式具有示范效应,从而激起工人自己当老板的意愿。[①] 相比较一般行业,建筑业包工头与工人同吃同

---

① 郑广怀,孙慧,万向东.从"赶工游戏"到"老板游戏":非正式就业中的劳动控制[J].社会学研究,2015(3):170-195,245.

住的现象更加普遍。几乎绝大部分建筑业包工头在工程施工过程中都保持在建筑现场一线监督施工和进行安全检查等。有些建筑业包工头刚开始阶段,甚至亲自参与建筑施工劳动。这种亲身参与劳动过程的创业行为,给建筑工人带来切身的创业体验,使他们对建筑业包工头的创业行为和过程有更加直观的认识,因此也通常会对他们的创业动机产生较深的影响。

从上面包工头 G 的话中我们还可以看出,熟悉不仅意味着创业者能够从已创业者那里获得更直观的有关创业所需要的隐性知识经验与其他社会资本支持,更重要的是相互交织的关系网络、共享的价值观与生活场域,使得关于先前创业成功者的鲜活案例、不断提高的生活水平,以及与后创业者不断拉开差距的个人形象与社会地位,对后创业者形成了更直接的冲击。潜在的创业包工头可能接收到来自成功创业的包工头群体"成功"的压力。也就是说,关系网络在传递创业成功者的案例形象和经验信息外还可能产生对未创业者的压力,使其在一种"被迫"的情境下开始创业行为。这一点在有关跨国移民创业的研究中也曾得到说明。刘莹在对青田侨乡移民欧洲的网络与移民行为的研究中就指出,关系网络除了通过传播成功者的信息对想要移民的人形成诱惑力外,还可能对潜在移民者形成巨大的压迫力。尤其是在那些移民人口较多且较集中的侨乡内部,更是如此。持续不断地跨国移民形成了今天的青田侨乡。不过,这种持续不断的移民之所以可能,除了移民致富的诱惑力外,侨乡移民网络也给潜在移民者带来了极大的心理压力。在移民较为普遍的侨乡,出国、移民已经成为当地居民日常生活的重要部分。持续不断地移民,以及出国能够获得更好的工作机会,从而极大改善现有生活境遇,已然成为深植于侨乡居民内部的文化现象。这种移民文化对侨乡内部居民的出国迁移形成了一定的压迫动力。那些不愿意尝试出国移民的人甚至被认为是懒惰和不思进取的。

笔者调研的其中一位建筑工人慈某就表示,自己这些年因为没能创业做包工头,没少承受过来自关系网络中的熟人以及邻居等的话语压力。慈某起初做建筑工人时,与本村几个老乡一起进入的建筑队做泥瓦工。一起工作了 3 年后,4 位老乡中的 3 位离开了包工队到其他包工队去做事,后来,离开的 3 人中,有 2 人合伙组建了一个自己的大工班组。几年下来,他们比以往纯做建筑工时收入有了极大提高。两人也曾召唤慈某到他们的班组去做大工。但慈某出于在当时的建筑工地做得不错,且受包工头的重视的原因,未接受邀请。此后,那二人发展越来越好,10 年间也都发展到了几十万身家。这在 20 世纪初的中国农村算是顶级富裕的收入水平了。眼看身边一起出来打工的老乡不断发展壮大,依然做着普通泥瓦大工的慈某心理日渐焦虑,来自家庭内部和邻里老乡的讨论与"闲话"也给其带来了极大的心理压力。

"自己心里也很不是滋味。他们跟我一起出来打工,现在做起了老板,而我自己还是最普通的建筑工。以前见了面是什么都说,因为是一个村的嘛。现在见了面自己感觉也变了,我不知道他们是怎么看我的,但从自己的角度想还是有点尴尬。虽然他们常年在工地,平时见面的时候也少。不过,你能很明显地感觉到其他人也有话说。有几次在村里清闲和其他邻居、朋友聊闲天的时候,别人都问过我'做了这么长时间建筑,怎么不也做包工去,那个多赚钱'这样的话。当时心里就有点虚的那种,就是不好意思,觉得没面子。他们虽然没明说,但给你感觉就是不好。在家里有时候自己家人谈到身边的人做包工赚了钱的时候,也会不经意提到曾经我和别人一起做建筑的事情。家里人当然不是看不起自己,但那种期盼还是有的。但是我的看法是,包工做生意这也不是谁都能干的。有的人有头脑,是那块料,能干得好。我不擅长那我就没法干。做个一般的建筑工人可以,出力气简单嘛。那包工你得有关系和头脑。想到这里有时候也就没那么在意了。"(XBCI20160729)

虽然说"提高经济收入、改善生活水平"几乎是所有人创业做老板的最直接动机,但这并没有揭示一般创业的动力机制。除了"不甘受制于人""争强好胜""喜欢闯荡"等个体缘由外①,外部环境的结构性缘由主要受到关系网络的影响,具体来说是受到建筑业包工头"内核关系网络"的驱动。从本书的研究对象建筑业包工头的创业过程来看,关系网络的诱惑驱动与来自关系网络内部的"受迫压力"是普通建筑工人、农民等创业做包工头的二重动力机制(如图 5-1 所示),是典型示范作用下建筑业包工头"成功想象"以及关系网络对建筑业包工头创业动机形成所起作用和影响的具体、内在的逻辑。

---

① 关于创业动机的个体动力来源,对普通工人创业个人动机的调查研究显示,因"原来的工作无法体现和发挥自己的能力"而创业的占 19.5%。而"为了个人理想和抱负"的原因创业的占 58.2%。具体研究参见:王延荣:创业动力及其机制分析[J],中国流通经济,2004(7):50-53.

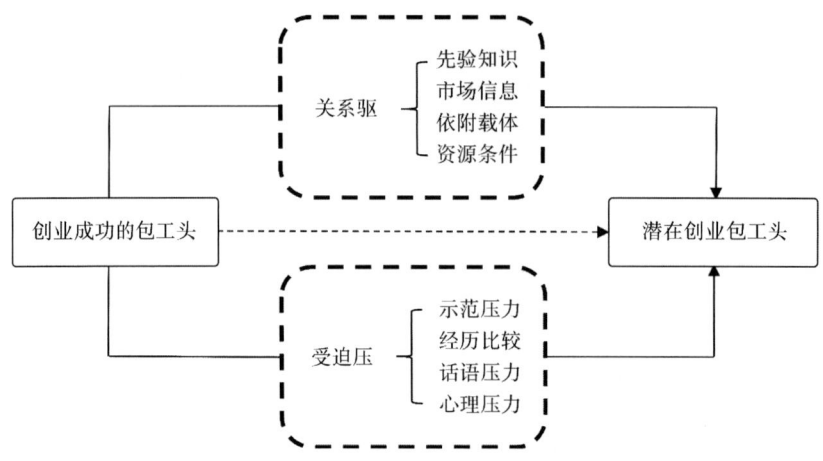

图 5-1　包工头创业过程中的关系驱动原理

二、"关系共振"与差别化动员策略

包工头创业绝不是个体行为。在关系网络中,尤其是在农村,创业做老板被视为是家族或关系网络中的"大事",不仅需要通过多轮、多人商讨完成最终决策,创业也需要家庭和关系网络内多人协同参与,尤其需要关系网络中的很多人提供帮助。在笔者看来,包工头创业过程中关系网络中不同主体的充分动员与资源调动就像是"被风吹动的蜘蛛网在震动",多主体的共同参与和网络中不同资源的充分调动,呈现出"关系共振"的特点。

"关系共振"包含两个维度:一是包工头创业会主动向关系网络中的其他个体广泛求助,从而使关系网络中的大部分主体都得到动员,资源也得到调动;二是关系网络中的其他主体会普遍得知包工头的创业行动,从或主动或被动地给予不同程度的支持或参与某些话题讨论。创业因其不同寻常且不常见,在农村被认为是"大事"而广受关注,而且在相对封闭的网络内,信息的传播也较快。因此,在包工头向内核关系网络中的个体寻求社会支持前,关系网络已经得到充分反映。

> "在农村,种地是平常的事,打工这些年也越来越普遍,但做生意这种事还是少得很,相比较这是大事。一听说谁家去城里做什么生意去了,大家或公开或私下里都会议论。议论他做什么生意了,怎么想起来做这行,是不是在哪里学的,做得怎么样,现在生意好做吗?这些都会聊。村子就这么大,一般谁做什么生意去了、创业干什么了大家都清楚。"(XF120160802)

虽然做包工头在农村也被认为是一种创业行为,且受到广泛关注,但并不是所有内核关系网络中的个体都能够在包工头需要社会支持时主动提供帮助。大部分人可能持观望态度,而只是参与话题讨论而被动提供支持。所谓被动的支持,一般发生在包工头创业准备期和创业初期。这一阶段包工头创业充满不确定性,即便是在内核关系网络中,许多主体也多持观望态度。除非包工头主动寻求帮助和那些关系非常紧密的个体,如亲人等,一般较少主动给包工头提供支持。但在包工头市场嵌入中后期,发展到一定规模且市场嵌入较为稳定时,包工头一旦需要关系网络的支持,比如通过内核关系网络招聘建筑工人,则会有不少人主动来询。关系网络无法提供主动支持,就需要包工头向这些个体主动寻求帮助。

根据关系网络类型——"内核关系网络"与"外围关系网络"——的不同,包工头在寻求帮助时使用不同的"找关系"策略,从而充分调动网络中的社会资本,实现自己的创业准备与市场嵌入。如表5-1所示,内核关系网络是一种情感型关系网络,网络中的主体包括亲戚、老乡、朋友等,根据包工头与不同主体的熟悉程度和情感的强弱,找关系的策略表现为两种形式:一是透支情感型策略;二是透支情感与交换各取所需策略。所谓透支情感型策略指的是包工头与求助的主体关系熟悉、情感强度较强,且互动频率较高,求助者通过口头求助的方式,透支与该主体的强感情,获得资金、人力、物力或关系等支持。透支情感型的"找关系"行动一般不需要包工头当场立即给予被求助者一定的补偿,而是"记下"人情债,在未来有能力偿还时偿还。而对于那些与包工头关系程度相对较低、互动频率不那么高,且情感强度不如亲戚关系等的主体,比如老乡等,在向这些内核关系网络中的主体求助时,包工头首先需要激活与这些主体的关系联结。其次,求助过程中不仅需要透支与个体的情感,而且要给予求助对方一定的补偿或交换各取所需,以达到求助的目的。由于与这类主体的关系强度相对较弱[①],因此可透支的情感有限,仅仅通过透支情感无法保证获得某种支持。此时通常需要包工头提供一些可交换的东西,比如给对方送礼;向对方许诺可以给对方的亲朋好友在自己的包工队伍中优先提供相对舒适的工作机会;给予对方资金或其他形式合伙入股创业机会,创业不成如数退还,成功则自愿继续参与或退出等。通过这些可交换的利益与情感透支相结合的方式,实现对内核关系网络中不同类型主体的充分动员以及资源的充分调动。

[①] 这里的关系强度较弱是在一种相对的意义上进行说明的,比较而言,内核关系网络中关系熟悉程度和情感强度总体上要高于外围关系网络。

表 5-1　内核关系网络"找关系"策略

关系网络类型		行动策略
		"找关系"的策略
内核关系网络	强情感	透支情感
	弱情感	透支情感+交换各取所需

向"外围关系网络"的求助和"找关系"策略与"内核关系网络"不同。上文中我们已经指出,"外围关系网络"主要指的是那些包工头并不认识的陌生人或市场上的交易主体等。这些人无论在情感强度上、关系熟悉上、互动频率上都比"内核关系网络"中的个体要差。不过,正如我们上文提出的"陌生关系有熟悉化的可能和倾向",这里我们要强调的是,在包工头市场嵌入的过程中,即便是市场交易关系,也有发展为私人关系的可能。因此,"外围关系网络"中的"找关系"策略同样表现出"透支情感"与"交换各取所需"相结合的特点。如表 5-2 所示,我们将外围市场关系分为"长期稳定交易关系"和"单次/非固定交易关系"两种类型。在长期稳定交易关系中,市场交易关系发展出一定程度的私人感情。因此,包工头的"找关系"策略表现为透支情感与交换各取所需相结合的特点。比如在挂靠建筑公司时,要与其他包工头竞争建筑项目,包工头有可能采取向熟悉的建筑公司工作人员或领导强调、突出私人感情(包括突出包工头自己与求助人的情感以及通过其他熟悉者的中介溯源突出与求助者的情感两种形式),同时通过给对方送礼、交换市场信息和关系、保证给予其他形式的回报等形式争取获得相应的资源或项目。而所谓单次或非固定交易关系,指的是那些与建筑业包工头有过市场交易与合作,但彼此并不熟悉或没有私人感情,但通过互留联系方式有所联系。在向这些市场主体求助时,包工头一般需要通过送礼等形式首先激活与这些市场主体的关系,比如子女上学时送超大的"贺喜红包"、婚丧嫁娶的"小意思"、逢年过节的"拜年礼物"、"赞助"个人活动、"请客吃饭"、"付回扣"、"搓麻将"故意输钱、送银行卡、送购物卡等。在激活关系后,包工头通常还要向对方提供等价或超额的交换物,以获得自己想要的资源或市场机会。

表 5-2　"外围关系网络"中包工头的"找关系"策略

关系网络类型		行动策略
		"找关系"的策略
外围关系网络	长期稳定交易关系	透支情感+交换各取所需
	单次/非固定交易关系	交换各取所需

相比较"找关系"过程中可以通过透支感情来达到目的,交换各取所需会使包工头处于相对更为被动的位置。在激活不常使用和不那么熟悉的关系时和动员这些关系主体时,包工头不仅要请客送礼,同时也要解决关系主体的生活或许多其他方面的需求。当然,在讨论情感透支型"找关系"的策略时,我们还只是在一种包工头与被求助者双方关系对称性的角度来进行分析的。所谓对称性,即关系双方的主体对彼此间的关系属性及其内涵有共同的认识和定位。但现实中,关系两端的主体对各自对关系的认识和定位并不总是对称的。在"外围关系网络"中,关系的不对称性表现得最为普通和常见。即便在"内核关系网络"中,不同主体间的情感强度较高,关系也未必总是对称的。在韦伯看来,"关系的客体性对称只有当它对双方的意义都一样时才存在,社会关系由于被赋予不同的意义而客体性地不对称"。[①]"一般来说,影响和决定关系客体不对称性的主要原因是关系两端的主体身份差异以及所占有的社会资源的差异"如"外围关系网络"中,包工头向有关系和有资源的开发商、发包方(建筑公司、劳务公司等)找关系寻求劳务分包合作时,即便是长期稳定交易的市场关系,甚至是双方发展出了一定私人关系,但由于包工头与发包方之间掌握资源量的不同,双方的关系是非对称的。这也是为什么包工头在激活这些关系时需要付出较大代价的原因。

关系的客体对称性并不总是稳定不变的。除了手中掌握的资源有可能发生变化而影响关系的对称性外,在有些特定情境下,关系的客体对称性也有可能发生变化。比如,当关系双方中的一方对对方有强烈需求和迫切要求对方帮助时,求助的一方行动者就可能处于相对弱势的地位,关系的客体对称性就有可能向着对被求助者有利的方向而发生变化。此时,双方关系中的被求助者就有可能或者说有立场向求助的行动者要求更多的回报,求助者也需要付出相对更多的情感透支代价或给予更多的可交换价值。比如包工头在向"内核关系网络"中的老乡等求助时,即便是平时关系较为熟悉的,在对方有要求时也都尽量满足其需求。那些家中有闲置劳动力需要工作机会的,包工头除了许诺他们进入自己的包工队工作外,还经常会安排他们在相对较轻松或收入相对较高的工作位置,也有的在发工资时会额外支付比其他工人更多的隐性工资和奖励等。

[①] WEBER M. Economic and society[M]. Berkeley: University of California Press, 1978: 45-61.

第二节 创业过程中"关系"的作用特征

关系虽然是建筑业包工头实现创业的内在逻辑,但关系发生作用的形式并不是一成不变的,关系在包工头创业不同阶段所起的作用以及包工头对关系网络的使用策略也不尽然是相同的。因此,我们有必要厘清在包工头创业的过程中,关系的作用及其作用形式到底发生了哪些变化。只有如此,我们才能更深刻、具体地理解关系对于农民工群体创业的作用。不仅如此,关系在不同阶段发生作用的环境和条件也不同,在不同的环境、条件下,关系有所为,也有所不为。

一、"关系"的补偿性:理解"关系"在创业中的作用

要解释"关系"对于中国人日常生活与行动的重要性,就必须要弄清楚中国人在日常生活与行动中为什么必须利用关系,以及不利用关系,可能造成怎样的后果,是否可能无法达成行动的目标。换句话说,要理解中国人日常生活与实践行动中的"关系偏好",必须区分两种可能性,那就是行动者在实践行动中普遍倾向于运用关系的原因究竟是处于某种习惯或"偏好",还是除了关系外,他们所能用以达到自己行动目的的手段和途径少之又少?只有弄清楚这个问题,我们才能真正地辨别出,关系之所以重要,究竟是源于文化传统的惯性使然,还是由于当下的制度与市场等的不完善,使个人的行动无法在常规模式和情境下实现目标达成。

市场经济本身是不完善的经济,对于我们这样一个处于市场转型和深化过程中的制度环境来说,市场的非均质、信息非对称性和盲目性等缺陷相对更为突出。在劳动力市场中,信息的传播在求职者和雇佣者之间的流通是不对称的。雇主对于工作信息有足够、确定的掌握,但对于求职者的信息却无法获得全面的了解。同样的,求职者对于自身特长和职业技能等的信息有完全的了解,但对相关职业岗位的信息及其可靠性却无法获得直观、全面的了解。雇主与求职者之间也缺乏信息交流和沟通的渠道。"在信息不对称的劳动力市场中,劳动力的配置很难做到职遇其人,无序流动和自愿失业是不可避免的"。[①]

对于我们研究的对象来说,作为从农村走出和成长起来的建筑业包工头,他们生长于乡村,他们的经验和知识库主要来自传统农村社会的长久生

---

① 边燕杰,张文宏.经济体制、社会网络与职业流动[J].中国社会科学,2001(2):77-89,206.

活,尤其在人际交往方面,他们文化程度普遍不高,缺乏职业与经营训练。因此,我们才在报纸上可以看到类似这样的报道:"在广州一些非法职介点档趁着大批农民工南下之际,疯狂骗取求职者钱财;在天平架、天河火车站一带,乱贴招工广告情况严重。一名骑着自行车正四处张贴招工广告的男子被截获,监察人员马上根据广告提供的企业和联系电话进行核实,发现全是虚假信息"。① 市场的盲目性缺陷导致农村外出人口在市场镶嵌过程中需要从既有经验和知识库中寻求自我保护。通过建立关系网络,以传统的信任方式寻找传统社会中没有的职业。②

实际上,"关系"对于劳动力市场中个体的庇护与支撑在早期社会中就已经存在。在我国工会尚未发展成形的早期社会,劳动工人之间就已经存在一种非正式的组合,称为"帮"。"帮"大都是建立在共同的地缘和业缘基础上的非正式团体,其主要作用有二:一是以"帮"为载体,团结具有共同地缘背景的人,在同一行业内互助共济,以抵抗外部风险;二是通过组织化的力量,为同乡人提供求职信息,并谋求同乡人职业发展,实现共同的社会流动③。工人性质的"帮""会"等非正式组织将分散的工人基于共同的地缘等纽带组织起来,"帮""会"因此被打上了明显的地方和职业烙印,如早期上海、浙江的金融帮会,苏南的航运与丝绸帮会等。④

"关系"的上述作用是在制度和结构存在缺陷的情况下表现出来的。在制度不完全健全的环境下,人情关系的运用不仅可以降低交易成本,还能为个体提供制度外的非正式庇护,恰恰体现出"关系"存在的合理性和必要性。⑤ 刘世定对"关系合同"的发现及其讨论正是对缺陷制度环境中"关系"合理性与必要性的印证⑥。市场的信息不对称、个人的有限理性与机会主义的存在,导致合同的签订存在潜在较高的风险成本。而"关系"的引入则为合同签订提供了事后支持与保障。

从以上讨论来看,在制度存在明显缺陷或削弱的情况下,制度中规范以外因素作用的自由度就会增大。而"关系"也可以视为在存在缺陷的市场与

---

① 李强.转型时期的中国社会分层结构[M].齐齐哈尔:黑龙江人民出版社,2002:132.
② 翟学伟.社会流动与关系信任:也论关系强度与农民工的求职策略[J].社会学研究,2003(1):1-11.
③ 邱培豪.上海市内劳资纠纷的几个实际问题[C]//上海特别市政府社会局.上海特别市十七年罢工统计报告.上海:大东书局,1929.
④ BRYNA G. Native place, city, and nation: regional networks and identities in Shanghai, 1853—1937. Berkeley: University of California Press, 1995: 9.
⑤ LOVETT S, SIMMONS L C, KALI R. Guanxi versus the market: ethics and efficiency[J]. Journal of international business studies, 1999, 30(2): 231-247.
⑥ 刘世定.嵌入性与关系合同[J].社会学研究,1999(4):77-90.

制度中起作用的因素。至少在劳动力市场中,"关系"可以起到弥补信息不对称和强化市场交易双方责任与义务的作用。当然,制度外因素起作用的情况虽然存在,但对于社会中不同群体来说,也是存在差异的。对于拥有足够权力和社会资源的人来说,通过权力运作与资源已经足够弥补市场缺陷给个体行动者带来的麻烦与风险。以劳动力市场中求职与创业为例,拥有足够社会资本和权力的人,其求职与创业的途径就更多地表现为通过正式制度和市场交换获得工作和职业向上流动。而那些处于社会底层的群体,其求职与创业则更多地表现为非常规性途径。即通过"关系"寻找工作,并获得职业流动。① 自我国市场经济改革以来,社会关系泛经济化和个体的主体化已经成为市场经济环境下社会关系变化的基本趋势。前者使市场交换关系超出了经济活动的界限,而广泛地渗透到社会生活的各个领域。而由于处于转型阶段,市场本身的发展尚不完善,个体的主体化无法完全支撑个体对市场的镶嵌,因此,个体间基于不同性质的关系所形成的对市场的网络式共同镶嵌就成为现阶段我国个体进入市场的一个重要特点。

因此,不妨将"关系"视为是支撑农民工求职与创业的一种替代性因素或者一种补偿性资本。对于农民工群体而言,对"关系"的使用或许并不是出于某种固执的偏好,而是在社会资源的制度可得性与市场可得性存在严重不公平的情况下,市场的自由流动资源和个人自由流动的空间虽然空前提高,但农民工群体社会资本的匮乏导致其参与市场交换的能力明显不足。需要"关系"参与市场交换,以获取个人求职与创业所必需的资源。当然,我们也不应忽视关系文化延续的作用。在制度与市场存在缺陷的情况下,关系的补偿性作用之所以能够实现,也得益于关系文化为人们实践行动中关系的使用提供了心理和文化基础。应该说,"关系"作为个人求职与创业的一种补偿性机制,有助于我们综合理解"关系偏好"的文化、制度—结构和工具理性解释。

出身农村的建筑工人,在创业过程中,从建筑工人到包工头的身份转型与求职、创业,"关系"同样起到了重要作用。在包工头创业准备、初期生存和市场嵌入过程中,"关系"的运用,尤其是初级关系成为其创业身份转型的重要资本。出身农村熟人网络、建筑市场本身的制度不完善等都为"关系"起作用奠定了基础,提供了作用空间。

二、"关系"效能的持续性

一直以来,对关系创业的研究主要有两个结论:一是关系在创业过程中

---

① 吴愈晓.社会关系、初职获得方式与职业流动[J].社会学研究,2011(5):128-152,224-225.

起到了帮助创业者识别创业机会和资源集聚的作用,包括先验经验的学习、信息的传递、市场机会的把握等,关系都起到了重要作用。一般认为,拥有社会关系网络比较丰富的个体创业与单独行动的个体创业者在机会识别和创业成功上有显著的差异[①]。二是研究发现,随着创业过程的推进和创业处于不同的发展阶段,关系网络的建构及其特点会有所不同,而关系网络对创业的影响和作用也不同[②]。关系对于创业的作用并不总是持续的,其效能在大多数情况下是边际递减的,即随着创业者市场嵌入的深入以及发展逐步步入正轨,关系有可能导致创业认知偏差和限制企业创新,从而使企业陷入"关系的盘丝洞"而导致企业绩效的降低和持续增长困境。任胜刚等研究发现,从创业机会开发到企业成长阶段,强联系的作用程度逐渐降低,弱联系的作用程度逐渐增强;在创业机会开发阶段,强联系通过情感信任的中介作用发挥对创业绩效的影响。[③] 龙静从网络异质性和中心性的角度研究认为,在创业初期,关系网络的异质性对新创企业绩效的影响要大于关系网络强度和中心性。[④] 在新创企业在成长阶段,关系网络的中心性的重要性和作用则会凸显。而在成熟阶段,关系网络的强度可能会对企业绩效有负影响。对此,科力沃等从企业生命周期的角度分析指出,初始关系与创业绩效之间的关系呈现倒 U 形曲线的特点。[⑤] 随着创业过程和阶段的推进,初始关系的作用将逐渐表现为边际递减。这一特征在家族式创业、地缘性集群创业与移民创业与市场嵌入过程中表现得尤为明显。

在家族创业过程中,很多创业者都面临着"家族情感关系逻辑"和"企业能力逻辑"之间的冲突,并且缺乏处理这种冲突的有效机制而使自身创业及企业陷入了成长困境。[⑥] 而从家族企业传承与可持续发展的角度看,"关系"作用的限制性主要表现为,家族企业的资源与权力分配以及决策主要掌握在"自家人"手中,从而弱化了家族企业的组织和制度理性,影响了家族企

---

① SOH P-H. The role of networking alliances in information acquisition and its implications for new product performance[J]. Journal of business venturing,2003,18(6):727-744.

② SIU W,BAO Q. Network strategies of Chinese high-technology firms: a qualitative study [J]. Journal of product innovation management,2008,25(1):79-102.

③ 任胜钢,彭宇柯,赵天宇.关系社会资本的交互效应对新创企业发展绩效影响的纵向案例研究[J].管理学报,2015,12(10):1429.

④ 龙静.创业关系网络与新创企业绩效:基于创业发展阶段的分析[J].经济管理,2016(5):11.

⑤ KLYVER K,HINDLE K,MEYER D. Influence of social network structure on entrepreneurship participation: a study of 20 national cultures[J]. International entrepreneurship and management journal,2008,4(3):331-347.

⑥ 代吉林,张支南.家族企业成长困境与解决机制探析:基于家族逻辑和企业逻辑视角[J].外国经济与管理,2010(11):8.

业的代际传承和扩展。①

地缘性集群创业主要指的是来自同一地区的具有先天地缘关系的人从事同一个行业,后来者创业具有明显的关系创业的特征,比如新化打印业在全国的盛行就是基于关系网络的创业。不过,谭同学的研究指出,亲缘、地缘与市场等关系在新化人创业过程中的互嵌,虽然极大缩短了新化人的创业过程和周期,并且通过形成基于关系网络的产业链条而完成对打印行业的垄断,但关系网络的持续作用却容易使新化打印行业的发展陷入内卷化的困境。② 主要原因在于,熟悉而又充满温情的亲缘和地缘关系与陌生冰冷的市场关系之间始终存在张力。当张力达到一定程度,亲缘与地缘等关系的温情面纱便会被冰冷的市场关系所侵蚀而完全被撕下③。

在移民与族裔经济研究中同样发现了关系作用边际递减的现象。研究认为,移民创业企业绩效相对较低且缺乏可持续性。④ 主要原因在于,除了移民创业主要集中于门槛较低的传统行业以及移民群体内部市场较小外,移民创业无法通过内部关系网络获得企业持续发展所需要的动力与资源。对拉美和亚裔移民创业的研究都发现,社区移民参与度较高的移民创业企业的绩效要明显低于社区移民参与度较低的企业。且高移民参与度的创业企业满意度和现金流都较低。正是这一点解释了移民创业企业为何缺乏持续发展的动力。张一力等对意大利温州移民创业的研究也指出了类似的移民创业企业发展困境问题。他们发现,文化与关系嵌入虽然能够推动创业企业开发式创新,但进入持续创业期后,过高的关系嵌入有可能限制移民创业者的创新决策)。⑤ 在移民创业企业发展后期,很多集群创业者开始分离单干。

"聘的人也多,招的人也多,后来觉得没什么意思了,2010年兄妹几个分开,一个人一个企业,一个个自己搞。你赚你的钱,我赚我的钱,只能说这样子。"⑤

---

① 杨光飞.关系嵌入和华人家族企业的制度演进:解析华人家族企业内部治理的一个视角[J].现代管理科学,2009(10):89-91.
② 谭同学.亲缘、地缘与市场的互嵌:社会经济视角下的新化数码快印业研究[J].开放时代,2012(6):69-81.
③ 马克思.1844年经济学哲学手稿[M].北京:人民出版社,2000:144-146.
④ SEQUEIRA J M, RASHEED A A. Start-up and growth of immigrant small business: the impact of social and human capital[J]. Journal of developmental entrepreneurship, 2006,11(4):357-375.
⑤ 张一力,张敏.海外移民创业如何持续:来自意大利温州移民的案例研究[J].社会学研究,2015(4):25.

移民经济是典型的族裔经济形式。在移民聚居区内,越来越多的移民借助关系网络的帮助开办企业。众多类型相近、模式相似的移民创业,严重挤压了空间有限的族裔聚居区市场,产生了高度的市场饱和,市场过密与过度竞争无法避免。[①] 不仅如此,基于关系网络进行的高度路径依赖的移民创业导致了关系的过度嵌入。一旦关系依赖过于严重,创业者就很难有能力突破内部关系市场去拓展和适应新的市场环境。这就降低了移民创业者按照自身愿望和外部交往开展新业务的能力。[②]

从以往对关系创业的研究结果来看,关系型创业之所以存在边际效用递减的问题,主要原因表现在四个方面:一是那些创业企业的持续发展和增长对企业组织、管理和创新性的要求较高,而关系网络的封闭性限制了上述要求,从而导致了关系作用递减或起到负面作用;二是在有些关系型创业(如移民和族裔经济形式等)过程中,企业集群程度较高,在有限的移民族裔聚居区市场范围内,同类企业的高度集聚导致了市场的过密化和过度的市场竞争。在关系网络保护和支持下的移民创业者丧失了开拓进一步广阔市场的能力,导致企业持续发展陷入困境。三是因为创业者的"初始关系"绝大多数来源于身边的亲戚、老乡、好友、同事等强关系主体。强关系本身具有一定程度的同质性和封闭性,缺乏市场关系等弱关系所具有的异质性和信息传递开放性优势,而这些后者恰恰是创业者市场嵌入和企业创新所必需的要素。最后,"初始关系"作用在创业发展到一定时期作用受限,也和创业者无法有效解决"关系逻辑"与"市场逻辑"之间的张力有关。实际上,这两者之间并不是截然对立和矛盾的。在一定条件下,两者之间张力的调和可能对创业市场嵌入和市场交易关系起到积极的促进和协调作用。[③] 从本书所研究的建筑业包工头的创业过程来看,关系在其创业过程中的作用就是持续性的。其原因主要有以下四方面:

首先,建筑行业是劳动密集型产业,标准化程度和机械化程度相对不高,对创新的要求程度较低。因此,关系限制企业创新而导致企业持续发展困难的问题在建筑业包工头创业过程中并不存在。建筑行业门槛低,技术化程度要求不高,这既是许多建筑业工人和普通农民能够迅速实现创业并取得创业成功的基础条件,也使建筑业包工头的发展不会像一般商业创业

---

① WALDINGER R, HOWARD A, ROBIN W, et al. Ethnic entrepreneurs: immigrant business in industrial societies[M]. Newbury Park: Sage Publications,1990.

② HITE J M, HESTERLY W S. The evolution of firm networks: from emergence to early growth of the firm[J]. Strategic management journal,2001,22(3):275-286.

③ 威廉姆森.资本主义经济制度[M].段毅才,王伟,译.北京:商务出版社,2002:92-116.

那样因创新动力枯竭而使企业发展陷入困境。

其次,本书的研究对象建筑业包工头虽然同样来自同一个地区,基于先天亲缘与地缘等关系而相互联结,但不同包工头的创业地点并不集中于同一地区。不仅如此,由于建筑行业工程周期短,流动性大,包工头多以非建制零散包工头为主,因此并没有固定的市场门面,而总是流动分散于省内不同地区城市。所以,建筑业包工头也不存在族裔经济那种集群创业模式的市场饱和与过密化问题。调研过程中,包工头虽然主要来自新洲区,地缘性集中程度较高,但包工头做工程的地点却并不限制于某一个地区。虽然大部分被调查的包工头工作地点主要集中在湖北省内(80.7%),但却分散在武汉市、襄阳市、鄂州、宜昌、新洲等多个地区。有的包工头还经常跟随所挂靠的建筑公司和劳务公司到其他省份承包建筑工程。除了工作地点较分散而避免了关系竞争与市场饱和外,建筑行业分工细致,有多达13个建筑工种,且一个建筑工程的施工建设同时需要多个建筑工种协同作业,也使得建筑行业的市场包容度较高,从而给关系网络中的不同建筑业包工头共同生存提供了市场空间。

再次,建筑业包工头在工程施工过程中主要负责工人的组织、管理和工程施工流动的控制。包工头的生存主要靠从建筑市场分包工程项目。决策过程并不复杂,且不受关系网络的影响和限制。在大工地上,虽然有的小包工头依附于大包工头而存在,小包工头虽然并不参与分包决策。关系网络的存在并没有影响决策效率,反而建筑行业的协同作业需要不同工种的小包工头、工长等与大包工头形成统一合力,关系的熟悉性反而有助于包工头之间达成协同作业的统一意见,便于不同工种之间的配合与调度。

最后,建筑业包工头的裙带依附关系网络并没有限制小包工头的发展。上文已经分析指出,小包工头自内核关系网络向外围关系网络的拓展和独立自主的市场嵌入并不受裙带关系的制约,反而包工头之间的裙带关系能够通过中介作用帮助小包工头拓展自己的外围市场关系,实现深度的市场嵌入。

总的来说,关系对建筑业包工头的创业准备与市场嵌入具有积极作用。尤其是作为农民工群体的建筑业工人和普通农民,在缺乏社会资本和在存在严重缺陷和漏洞的制度与市场机制背景下,关系是其创业成功必要的补偿性机制。同时,关系对于建筑业包工头的创业的作用是持续性的,而不像对于一般商业创业那样是边际效用递减的。

三、"关系"作用的阶段性

中国人的关系建设是一个动态、开放的过程,也是生产和再生产的连续过程。关系在建构和再生产的连续过程中的不同阶段,也具有不同的作用。关系虽然在建筑业包工头创业不同阶段具有持续性作用,但在其创业准备、市场依附与独立深入市场嵌入的各个阶段,关系的作用及其起作用的形式却是不一样的。也就是说,关系的作用具有阶段性差异的特征。具体来说,关系作用的阶段性主要表现在以下几个方面:

第一,在建筑业包工头创业准备期,由于其社会资本不足,关系主要为建筑业包工头提供必要的社会资本支持。这些社会资本包括创业准备期必要的资金、人力资源、先验知识和经验等。这一时期,关系的作用主要是被动的,即这些社会资本的支持是通过创业包工头向自己的内核关系网络主动求助获得的,而不是关系网络主动提供的帮助。

第二,在建筑业包工头进入市场和市场依附时期,由于缺乏必要的关系资本和市场能力不足,小包工头无法从建筑业市场中以独立市场身份获得建筑项目,不得不选择依附在大包工头下生存或挂靠在建筑公司下面。此时,关系主要起到中介的作用,即通过内核关系网络中熟悉的包工头和其他人的介绍或中介,认识建筑公司完成挂靠,或依附在大包工头下面实现依附生存。这一时期,关系为小包工头的生存提供了市场机会,但关系之所以起作用,仍然主要是通过包工头本人的主动求助实现的。

第三,随着建筑业包工头创业进入正轨,发展规模逐渐增大,包工头的市场能力也有所提升。当依附关系配额无法满足包工头的市场承包能力时,小包工头开始寻求向外围市场关系的拓展,即开始自立门户,进行独立深入的市场嵌入。此时,关系网络主要起关系中介的作用。通过熟悉的包工头,创业小包工头得以认识更多的建筑业市场主体,包括开发商、包发方和其他建筑业包工头等。小包工头也得以获得更多的市场份额。这一阶段是建筑业包工头持续稳定发展的阶段,关系起到了关系中介和提供其他社会资本(如资金、人力资源等)支持的作用。这一时期,关系的作用既有主动性的一面,也有被动性的一面。一方面,包工头为拓展关系网络,需要向内核关系网络中熟悉的包工头主动"找关系",关系的作用是被动的。另一方面,由于创业包工头的发展初具规模,也积累了一定的社会资本,其他的创业包工头或普通建筑工人可能会慕名求助。比如,创业包工头来寻求依附,内核关系网络中闲置无业的老乡等寻求工作机会等,此时主要表现为关系主动"来找"包工头。

第四,建筑业市场本身是存在严重缺陷的,尤其是以劳务分包制为基础的制度存在诸多漏洞,使得包工头和建筑工人等利益受损。深度市场嵌入时期,为了应对市场机制失灵和制度缺陷,包工头不得不以自己的方式来建构新的市场秩序,比如通过陌生关系熟悉化调节建筑市场中不同包工头之间以及包工头与发包方之间的关系,重新塑造新的具有弹性化的建筑业金字塔利益关系。在此阶段,内核关系网络中的包工头通过将外围市场关系带入内核关系网络实现陌生关系的熟悉化和市场秩序的建构。包工头之间基于关系网络寻求主动的合作与松散联盟,关系的作用具有主动性的一面。

四、"关系捆绑"与创业者的自主性

一般来说,在关系网络中,尤其是在关系较为紧密的关系网络中,人与人之间的联系更经常地基于情感而不是利益,因此,为了维持关系的稳定性和持续性,个体会选择主动压抑那些对双方关系发展不利的某些方面,比如性格差异、利益计较等,从而导致关系对行动者形成某种"捆绑"。这种关系捆绑虽然对行动者个性的张扬有一定的抑制性,但对关系的发展却是有利的。捆绑型的关系催生了感情关系的建立和信任的不证自明。这不仅对建筑业包工头的创业是有利的,对包工头外围关系的拓展以及市场交易来说也是极为重要的。

对于包工头的创业来说,内核关系网络本身的关系紧密性以及捆绑性,有助于帮助包工头创业成功。这一点从建筑业大包工头通常倾向于选择熟悉的小包工头进行合作就可见一斑。来自同一个地域,具有相互交织的关系网络和共同的文化背景,使包工头在创业过程中能够更经常地表现出合作和相互帮助,而不是恶性的竞争。一些移民研究也表明,共同的文化背景能够强化移民者的归属感和相互认同,并且在移民过程中相互帮助。"不管是英国人、阿尔巴尼亚人还是蒙古人,他们到达一个风俗习惯和语言与其母国完全不一样的国家后,通常会增强对其本民族文化和身份的认知意识。"巴苏则进一步指出,"文化因素特别适合解释亚洲裔移民喜欢自我创业的原因,亚洲人在内的许多移民群体重视大家庭的作用,可以帮助移民获得创业资金、劳动力和指导意见"。①

同样来自新洲区的建筑业包工头,在建筑业市场中更容易相互合作和形成市场联盟,并提供彼此项目担保和资金支持。关系捆绑在这之中起到了重要作用。它使包工头之间能够主动避免恶性竞争,并在必要时相互结盟以应对市场风险和个人能力、资质不足等问题。不仅如此,来自同一地区基于内核关系网络形成的包工头群体,在建筑业市场中还容易形成规模化效应,形成某种地区品牌,为网络中的包工头生存和发展提供无形的文化资

---

① BASU A. An exploration of entrepreneurial activity among Asian small businesses in Britain[J]. Small business economics,1998,10(4):313-326.

本支持。比如,新洲地区建筑业包工头较为集中,建筑产业总产值较高,辛冲镇等更是具有"鲁班镇"的美誉。因此,新洲地区的建筑业从业人员普遍具有一定的市场影响。新洲建筑人也被认为是"有信誉和质量有保证的"。这种基于关系网络形成的文化品牌效应,无疑为建筑从业人员,尤其是外出从事建筑行业的包工头做了品牌广告。

当然,关系捆绑并不意味着关系网络内的包工头缺乏自主性。即便是在基于情感而生发的关系网络中,个人也仍然能够保持理性选择的一面。在创业和经济行动中尤其如此。关系的情感因素并不排斥、抹杀个体理性及其选择的自主性。以建筑业包工头由单一依附到多元依附,再到自立门户独立的市场嵌入过程来说,包工头就并未受到内核关系网络的捆绑和束缚。在关系份额有限的情况下,包工头不会因"关系好"或"感情深抹不开面子"而将自己置于停滞发展不前的境地。主动寻求依附的多元性与自立门户,就表现出了包工头理性选择和自主性的一面。当然,我们也看到,在市场交易过程中,关系熟悉的包工头之间往往并不会因一些小的利益而斤斤计较,也不会因关系紧密和感情好而放弃市场原则。比如在工程款结算时大包工头与小包工头不会因工程款结算是否及时而"红脸",也不会像一般的建筑公司验收工程那样故意"找茬"扣钱。在包工头之间相互介绍市场信息和充当关系介绍人,为对方提供了支持后,即使双方关系很好,也会以礼相赠表达感谢。关系捆绑既有温情的一面,也有理性互惠的一面。

第三节 "关系"的解释限度与拓展讨论

一、"关系"的解释性:关系作用的条件与限度

在个人创业过程中,关系在个人社会资本不足和市场与制度失灵的情况下起到了资源再分配的补偿性作用。然而,虽然关系在这一过程中的作用是持续性的而不是边际递减的,但关系所起的作用却有其自身的条件及限度,必须将关系的作用放在特定的社会环境和制度背景中来加以考量。只有如此,我们才能更深刻地理解,为何"关系"具有补偿性的作用。换句话说,我们必须弄清楚到底是什么样的制度安排与社会背景导致了关系盛行,并且表现出补偿性作用的特征。因此,问题的关键不只是特定的文化背景产生了特定的关系实践逻辑,在讨论关系重要性的同时我们还必须考虑到

底是什么样的历史条件与制度环境导致了关系的盛行。①

在制度分析论者看来,"我们最好把关系学视为一种在特定历史背景下的文化实践,其特点和话语在不同的历史场合和政治环境下有着不同的意义和不同的运作空间,而不是将其视为一成不变的既定的中国文化的一个元素"。② 杨美惠是通过说明国家力量对于亲属制度的侵蚀来论证 20 世纪下半叶中国普遍的关系实践的。她一再强调,关系蕴含了感情、信任、人情、友谊、互助等等这些要素,从而使得关系具有了反对,甚至颠覆国家再分配经济的潜质。这是个体对国家权力的抵抗,是社会的自我保护机制。也正因为如此,杨美惠认为关系学将是中国在后共产主义时期进行社会重建的重要途径。③

关系的作用不仅受到特定历史条件和制度环境的影响,有些学者则进一步指出,关系甚至不是中国社会所特有的。"关系是特定历史条件和制度背景的产物"这一论断不仅适用于中国社会,在其他国家同样适用。"Guanxi"虽然在西方语境中找不到严格对应的词汇,但实践过程中类似"Guanxi"的表述以及具有与"Guanxi"相类似功能的实践逻辑却并不鲜见。比如,在俄罗斯社会中,"Blat"(布拉特)就被认为是和中国的"Guanxi"同样含义丰富而难以在西方词汇中找到严格对应的表述。在资源稀缺和由国家干部群体控制资源的情况下,苏联人们不得不想方设法利用"Blat"去接近"资源控制者"(在对中国的研究中,杨美惠将"资源控制者"称为"制度的守门人")。通过发展与"资源控制者"的关系,建立庇护与被庇护的逻辑,体制外的底层群体得以解决有制度不确定性和制度排斥所带来的种种生活困境问题。④

关系起作用的制度和历史条件性被很多研究所证明。比如,梁玉成利用多层次模型对个人求职过程的考察就发现,当市场规范性增加时,关系网络对个人收入并没有产生正效应。⑤ 关系网络之所以成为社会资源配置的重要方式,主要原因是在市场经济转轨时期,市场制度尚不完善,制度还存

---

① 姚泽麟.社会转型中的关系学:评杨美惠的《礼物、关系学与国家》[J].社会学研究,2011(3):218-228.

② 杨美惠.礼物、关系学与国家:中国人际关系与主体性建构[M].赵旭东,孙珉,译.南京:江苏人民出版社,2009:294.

③ 杨美惠.礼物、关系学与国家:中国人际关系与主体性建构[M].赵旭东,孙珉,译.南京:江苏人民出版社,2009:246-247.

④ LEDENEVA A. Russia's economy of favours: blat, networking and informal exchanges [M]. New York: Cambridge University Press,1998.

⑤ 梁玉成.求职过程的宏观、微观分析:多层次模型[J].社会,2012(3):55-77.

在诸多不确定性。① 上述研究结论潜在未竟的话即是：随着市场经济制度不断趋于完善，关系网络对于社会资源配置的作用将逐渐弱化，甚至退出历史舞台。尤其是在市场经济快速转型和深度发展的今天，传统农业经济的主体地位已经被现代工业经济所取代，法律体系和信用制度也渐趋完善，人情关系的影响和重要性必将有所下降。②

古瑟瑞在20世纪末以及21世纪初曾断言，"在市场经济不断发展的条件下，关系学开始式微"③。但是正如李林燕所指出的那样，"关系在今天既没有像理论所预想的那样合乎逻辑地退场，也没有因舆论的贬斥而知趣地远离人们的日常社会生活，关系依然在中国社会中存在并持续发挥作用"④。许多对中国的经验研究也一再印证了上述观点。比如，边燕杰对城市职业流动者求职过程的研究就发现，关系已然发挥着重要作用。他据此提出"体制洞"的解释命题，即在计划经济体制和市场经济体制双轨制运行的阶段，劳动力市场充斥着"体制洞"。导致雇主和求职者之间信息的传递、信任的建立以及责任约束机制的运行缺乏保障。在这种情况下，关系网络作为非正式渠道，发挥着信息传递、信任建立和责任约束的作用，从而弥补了"体制洞"的缺陷⑤。在他的另外一项对天津居民求职的研究也发现，强关系假设支持了求职者的求职过程。求职者能否获得职位很大程度上受到其能否获得雇佣者的照顾的影响⑥。万科⑦在中国厦门的调查研究也发现，私营企业主和当地官员之间存在"共生庇护"的关系。总的来说，在市场经济转型时期，单位制得在许多国有部门仍然有所遗留并发挥作用⑧，政治权

---

① 孙立平.失衡：断裂社会的运作逻辑[M].北京：社会科学文献出版社，2004.
② 陈维政，任晗.人情关系和社会交换关系的比较分析与管理策略研究[J].管理学报，2015(6)：789-798.
③ GUTHRIE D. The declining significance of guanxi in China's economic transition[J]. The China quarterly，1998.
④ 李林燕.关系、权力与市场：中国房地产业的社会学研究[M].北京：社会科学文献出版社，2008：5.
⑤ BIAN Y J. Institutional holes and job mobility process: guanxi mechanisms in China's emerging labour markets[M]// GOLD T, GUTHRIE D, WANK D. Social connections in China: institutions, culture, and the changing nature of guanxi. Cambridge: Cambridge University Press, 2022: 117-136.
⑥ BIAN Y J. Bringing strong ties back in: indirect ties, network bridges, and job searches in China[J]. American sociological review, 1997, 62(3): 366-385.
⑦ WANK D. Commodifying communism: business, trust, and politics in a Chinese city[M]. Cambridge: Cambridge University Press, 1999.
⑧ 李路路，李汉林.中国的单位组织：资源、权力与交换[M].杭州：浙江人民出版社，2000.

力的维续①、委托——代理人责权的分离②，以及转轨过程中的"体制洞"③，皆为关系网络发挥作用提供了条件和制度空间。

　　古瑟瑞的断言在今天看来是值得商榷的。但他的断言有误并不简单的是因为他将关系传统与现代化放在了一种二元对立基础之上加以讨论，虽然这种认识论本身也是有问题的④，而是因为他对市场经济体制本身是完美的预设是存在问题的。他的判断前提是"市场经济的转型相比较计划经济，将发展出更为规范化、法治化和制度化的环境，从而使关系实践的空间越来越小"，这种逻辑本身并没有问题，问题是，他事实上忽略了市场经济体制是不完善的。市场本身就存在自发性、盲目性和滞后性等问题，而且还存在垄断、信息不对称、外部性缺陷和公共产品再分配难以摆脱竞争性和排他性等问题。即便抛开这些不谈，在实践过程中，市场机制内在的自我调节以及制度的外部调控也可能并不总是能完美发挥其设定的功能，而且制度本身也不可避免存在漏洞和缺陷。因此关系实践的空间或许较计划经济和国家再分配时期有所减小，但绝不是消失了。尤其是在市场转型期，在有些市场和制度领域，关系的作用空间可能不仅没有减小，反而增大了。这也是为什么在市场经济转型以及蓬勃发展的今天，关系的作用不仅没有减弱，反而在某些领域如商业领域变得越来越强的原因⑤。

　　在笔者看来，杨美惠的分析也失之偏颇。与其说是国家力量对关系传统的侵蚀与破坏激起了关系逻辑的反弹，倒不如说是国家与市场等正式机制的失灵或乏力，导致了关系成为补充正式机制起作用的一种非正式逻辑。这里，笔者反对将关系的作用表述为"市场替代"的论调⑥。这样一种论调没有突出关系的特殊性，以及关系作用补偿性。按照"替代性"的逻辑，关系在再分配和创业中的作用只是特定文化、制度和历史时空背景下众多替代性方案中的一种，而并不是唯一可能的替代性方案。即便不是关系起作用，

---

　　① 边燕杰，张文宏.经济体制、社会网络与职业流动[J].中国社会科学，2001(2)：77-89，206.
　　② TAO Z，TIAN Z. Agency and self-enforcing contacts[J]. Journal of comparative economics，2000，28(1)：80-94.
　　③ BIAN Y J. Institutional holes and job mobility process：guanxi mechanisms in China's emerging labour markets[M]// GOLD T，GUTHRIE D，WANK D. Social connections in China：institutions，culture，and the changing nature of guanxi. Cambridge：Cambridge University Press，2022：117-136.
　　④ 杨美惠.礼物、关系学与国家：中国人际关系与主体性建构[M].赵旭东，孙珉，译.南京：江苏人民出版社，2009：281.
　　⑤ YANG. The resilience of guanxi and its new deployments：a critique of some new guanxi scholarship[J]. China Quarterly，2002，170：459-476.
　　⑥ XIN K K，Pearce J L. Guanxi：connections as substitutes for formal institutional support[J]. Academy of management journal，1996，39(6)：1641-1658.

也可能有其他的机制发生同样的作用,扮演类似的角色。虽然说在这之中,文化影响可能是一种解释得通的路径。因为如果非要说文化在关系机制的发生过程中有什么贡献的话,可能是在传统社会中,熟人关系的逻辑使人们具有使用关系以达成某种目标的传统、惯习或偏好。在现代社会中,文化的延续使关系进一步发挥类似的作用提供了"软环境"。但文化影响也并非决定性的,文化上的解释并不能为制度论提供确证。因为文化解释论不能说明在传统文化影响式微的今天关系对人们社会生活和实践行动的影响作用为什么没有消失。

实际上,这里笔者要强调的是,市场并不是完全失灵的,制度也不全是漏洞。关系不可能在市场与制度起作用的同时,在资源再分配过程中发挥主导性作用,更不可能取代市场与制度的地位。在笔者看来,只有补偿性才能更好地表达制度与市场不完善和文化影响式微背景下"关系"的特殊作用。正是通过关系补充性的这一非正式逻辑,农民工群体才能够在无法获得正式制度机制支持的情况下实现创业与身份转型。而也正是关系的补偿性逻辑这一视角,才能够解释为什么"作为某种特定历史和制度下产物的关系,能够在国家再分配经济向市场经济转轨的过程中依然能够延续并持续起作用。"也只有从这个角度来看,我们才能够正确回应"在现代化与市场经济条件下,关系为什么没有合乎推理的退出历史舞台"这样一个疑问。

从市场与制度的角度来看,建筑行业市场具有很强的自发性,尤其是改革开放以来的这 30 多年中,建筑行业飞速发展,市场急速膨胀。农村进城务工发展为包工头,也正是在这一阶段大量、集中涌现。在劳务层和管理层分离的建筑行业市场化改革之后,劳务分包制在建筑行业飞速发展的这一时期发挥着重要作用。尤其是大量进城务工的农民建筑工人补充并成了建筑劳务市场的主力军,导致了建筑业分包组织管理关系越发混乱。市场渐趋失序,市场自我调节也更加乏力。即便是外部调控,在国家层面出台了诸多文件用于规范建筑业市场和劳务分包制度,也没有起到明显有效的作用。更不用说制度改革的初衷是杜绝包工头的存在,而包工头的地位至今仍然未受到影响和动摇。笔者甚至认为,在目前的建筑业运行体制框架下,包工头是不可或缺的。

包工头善于利用关系帮助自己实现创业准备和市场嵌入。关系使得包工头能够有效动员关系网络中的各种资源,并通过整合实现社会资本的集聚。包工头的创业准备恰恰体现了其如何运用关系实现社会资源的再组织与运用过程。当然,包工头也深知在市场机制不健全的环境中,"人情关系的运用可以降低市场交易成本"①的道理。在市场嵌入的实践过程中,他们也能够认识到,关系网络所蕴含的感情、互助、友谊等因素可以形成具有保护性的环境,使他们能够在面对建筑市场中开发商和发包方的压迫以及残酷无情的市场竞争时有一个依靠。② 在经验世界中,他们甚至也能察觉,在长期人情往来建立起的私人纽带的基础上进行的市场交易,可以导向更加长久、稳定的市场合作关系。③ 并且能够期望市场交易不断地得到重复进行,从而使包工头能够在一种可商讨的情况下确立某种稳定交易的潜在规范,为长期的合作奠定基础。基于这样一种认识和察觉,他们发展出了关系契约的交易形式和松散的市场联盟。

总的来说,不完全竞争的建筑市场、漏洞百出的劳务分包体制等,为作为非正式机制的关系发挥补偿性作用提供了制度空间和可能性。当然,我们还应该看到,关系作用可能还受到关系边界的限制,以及还受到市场自身环境变化的影响。关系的边界限制指的是关系并不总是能够超越正式规范而起作用,并且关系也并不能替代其他如能力等方面的因素起作用。比如,笔者在调查过程中采访的包工头也指出,

"虽然通过熟悉的关系和中间人介绍能够接触开发商和发包方,但最终能不能拿到项目并不总是关系决定的。你必须得人实在,活干得好。别人认可了你的人品和活样,才可能把项目给你。"(XZ20160907)

毋宁说,包工头之所以能如愿获得工程项目,关系只是起到了中介和外在保障的作用。黄先碧在对新兴劳动力市场的考察中就发现了,关系在个人求职过程中作用的边界限制性。④ 在有些强制执行公开招投标的建筑工程中,比如涉及公共工程和大中型建筑项目,招投标的程序开放性较强,串标、围标等关系标的现象就较少。这种情况下,关系所起的作用就可能受到一定限制,这也正印证了关系的作用存在条件和限度。

利用关系实现市场嵌入与创业还受到市场本身变化的影响。市场环境的变化导致建筑业市场材料价格和劳动力价格上涨,建筑市场竞争更加激烈。包工头的创业成本较20世纪末已经高出太多。不仅如此,新时期,建

---

① LOVETT S, SIMMONS L C, KALI R. Guanxi versus the market: ethics and efficiency [J]. Journal of international business studies, 1999, 30(2): 231-247.
② YAN Y X. The individualization of Chinese society[M]. London: Routledge, 2009: 286-289.
③ 翟学伟. 人情、面子与权力的再生产: 情理社会中的社会交换方式[J]. 社会学研究, 2004 (5): 48-57.
④ 黄先碧. 关系网效力的边界来自新兴劳动力市场的实证分析[J]. 社会, 2008(6): 39-59, 224.

筑行业对包工头的要求也越来越高。挂靠建筑公司时有的建筑公司还要考察包工头的个人资质和条件，如是否拥有建筑师和相关职称等。而且，随着经济结构的加速转型和产业结构的调整，建筑行业的发展重点和思路也相应调整。一些绿色工程和科技工程对建设技术和能力要求越来越高。那些靠承包传统建筑项目而生存的底层包工头的市场生存空间受到一定程度的挤压。关系的作用也受到包工头自身条件和能力不高的限制。调研中不少包工头都表示，进入新世纪以来，建筑业创业难度明显高于2000年以前。尤其是近几年，由于建筑市场热度有所下降，尤其是存量房过剩，市场刚需下降、需求萎缩、房价上涨速度放缓，加之人口红利逐渐消失，用工荒时有发生。建筑业市场投资增长趋势也有所放缓。从2015年建筑业市场投资情况来看，包括湖北、山东、天津、河北、陕西、河南、四川、广西、甘肃等在内的19个省市就下调了2015年的建筑投资增长目标。那些靠房地产业生存的建筑包工头，经营情况已经明显较以往建筑业发展高峰期有所回落。建筑市场的不景气直接导致工程发包量降低，在市场份额下降的情况下，包工头之间的竞争就更加激烈。建筑工程发包过程中，"拼关系"的情况就更加明显。那些关系没有那么可靠或没有关系中介的包工头，获得建筑工程的难度就越来越大。在包工头创业过程中，关系的作用进一步被强化，但对关系的要求也越来越高。

二、"初始关系"与创业阶段

在关系型创业研究中，初始关系被认为对创业者成功创业具有尤其重要的作用。所谓初始关系，即创业者创业前已经具备或建立起来的关系网络。通常来说，初始关系更多地指向个人的血缘、亲缘、地缘等先天强关系，当然也包括在社会交往中已经建立起来的趣缘、业缘与朋辈关系等。

(一)"初始关系"的限定性

一般来说，由于面临严重的资源约束，如缺少必要的社会资本和市场信息，或受个人能力和经验不足等限制，在创业初期，创业者或新创企业普遍存在市场"新进入缺陷"[1]。"新进入缺陷"是在"新企业失败率偏高"的问题框架下探索导致新企业缺陷原因的重要概念[2]。具体来说，创业者和新创企业面临内部和外部两个方面的"新进入缺陷"。从内部缺陷的角度讲，创

---

[1] SIU W，BAO Q. Network strategies of Chinese high-technology firms：a qualitative study[J]. Journal of product innovation management，2008,25(1):79-102.

[2] STINCHCOMBE A L. Social structure and organization[J]. Advances in strategic management，2000，17：229-259.

业者要为完成新角色所涉及的新任务和获得所需的新知识支付学习成本，因而存在所谓的"无知缺陷"[1]。从外部缺陷来看，初创阶段，新企业的社会网络嵌入性、信用级别和被信任程度都比较低[2]。这导致新创业者缺乏适应由客户、供应商和其他利益相关者所构成的微观环境的能力[3]。此外，创业者还要面对设法让客户、供应商和其他利益相关者理解和认识自己的产品、服务或经营模式，以及使自己的创业活动获得合法性的问题[4]。如果创业者不能设法弥补上述"新进入缺陷"，即便在竞争较弱的市场环境下，新企业的组织形式和经营模式也会受到合法性与正当性的约束[5]，新企业的生存能力也会因此受到威胁[6]。

而布鲁德等认为，新创业者在创业和发展初期虽然因缺乏社会资本、市场关系和创业经验，会面临"青春期缺陷"（liability of adolescence）[7]。但创业者的初始资产、运气、信任、心理承诺、事先的积极信念和财务资源储备等（统称为初始资源基础）同样可以为创业者与客户、债权人和其他组织建立关系提供一个缓冲期，从而有助于降低其创业和市场嵌入的失败风险，并迅速建立市场合法性[8]。这里，初始资源基础主要指的是创业者所能够依靠的既有工作关系和亲友关系[9]。很多新创业者最初都是从家人和朋友那里获取信息、资源、资本、销售渠道和社会性支持，并且把创业构想转化为实实在在的创业活动的[10]。创业萌芽阶段，创业者亲朋关系的嵌入，有助于激发

---

[1] 郭红东，丁高洁.社会资本、先验知识与农民创业机会识别[J].华南农业大学学报（社会科学版），2012(3)：78-85.

[2] MEYER J W, SCOTT R. Organizational environments: ritual and rationality[M]. Beverly Hills, CA: Sage Publications, 1983.

[3] 韩炜，薛红志.基于新进入缺陷的新企业成长研究前沿探析[J].外国经济与管理，2008(5)：14-21.

[4] STINCHCOMBE A L. Social structure and organization[J]. Advances in strategic management, 2000, 17: 229-259.

[5] MENZIES T, DIOCHON M, GASSE Y, et al. A longitudinal study of the characteristics, business creation process and outcome difference of Canadian female vs. male nascent entrepreneurs[J]. International entrepreneurship and management journal, 2006, 2(4): 441-453.

[6] HANNAN M T, CARROLL G R. Dynamics of organizational populations: density, legitimation, and competition[M]. Oxford: Oxford University Press, 1992: 286.

[7] BRÜDERL J, SCHÜSSLER R. Organizational mortality: the liabilities of newness and adolescence[J]. Administrative science quarterly, 1990, 35(3): 530-547.

[8] COAD A, TAMVADA J. Firm growth and barriers to growth among small firms in India[J]. Small business economics, 2011, 35(3): 65-79.

[9] ZHAO L, ARAM J D. Networking and growth of young technology intensive ventures in China[J]. Journal of business venturing, 1995, 11(10): 349-370.

[10] HITE J, HESTERLY W. The evolution of firm networks from emergence to early growth in the firm[J]. Strategic management journal, 2001, 22(3): 275-286.

创业动机并提供创业资源①。总的来说,初始关系是新创业个人、团队或组织创业和企业发展过程中最可倚重的战略资源②。初始关系网络比较丰富的个体创业比单独行动的个体创业者在机会识别和创业成功上更具优势③。

初始关系固然对新创业者及新创企业的市场嵌入和发展具有积极作用,但也有研究表明,随着创业过程的推进和创业处于不同的发展阶段,关系网络的建构及其特点会有所不同,而初始关系对创业的影响和作用也不同④。甚至,"初始关系"的过度卷入对市场嵌入的作用可能会适得其反,并导致创业认知偏差和限制企业创新,造成企业持续增长困境⑤。龙静对技术型企业创业关系网络的研究进一步发现,关系网络强度在技术型企业创业初期影响较小,但在创业后期,则可能对企业绩效产生较大的负面影响⑥。科力沃等从企业生命周期的角度,以倒 U 形曲线来展示初始关系与创业绩效之间的关系⑦。随着创业过程和阶段的推进,初始关系的作用将逐渐表现为边际效用递减。这一特征在家族式创业、地缘性集群创业与移民创业与市场嵌入过程中表现得尤为明显。

在家族创业中,很多创业者都面临着"家族情感关系逻辑"和"企业能力逻辑"之间的冲突,并且缺乏处理这种冲突的有效机制而使创业企业陷入成长困境⑧。从家族企业传承与可持续发展的角度看,初始关系作用的限制性主要表现为,家族企业的资源与权力分配以及决策主要掌握在"自家人"手中,从而弱化了家族企业的组织和制度理性,影响了家族企业的代际传承和扩展⑨。谭同学对新化打印业连锁发展的研究发现,亲缘、地缘与市场等

---

① 边燕杰,张磊.网络脱生:创业过程的社会学分析[J].社会学研究,2006(6):15.
② WU L, DONG B B. Whether dynamic capability can be regarded as the mediator between network and competitive advantage[J]. Journal of entrepreneurial development research,2010,2(2):103-117.
③ ZHU X, CUMMINGS J N. A Conceptual model of prior experience diversity, knowledge processes and group performance[J]. Academy of management,2007,11(2):1-6.
④ 董保宝.创业网络演进阶段整合模型构建与研究启示探析[J].外国经济与管理,2013(9).
⑤ 杨震宁.身陷"盘丝洞":社会网络关系嵌入过度影响了创业过程吗?[J].管理世界,2013(12):101-116.
⑥ 龙静.创业关系网络与新创企业绩效:基于创业发展阶段的分析[J].经济管理,2016(5):11.
⑦ KLYVER K, HINDLE K, MEYER D. Influence of social network structure on entrepreneurship participation: a study of 20 national cultures[J]. International entrepreneurship and management journal,2008,4(3):331-347.
⑧ 代吉林,张支南.家族企业成长困境与解决机制探析:基于家族逻辑和企业逻辑视角[J].外国经济与管理,2010(11):8.
⑨ 杨光飞.关系嵌入和华人家族企业的制度演进:解析华人家族企业内部治理的一个视角[J].现代管理科学,2009(10):89-91.

关系在新化人创业过程中的互嵌虽然极大缩短了新化人的创业过程和周期,并且通过形成基于关系网络的产业链条而完成对打印行业的垄断,但初始关系的持续卷入却容易使新化打印行业的发展陷入内卷化困境。① 熟悉而又充满温情的亲缘和地缘关系与陌生冰冷的市场关系之间始终存在张力。当张力达到一定程度,亲缘与地缘等关系的温情面纱便会被冰冷的市场关系所侵蚀而完全被撕下。② 在移民与族裔经济研究中同样发现了初始关系作用边际递减的现象。移民创业企业绩效之所以相对较低且缺乏可持续性,主要原因在于移民创业无法通过内部关系网络获得企业持续发展所需要的动力与资源③。对拉美和亚裔移民创业的研究都发现,社区移民参与度较高的移民创业企业的绩效要明显低于社区移民参与度较低的企业,且高移民参与度的创业企业满意度和现金流都较低。正是这一点解释了移民创业企业为何缺乏持续发展的动力。张一力等对意大利温州移民创业的研究也指出了类似的移民创业企业发展困境问题④。文化与关系嵌入虽然能够推动创业企业开发式创新,但进入持续创业期后,过高的关系嵌入有可能限制移民创业者的创新决策。在移民创业企业发展后期,很多集群创业者开始分离单干。移民经济是典型的族裔经济形式。在移民聚居区内,越来越多的移民借助关系网络的帮助开办企业。众多类型相近、模式相似的移民创业严重挤压了空间有限的族裔聚居区市场,导致高度的市场饱和,市场过密与过度竞争无法避免。⑤ 不仅如此,基于关系网络进行的高度路径依赖的移民创业导致了关系的过度嵌入。一旦关系依赖过于严重,创业者就很难有能力突破内部关系市场去拓展和适应新的市场环境。这就降低了移民创业者按照自身愿望和外部交往开展新业务的能力⑥。

上述研究对初始关系在市场嵌入过程中作用的认识表现出明显的二重性分歧。而分歧的焦点在于,初始关系究竟在怎样的意义上对创业者起到

---

① 谭同学.亲缘、地缘与市场的互嵌:社会经济视角下的新化数码快印业研究[J].开放时代,2012(6):69-81.

② 马克思.1844年经济学哲学手稿[M].北京:人民出版社,2000:144-146.

③ SEQUEIRA J M, RASHEED A A. Start-up and growth of immigrant small business: the impact of social and human capital[J]. Journal of developmental entrepreneurship, 2006, 11(4): 357-375.

④ 张一力,张敏.海外移民创业如何持续:来自意大利温州移民的案例研究[J].社会学研究,2015(4):25.

⑤ ALDRICH H E, WALDINRER A R. Ethnicity and entrepreneurship[J]. Annual review of sociology, 1990, 16: 111-135.

⑥ HITE J, HESTERLY W. The evolution of firm networks: from emergence to early growth of the firm[J]. Strategic management journal, 2001, 22(3): 275-286.

积极作用。以往研究者更多地将探索的重点放在不同关系的属性、作用、关系资源的特征,而非关系的使用者①。即研究者通常将静态的关系网络放在不断变化的创业过程中,考察静态关系之于创业的作用②。从而忽略了具体经济行动中,关系使用者的主观能动性及创业过程的阶段性。此外,对经济行动如何"嵌入"社会关系结构的研究偏好导致研究者对被嵌入的经济行动本身缺乏关注,也未能深刻揭示具体经济行动背后关系网络的动态演化③。嵌入市场中的关系网络,不是社会活动的副产品,更不是代表结构力量和趋势的空洞形式,而是一种社会建构。它代表了一个突生的过程,是在知情的参加者的反思中生成的④。因此,只有将"关系"置于持续动态建构的视域中,并将其置于具体的创业阶段和过程,才能真正理解关系型创业的可能性,更好地把握其过程与逻辑。上述研究对初始关系在市场嵌入过程中作用的认识表现出明显的二重性分歧。而分歧的焦点在于初始关系究竟在怎样的意义上对创业者起到积极作用。

(二)建筑业包工头创业的"关系"图景与动态过程

笔者将建筑业包工头群体创业过程中关系的作用逻辑置于其具体的、动态的创业过程去。以此理解农民工群体创业中的关系逻辑。在以往的研究中,研究者已经注意到创业网络在不同演进阶段会表现出不同的网络内容、网络治理机制、网络结构和网络能力。关系的情感性、工具性与契约性等多重属性,决定了初始关系具有向不同属性关系转化与拓展的可能⑤。在实践中,创业者不仅会利用自己的网络能力来拓展网络关系⑥,同时也能够根据网络内容的变化不断调整或重构网络结构,并且构建合理的治理机制⑦。

建筑业包工头在社会资本不足的情况下之所以能够成功创业,正是利用了初始关系的集群效应,并在创业不同阶段通过不同的关系运作逻辑,将初始关系导向有利于其市场嵌入的发展轨迹,进而实现成功创业。在创业

---

① 吴愈晓.社会关系、初职获得方式与职业流动[J].社会学研究,2011(5):128-152,224-225.
② 谭云清,2015,《网络嵌入特征、搜索策略对企业开放式创新的影响研究》,《管理学报》第12期.
③ 符平."嵌入性":两种取向及其分歧[J].社会学研究,2009(5):141-164,245.
④ HAMILTON, FEENSTRA. The organization of economies[M]// BRINTON M C, IVEE V. The new institutionalism in sociology. New York: Russell Sage Foundation,1998.
⑤ 王水雄.关系的本质与选择:基于一项实验的考察[J].青年研究,2011(2):13.
⑥ WALTER A, AUER M, RITTER T. The impact of network capabilities and entrepreneurial orientation on university spin-off performance[J]. Journal of business venturing,2006, 21(4):541-567.
⑦ BATGARGAL B. The dynamics of entrepreneurs' networks in a transitioning economy: the case of Russia[J]. Entrepreneurship and regional development,2006,18(4):305-320.

初期,初始关系不仅为包工头提供"干中学"的环境,同时也借之实现了先验知识和经验从大包工头向新创业包工头的传递。而在包工头由依附到自立门户的市场嵌入过程中,初始关系也通过"中介"的方式帮助其实现外围市场关系的建立和拓展。当包工头在独立的市场嵌入过程中处于较为被动和不利的境地时,通过将陌生市场关系带入初始关系网络,以陌生关系的熟悉化来破除市场嵌入壁垒,也有助于创业包工头创造对自己有利的市场环境与秩序。应该说,初始关系在创业者的整个市场嵌入过程中始终处在动态演变之中。而正是初始关系在市场嵌入不同阶段的动态演变,保证了初始关系能够在创业市场嵌入的不同阶段都能够发挥积极作用。

初始关系具有强关系的属性,但对于创业者而言,初始关系并未表现出明显的封闭性与排外性,而是因市场嵌入的需求,具有强烈的拓展与扩张"欲望"。这种拓展的"欲望",因初始关系饱含情感因素,能够扮演主动或被动中介角色而成为可能。扩大化市场嵌入期初始关系的分化,实际上就是初始关系向外围市场关系的拓展。两者相互连通,是包工头市场主体合法性确立的关键。而在市场主体合法性确立后,面对独立市场嵌入风险,将外围市场关系带入初始关系网络,进一步丰富了初始关系网络的内涵,并拓展了其外延。也正是通过这种形式,包工头才能够更好地适应新的市场环境,同时也建构新的市场秩序,使其向有利于自己的方向发展。初始关系的动态演变与发展,是初始关系对市场嵌入能够持续发挥积极作用的重要原因。它避免了初始关系因静态、强关系等缘故,在面对市场时,可能遭遇的市场排斥,以及关系对于市场的僭越所导致的对市场的限制与扭曲。

初始关系在创业者市场嵌入不同阶段的动态演化,及其为创业者和新创企业带来持续积极支持,并非建筑业包工头创业特有的现象。在其他创业研究中,对于初始关系的重要性以及创业不同阶段对不同类型关系的倚重都有所强调。而初始关系在创业过程中的动态演变,也被认为是创业成功的重要原因之一[①]。对意大利温州移民创业的研究发现,初始关系的存在能够有效解决移民创业者的语言障碍、资金不足、信息缺失、市场准入等问题,而进入创业持续期,由于市场环境的变化,初始关系的过度嵌入可能抑制开发式创新。移民创业者转而选择利用初始关系建立起的社会网络,实现对当地的文化与社会嵌入,来推动探索式创新。[②] 谭同学对湖南新化打印业创业行为的考察同样指出,将亲缘、地缘等初始关系嵌入市场,是新

[①] 董保宝.创业网络演进阶段整合模型构建与研究启示探析[J].外国经济与管理,2013(9).
[②] 张一力,张敏.海外移民创业如何持续:来自意大利温州移民的案例研究[J].社会学研究,2015(4):25.

化打印人获得打印技术、仪器设备等的重要途径,也是新化人能够在打印业市场中迅速崛起,并实现市场垄断的根本逻辑。[①] 不过,随着创业到一定阶段,新化人的市场嵌入策略和关系治理的逻辑也会随之改变,即将市场主动嵌入亲缘与地缘等初始关系网络。通过变非正式的熟人关系治理为正式的市场管理,达到提高效率和员工工作积极性的目的。Hite 等[②]对创业企业出现与早期发展过程中企业网络演化的研究指出,新兴企业的网络拓展与发展应该适应企业不断变化的资源需求,并在市场嵌入的不同阶段,平衡初始凝聚型关系与市场弱关系的嵌入程度。但她同时也认为,凝聚型的初始关系与市场弱关系对于企业绩效而言同样重要。龙静[③]对技术创新型中小企业创业过程的考察认为,创业阶段的不同,对关系的需求存在较大差异。在最初阶段,初始关系的存在不仅能够为新创企业带来多样化的资源,同时也能够为后续关系的建立奠定基础。而在创业稳定和成熟阶段,企业对于网络中心性的诉求,促使企业转而加强对现有关系的稳固,而并不急于拓展新的关系。

根据本书的研究结论,结合以往研究,可以总结出如下事实:初始关系的动态演变,一方面与创业者关系网络运作的创造性有关,同时也受市场嵌入不同阶段创业者面临的制度与市场环境的影响。我们总结出包工头在创业过程中的不同阶段对初始关系的不同运用及其具体逻辑,以及在这个过程中,初始关系动态变化的过程与图景如表5-3所示。

首先,从个体的角度讲,初始关系发挥作用与创业者的个体特点有关。当创业者缺乏创业资本、关系网络单一、创业经验与能力不足时,创业初期的原始积累和市场嵌入时的资源整合就越是严重依赖初始关系网络,并对创业者个人的关系运作与网络治理能力有较高要求。包工头本身的文化水平低以及出身农村一定程度上决定了其初创业期只能通过初始关系获得创业资源,初始关系也成为其最易获得的关系网络。对于其资源的整合与市场主体合法性的确立至关重要。实际上,具有强互惠义务、高复用性的初始关系本身也有助于企业市场地位的确立与稳固。[④] 尤其是在中国企业中,

---

① 谭同学.亲缘、地缘与市场的互嵌:社会经济视角下的新化数码快印业研究[J].开放时代,2012(6):69-81.
② HITE J M, HESTERLY W S.The evolution of firm networks:from emergence to early growth of the firm[J]. Strategic management journal,2001,22(3):275-286.
③ 龙静.创业关系网络与新创企业绩效:基于创业发展阶段的分析[J].经济管理,2016(5):11.
④ 边燕杰.论社会学本土知识的国际概念化[J].社会学研究,2017(5):14.

初始关系对于企业确立市场地位的作用更加重要。[①] 当然,初始关系在创业不同阶段的动态演变也充分体现了创业者关系运作与网络治理的能动性。创业者关系网络治理的能动性越强,能够根据不同阶段市场嵌入面临的不同处境,通过不同的关系运作策略推动初始关系的持续动态演变,则越能够满足市场嵌入过程中市场主体合法性确立对新的关系的需求,并调和关系与市场的紧张与矛盾。

其次,从结构性的角度来看,初始关系发挥作用受到行业类别、制度与市场环境的限制。通常来说,制造业、服务业、劳动密集型等中低端行业,入行门槛较低,初始关系起作用的门槛与条件不高,初始关系的作用体现得较为明显。此外,在不完全竞争的市场环境与存在较多的"制度洞"的制度体系中,初始关系持续作用空间也较大。以建筑业为例,作为中低端劳动密集型行业,建筑业存在大量活劳动,而且劳务分包制度中的资金垫付制度更将发包方与包工头紧密捆绑在一起,从而导致包工头不得不借助初始关系的作用实现市场准入与市场参与。这也是初始关系得以始终发挥积极作用的结构与制度性原因。

表 5-3　创业阶段变化与关系的动态演进

创业阶段	面临困难	资源来源	使用关系类型
创业准备期	初始资本不足	初始关系	强关系
市场嵌入初期	市场合法性确立	初始关系	强关系
市场拓展期	交易对象拓展	市场关系/初始网络	弱关系/强关系
深度市场嵌入期	稳定市场关系与绩效管理	市场关系/初始网络	弱关系/强关系

[①] BURT R,BURZYNASKA K. Chinese entrepreneurs, social networks, and guanxi [J]. Management and organization review,2017,13(2):1-40.

第六章 讨论:"关系型创业"与农民工群体的向上流动

创业不仅仅是一种市场行为,对于以农民工而言,创业同时也是改变个人身份、实现身份转型和地位向上流动的重要渠道。从40余年农村人口流动的过程和经历来看,创业就是农民工群体实现从"农民"到"市民"的身份转型,以及向上流动的重要途径。应该说,创业使得农民工群体某种程度上实现了阶层突围。

第一节 农民工群体如何实现阶层突围:"关系型创业"的作用

一、地位获得与向上流动:西方理论与阐释

在社会流动研究领域,皮季里姆·亚历山德罗维奇·索罗金(Pitirim Alexandrovith Sorokin)占据着举足轻重的位置。索罗金是社会流动理论的奠基者,该领域的诸多概念定义与标准化术语的创立最初都归功于他的贡献。索罗金认为,社会流动研究的内容应该侧重于讨论社会的新陈代谢,即社会群体之间人口交换的过程和结果,以及这种人口交换过程对处于社会结构中不同地位群体的影响。[①] 他指出:"寻找人的位置意味着确定他与被选为参照点的其他人之间的关系"。[②] 正是通过这种参照比较,"在一个总体内,我们才能确定群体彼此之间的关系,以及该总体与其他总体的关系。"[③] 不过,索罗金进一步指出,社会群体间的这种关系并不是封闭、固定的,而是流动变化的。社会群体间位置和关系的流动变化呈现出水平流动和垂直流动两种模式。索罗金尤其关注社会群体的垂直流动,在他看来,社会流动是衡量一个社会开放性与否及其开放程度的重要指标。"在较为开放的社会中,垂直流动的频率更高,反之,如果流动率很低,则说明这个社会

---

① 刘易斯·科赛.社会思想名家[M].上海:世纪出版集团,2007:472.
② PITIRIM A S. Social and cultural mobility[M]. New York: The Free Press, 1959:4.
③ PITIRIM A S. Social and cultural mobility[M]. New York: The Free Press, 1959:5.

更加封闭"。① 索罗金将垂直流动划分为上升流动与下降流动两种类型。两种流动都包括两种基本形式,即个人垂直流动和群体整体垂直流动。与现当代诸多社会流动研究不同的是,索罗金更加偏重于研究群体整体的垂直流动。他强调:"个人跻身现存的较高层次或跌入较低层次的情况较为普遍,也容易理解,因此不需要解释。但群体上升和下降,则必须做认真地考虑。"②

除了对社会流动的定义和研究内容进行开创性研究外,索罗金还试图确定垂直流动的通道,即考察那些最容易发生垂直流动的领域,或者说影响垂直流动的一些基本因素。他将军队、教堂、学校以及政治、职业、经济等组织确定为垂直流动的主要通道。③ 索罗金认为,上述因素和通道就像是"筛子",对进入不同社会层次与地位的人进行筛选,他们决定了哪些人将向上流动,哪些人将跌入更低的社会阶层;"他们不是为个人流动大开方便之门,就是为他们的流动设置障碍"④。

索罗金开创性地开辟了社会流动研究,并奠定了该领域的基本研究内容和研究方向。不过,索罗金更多的是在一个整体层次上考察社会分层与流动现象,并讨论群体流动带来的社会后果。这种整体流动的观念虽然确立了"社会流动主要不是个人位置的变动现象,而是社会群体间的位置交换"这样一种理念,并为之后的社会流动研究提供了指导思想。但也正是索罗金这种整体主义的流动观给他的研究带来了一定的局限。他虽然试图确定群体流动的通道,但却未能进一步指出影响垂直流动的具体因素,以及这些因素真正作用于垂直流动的背后逻辑。索罗金之后的社会流动研究表明,个体的位置变动同样具有研究意义,因为,只有通过对个体位置变动的研究,才能够详细考察不同因素对社会流动的影响和作用,从而甄别何种因素对于社会流动的影响更大或更小,也才能够具体讨论不同社会群体社会流动的具体逻辑机制。

(一)个人层次的地位获得

布劳和邓肯最先开辟了个人地位获得研究的先河。他们采取路径分析的方法,通过对个人职业地位获得影响因素的研究,试图区分结构性流动和纯粹性流动各自的影响,并提出了美国社会地位获得的模型⑤,即个人职业

---

① SOROKIN P A. Social mobility[M]. New York: Harper and Brothers, 1927: 55-59.
② PITIRIM A S. Social and cultural mobility[M]. New York: The Free Press, 1959: 134.
③ 刘易斯·科赛.社会思想名家[M].上海:世纪出版集团,2007:475.
④ PITIRIM A S. Social and cultural mobility[M]. New York: The Free Press, 1959: 207.
⑤ 刘强.地位争得:流动人口的地位获得研究[D].北京:清华大学,2014.

地位的获得主要受两种因素的影响:先赋因素和自致因素。地位获得模型将先赋因素和自致因素作为自变量,将个人地位获得作为因变量建立统计模型,并按照收入水平、教育程度和职业声望等因素对各地职业地位进行测量,将父亲的受教育程度、子代受教育程度、子代初职地位等作为中介变量,具体描述了"父亲的教育程度、父亲的职业地位、儿子的教育程度、儿子的初职地位、儿子的当前职业地位"这五组变量间的相互关系。结果发现,个人的职业地位获得一方面受到先赋因素的直接影响;另一方面,先赋因素还间接影响个人的职业地位获得,这种间接作用是作为中介变量通过对自致因素的影响而起作用的。研究进一步指出,当一个社会中,个人地位获得受先赋因素的影响大于自致因素时,这个社会的结构就处于较为封闭的状态,反之社会结构就较为开放。布劳邓肯是在工业社会职业地位获得的基础上建立的个人地位获得模型,并因此得出结论,认为工业社会个人地位获得更多的来自致因素的影响,社会结构因此较农业社会更加开放。

地位获得模型将考察的重点集中在个人层次,解释了个人地位的代际传递过程和影响因素。但由变量间关系假设较多引起的模型解释能力问题,也招致了一些批评。后来的研究者也开始对地位获得模型进行修正。并在模型中加入一些其他变量,比如,性别因素[①]、种族因素[②]、年龄因素[③]。新变量的加入也衍生出一些新的地位获得模型,如"布劳和费德曼二代模型,哈佛模型,莱特模型和罗宾逊模型等"[④]。

在之后衍生的许多地位获得模型中,威斯康星学派对布劳和邓肯地位获得模型所进行的修正影响较大。威斯康星学派认为,布劳和邓肯地位获得模型未能将个人心理因素纳入模型考虑的范围。在个人地位获得过程中,参照群体、自我概念、行为预期等因素同样起作用。威斯康星学派因此在布劳邓肯地位获得模型中增加了智力、学习成绩、重要他人、期望(职业期望和教育期望)等变量,发展出一个线性递归路径分析模型[⑤]。智力和期望变量的加入提高了职业地位的方差解释度。威斯康星学派对布劳邓肯模型

---

① MCCLENDON M J. The occupational status attainment processes of males and females[J]. American sociological review. 1976,41(1):52-64.

② SAKAMOTO A,TZENG J, et al. A fifty-year perspective on the declining significance of race in the occupational attainment of white and black men[J]. Sociological perspectives.1999, 42(2):157-179.

③ HUTCHENS R M. Do job opportunities decline with age? [J]. Industrial and labor relations review, 1988,42(1):89-99.

④ 许嘉猷.社会阶层化与社会流动[M].台北:三民书局,1986.

⑤ SEWEEL W H, ARCHIBALD O H, ALEGANDRO P. The educational and early occupational attainment process[J]. American sociological review,1969,34(1):82-92.

的拓展细化了家庭背景对教育和职业地位的影响作用，深化了对重要他人如何影响个人地位获得的认识与理解。

(二)扩大化的地位获得模型:社会关系与社会结构视角

工业社会的发展和市场经济的兴起给了个体向上流动更多的机会，改变了个人向上流动的模式，但个人先赋因素和自致努力并非决定个人地位获得的唯一因素。无论是布劳邓肯模型还是威斯康星学派的心理因素拓展，都只是强调了个人层次因素对个人地位获得的影响。将个体作为一个单独变量，忽略了社会结构因素对个人地位获得的制约性。实际上，作为一个社会人，个人在社会中不可避免受到社会结构和所处社会关系的影响。个人地位的获得也受到社会结构和社会关系的制约。

结构性因素在地位获得模型中的运用，补充并修正了传统的地位获得模型，对个人层次的地位获得研究提出了挑战。对传统地位获得模型的结构性挑战源于新结构主义研究。该流派学者将收入和地位不平等的解释置于社会经济结构的宏观框架下，社会和经济生产组织对个人的经济成就和地位获得具有不同程度的约束作用。① 在市场竞争和垄断发展的历史背景下，社会经济部门和市场的发展呈现出两极分化的趋势。经济发展的分割过程将劳动力和劳动力市场等划分成若干个部分。基于这样一种经济分割认识，该流派发展出了有影响力的"二元经济理论框架"和"二元劳动力市场模型"②。

二元经济理论和二元劳动力市场模型认为，个人的职业结构和经济收入是衡量社会分层的重要结果和指标，但社会经济部门与组织中的许多宏观因素对个人的地位获得具有重要影响。研究者探讨了在社会经济体系中，市场、产业和组织分化导致的劳动力分割现象③。通过引入新的结构性变量，新结构学派论证了个人在劳动力市场中的地位获得并不是发生在一个平等、均质的市场中的。由于各个部门性质区别不同，个人在特定的组织部门和分割单元中，其地位获得与社会流动能够有效实现，但在其他一些部门单元中，个人的地位获得则可能受阻。市场本身的不完全竞争和部门的分割决定了个人地位获得的结构性不平等。

相比较新结构主义将地位获得放在社会结构中去考察，社会网络视角

---

① BIBB R, FORM W H. The effects of industrial, occupational, and sex stratification on wages in blue-collar markets[J]. Social forces, 1977,55(4):974-996.
② AVERITT R T. The dual economy: the dynamics of American industry structure[M]. New York: WW Norton, 1968.
③ TIGGES L M. Age, earnings, and change within the dual economy[J]. Social Forces, 1988,66(3):676-698.

将关注的重点返回到个体的人身上,但将个体的人放在其社会关系网络中去分析,是社会网络模型与布劳邓肯地位获得模型的最大不同。以往的地位获得研究,尤其是布劳和邓肯的地位获得模型假设个体是独立的个人,缺乏社会互动的视野。而社会网络模型认为,个体的人是嵌入在纷繁复杂的社会关系网络中的,嵌入性的社会关系网络不仅影响人的社会行为,也影响个人的地位获得。代表特殊主义逻辑的社会网络通过影响个体在网络中获得的社会资源与社会资本影响人的地位获得。

社会网络模型的提出源于"新经济社会学派"的格兰诺维特和"社会资本理论"的代表人物之一林南。格兰诺维特和林南认为,社会经济部门与市场行为是嵌入在社会关系网络中的,人们并不必然通过正式渠道实现地位获得。实际上,在个人求职过程中,求职信息更多来源于与求职者有过关系的其他人,即通过个人的社会关系网络而获得的。这种从社会关系网络中获取的有益于个人的信息和资源即是个人的社会资本。[1]

1970年代,格兰诺维特在其《弱关系的力量》和《找工作》中论证了关系网络对一个人求职的重要性[2]。研究中,格兰诺维特批评了新制度学派和经济学的不同流派不同程度地简化了社会结构与个人的复杂性。他将人视为嵌入社会关系网络中的行动者,与行动者有关系的亲属、朋友等友好关系形成了个体的社会关系网络,并维持着经济关系与制度的运转[3]。在以后的研究中,格兰诺维特再次论证了这一观点。他以美国电力工业的发展为研究对象,发现电力模式的选择和塑造源于工人之间的友谊、相似的经历、共同依赖、公司连锁和新的社会关系创造。正是通过社会关系网络的资源动员和影响,美国电力工业模式才得以社会性地建构起来[4]。在对社会资本、关系强度与地位获得之间的关系分析的基础上,格兰诺维特认为,个人通过社会关系网络能够获取的求职信息,能够使其获得新的职业,并实现社会流动。在求职过程中,人们使用的社会关系超出了与个人有直接关系的亲属等紧密社会网络。因此,弱关系而非强关系,在个人求职信息的获取中产生了重要作用。在强弱二元关系网络中,弱关系使个体所能活动和接触

---

[1] LIN N. Social resources and instrumental action[M]// MARSDEN P,LIN N. Social structure and network analysis. Newbury Park,CA:Sage Press,1982:131-145.

[2] GRANOVETTER M. The strength of weak ties[J]. American journal of sociology,1973,78(6):1360-1380.

[3] GRANOVETTER M. Economic action and social structure:the problem of embeddedness[J]. American journal of sociology,1985,91(3):481-510.

[4] GRANOVETTER M,MCGUIRE P. The making of an industry:electricity in the United States[M]// CALLON M. The laws of the markets,Oxford:Blackwell,1998.

的领域与范围增大,提高了信息获取的多元性。格兰诺维特将这种弱关系作用定义为"弱关系假设"①。

在格兰诺维特"弱关系假设"的基础上,林南发展出了社会资本理论。他将个人能够获取和使用的资源分为个人资本和社会资本。他强调,只有嵌入在社会关系网络中的资源才是社会资本。社会资本是个人期望获得的有回报的社会关系投资,是行动者可以获得的嵌入在社会网络中的资源②。林南因此建立起了包括行动者、社会网络与互动在内的系列理论假设与命题,形成了个人地位获得的社会资本模型。林南强调,个人的地位获得不仅是其先赋和自致因素作用的结果,还因为个人能够通过所建立的社会关系网络,尤其是弱关系网络获取所需要的更多的社会资源③。不仅如此,通过社会关系网络获取的社会资本,能够对个人的职业发展产生积极显著的作用,有利于个人地位的获得④。

二、国内地位获得与向上流动的讨论

就一般意义而言,社会分层与社会流动是最重要的社会现象,被视为现代社会变迁最主要的表征,也是社会学研究的最重要议题之一⑤。我国的社会流动与地位获得研究虽然较西方国家开始得晚,但在经历了建国与改革开放两次近现代重大社会结构变迁后,社会流动与地位获得已然成为中国社会学研究的核心议题之一。也正是以重大社会变迁为背景,国内地位获得研究可以大致分为改革前和改革后两个阶段。

(一)计划经济时期地位获得路径的制度性特征

国内地位获得研究开始于对西方社会流动与地位获得研究的引入,以及基于两种制度体系的比较研究,即质疑西方地位获得研究在中国本土的解释力与适用性。较早提出这种质疑并开始这一工作的是林南与边燕杰。二人对天津居民的调查研究指出,社会主义体制下的计划经济与资本主义市场经济资源配置的规则不同,个人所能获得资源途径的不同决定了建立

---

① GRANOVETTER M. The strength of weak ties[J]. American journal of sociology,1973,78(6):1360-1380.
② 林南.社会资本:关于社会结构与行动的理论[M].张磊,译.上海:上海人民出版社,2005:18-24.
③ LIN N. Social resources and instrumental action[M]// MARSDEN P,LIN N. Social structure and network analysis. Newbury Park,CA:Sage Press,1982:131-145.
④ BURT R S. Structural holes:the social structure competition[M]. Cambridge MA:Harvard University Press,1992:119.
⑤ 张宛丽.中国社会阶级阶层研究二十年[J].社会学研究,2000(1):24-39.

在理想的市场假设基础上的职业地位获得模型不适用于中国人的地位获得解释。① 质疑的焦点沿着两条线索进行：一是改革前，尤其是早期中国社会职业化程度较低，以职业地位获得作为社会分层与社会流动的结果无法涵盖大规模非职业化的群体，无法解释非职业化群体的地位获得；二是计划经济体制下，我国资源配置是在单位制的框架内，沿着层级性的行政组织进行再分配。市场在这个过程中不起主要作用，个人也难以在制度外获取支撑社会流动的足够资源。社会成员的地位差异主要是制度化结构分割的结果，身份制、单位制和行政制是制度化结构的三个主要方面。② 身份制将社会成员制度性地划分为干部、工人、农民三类社会群体，且一般难以因个人意愿而改变；单位制将不同的社会成员组织到不同的组织单位中，彰显个人地位的资源、权力、声望主要来源于单位；而行政制则依行政关系和地位体系中个人科层位置的不同，确立人与人之间的行政隶属关系。几乎所有的社会单位与组织都存在行政隶属现象，而最终这种隶属关系又归属于国家行政部门，成为行政管理自上而下的国家行政体系。在以对社会资源的权力占有与再分配为基本特征的利益结构中③，权力、声望和收入的最大受益者是领导干部，工人其次，农民则基本被排除在这一利益再分配体系之外。以权力授予关系为特征的地位获得模式，这一时期的社会结构因此呈现出刚性特征，社会整体流动不大，个人地位获得缺乏自主性④。

(二)改革开放后地位获得的市场交换路径及其"关系"特征

再分配权力、寻租能力、市场能力共同构成了阶层分化的多元动力基础。在计划经济时期，再分配的权力决定了阶层地位的高低。那些处于体制内的官僚精英群体拥有利益再分配的权力，在再分配过程中获得了足够的资源，处于社会的上层。在双轨制与市场经济时期，寻租能力与市场能力决定了社会分层的结果。市场经济改革过程中，由于再分配机制和市场机制在资源分配中偏好不同，"产生了一个有利于直接生产者和私营企业主的权力转移过程"⑤。这直接导致了政治权力对于地位获得的回报率下降，而人力资本与经营活动的回报率却不断上升。市场经济的转型以及市场机会

---

① LIN N, BIAN Y J. Getting ahead in urban China[J]. American journal of sociology, 1991, 97.
② 李路路,王奋宇.当代中国现代化进程中的社会结构及其变革[M].杭州:浙江人民出版社, 1992.
③ 孙立平."关系"、社会关系与社会结构[J].社会学研究,1996(5):22-32.
④ 王颖.社会转型的层级结构分析[C]//陆学艺,景天魁.转型中的中国社会.齐齐哈尔:黑龙江人民出版社,1994.
⑤ NEE V. A theory of market transition: from redistribution to markets in state socialism[J]. American sociological review, 1989, 54: 663-681.

的快速扩张,提供了人们利用新的市场机会发展成为新的赢家的可能,但市场化变革"不仅在私有领域产生了经济机会,也为公共财产注入了新的价值,从而给那些在公共部门里的干部精英带来了机会"①。由于制度作用的惯性,在市场经济转型过程中,政治权力在利益再分配中的作用一定程度上仍然在延续②,市场变革中精英群体地位获得政治权力的回报虽然降低,但却以权力转化为市场机遇和市场把握能力的形式得到优势延续在市场经济转型过程中,精英群体的政治优势开始部分转化为经济优势,在社会分层中依然处于优势地位。不过,在市场机制作用下,分权让利也使企业获得了一定的经营自主权,尤其是使私有经济获得了合法地位。一大批私营企业者也的确借助市场机遇发展壮大。在实现了向上流动的同时,也对社会分层结构产生了局部冲击,至少在社会阶层成员的构成上变得多元化。不过,我们必须看到,市场机遇所带来的向上流动途径并不是对所有人都适用的,或者说并不是所有的人都有能力借助市场机制实现向上流动。韦伯指出,"在理想型市场经济里,市场能力决定市场地位,进而决定阶层地位"③,"而阶级地位最终也就是市场地位"⑤。

不过,在改革开放后,计划经济向市场经济转型,社会结构引入市场经济成分,在原体制的基础上发展出了个人"自由流动资源"和"自由流动空间"⑥。建立在权利授予关系基础上的地位获得模式开始向市场交换关系转换。个人的地位获得与流动具有了相对的自主性。

改革开放后中国地位获得研究模式的转变始于1990年代由国外学者发起、国内学者广泛参与的一场学术证明。讨论的焦点在于社会主义计划经济向市场经济的转变,社会利益再分配模式发生重大变化,在这种背景下,个人地位获得模式和途径发生了怎样的变化。Nee认为,随着市场经济的转型,建立在权力授予关系基础上的政治资本的经济回报降低,个人自由的人力资本回报上升,个人地位获得的自主性有所增强。⑦ 这种自主性具体表现为:

首先,社会资源得到可得性增加,权力体系中干部的地位获得优势相对

---

① WALDER A G. Elite opportunity in transitional economies[J]. American sociological review, 2003, 68(6): 899-916.

② BIAN Y J, LOGAN J R. Market transition and the persistence of power: the changing stratification system in urban China[J]. American sociology review, 1996, 61(5): 739-758.

③⑤ WEBER M. Economy and society[M]. Berkeley: University of California Press,1978: 45-61.

⑥ 孙立平."自由流动资源"与"自由流动空间"[J].探索,1993(1):64-68.

⑦ NEE V. A theory of market transition: from redistribution to markets in state socialism[J]. American sociological review, 1989, 54: 663-681.

下降,市场交换关系为体制外普通个人从市场获取资源提供了条件,个人地位获得因此成为可能。研究指出,市场机制的导入,导致再分配体制中的利益既得群体的地位下降,原体制下的穷人、农民和企业家享有了相对更多的地位获得优势。其他的研究则更详细具体地指出,改革开放后,中国国家官员和企业工人的收入差距明显缩小,工人的收入甚至超过了领导干部,国营部门收入不平等的程度也明显降低。①

其次,传统民间社会资本("关系")进入市场,开始参与市场交换。国内学者刘世定的一项研究发现,经营代理人与委托人之间是关系性质的合同,并且这种合同关系是嵌入在二者的社会关系之中的。这一发现隐藏了"市场合同是不完善的,它需要人际关系来弥补其缺陷"这一假设②。这一发现的背后,揭示的是市场本身存在的不确定性及其固有的风险,需要社会性的因素加入,以维持甚至加强市场关系的有效性和稳定性。另外,传统特殊主义的"关系"进入市场,为社会底层人们的地位获得提供了更大的可能性。建立在功利主义和工具性基础上的人际关系网络,尤其是民间社会网络对社会资本的自行分配,为个人地位获得提供了必要的社会资本。这某种程度上是对社会网络模型的回应。而实际上,从相关的研究来看,特殊主义的关系作用于个人地位获得,在东亚社会及儒家文化圈中表现得尤其明显。③

三、农民工群体向上流动:"关系"为何能发挥作用?

在创业转型做包工头之前,出身农村的建筑工人无论在个体人力资本、社会资本、家庭条件等各个方面都明显处于较差的水平,有着与福柯笔下"无名者"相类似的群体特点。在笔者看来,那些在建筑工地上从事沉重体力与超长时间体力劳动的建筑工人,以及那些为生活所迫而到处流动务工的普通农民或农民工,就是我们当前这个社会的"无名者"。

农民工群体具有向上流动的积极愿望与采取实践行动的可能。农民工群体并不是一个安于现状的群体,虽然受到阶层分割与制度、社会的排斥,但也并不总是表现出封闭式、自我诅咒式的"阶层再生产"④。农民工群体

---

① 孙立平.市场过渡理论及其存在的问题[J].战略与管理,1994(2):77-84.
② 刘世定.嵌入性与关系合同[J].社会学研究,1999(4):77-90.
③ 张宛丽.非制度性因素与地位获得:兼论现阶段中国社会分层结构[J].社会学研究,1996(1):64-73.
④ 关于底层社会的自我诅咒与阶层再生产,保罗·威利斯在其《学做工:工人阶级子弟为何子承父业》中有深入的研究。他探讨了工人阶级循环往复、"甘愿"进入社会底层的文化逻辑。并从工人文化与学校教育的角度解释了工人阶级子弟在接受学校教育过程中对统治阶级文化霸权的抵抗以及自我否定之间的悖论,最终使其陷入向上流动的困境。同时也批评了主导文化和意识形态在底层社会亚文化与群体再生产起到的作用。

是积极的市场嵌入者,他们善于在条件与环境不佳的情况下创造各种形式的非正式经济形式,从而发展出属于自己的非正式经济。即便是进城务工的农民工,在受到社会、制度排斥,各种权利权益处于"悬置"的情况下,也表现出各种形式的自谋就业与创业行为。道格·桑德斯在其《落脚城市:最后的人类大迁移与我们的未来》一书中就着重讨论了自农村进入城市的乡村移民在城中村和自发建成的聚居区这类条件艰苦的地方如何发展出自己的"族裔聚居区经济模式",从而实现由底层乡村移民向城市中产阶层的转变过程。有些乡村移民聚居的破败地区——落脚城市——如今已然发展成为当地城市新的经济与社会中心,乡村移民甚至还在取得经济成功的同时争取到了自己在城市的合法身份与政治权力。[①]

上述两个层面的含义中,第一层含义实际上不仅说明了农民工群体在社会结构中的阶层位置,同时也表明了农民工群体在地位获得与向上流动方面所面临的结构性制约与困境。而第二层含义则表明,农民工群体虽然在社会结构和市场中处于相对被动的地位,但他们仍然具有通过自身努力改变自身命运的能动性与可能。

吴晓刚与谢宇等指出:"劳动者是动态的社会行动者,他们并不是简单地受市场决定,而是通过积极地寻找他们在劳动力市场上的位置来回应市场化的影响"。[②] 我们绝不能就此将底层社会视为安于现状、不思进取的固化社会。自雇创业就是劳动者回应市场化影响的重要行动表征。在中国农村,参与到自雇创业活动中的群体主要来自社会等级中的底层。[③] 他们虽然被排除在已有的经济机会和政治机会之外[④],但通过自雇创业,底层群体发展完全有可能带来一个"新的中产阶级"的兴起[⑤]。斯坦美兹和莱特指出,"自雇创业者是指那些通过自己的劳动获取部分或全部的收入,而非出卖自己的劳动给雇主以获取工资的人"。"自雇业者并不等同于私营企业

---

① 相关研究参见:道格·桑德斯著《落脚城市:最后的人类大迁移与我们的未来》,陈信宏译,上海译文出版社,2012年版;谷玉良、江立华:《落脚城市的"死"与"生":城市流动农民聚居区的命运——道格·桑德斯的落脚城市》,《都市文化研究》,2014年第2期。

② WU X G, XIE Y. Does market pay off? earnings returns to education in urban China [J]. American sociological review,2003,68(3):425-442.

③ NEE V. A theory of market transition: from redistribution to markets in state socialism [J]. American sociological review,1989,54:663-681.

④ ARUM R, WALTER M. The reemergence of self-employment: a comparative study of self-employment dynamics and social inequality[M]. Princeton, NJ: Princeton University Press,2004.

⑤ STEINMETZ G, ERIK O W. The fall and rise of the petty bourgeoisie: changing patterns of self-employment in the postwar United States[J]. American journal of sociology,1989,94(5):1134-1149.

主,但是自雇创业者代表了一个很容易辨识的社会群体,因为他们趋近于私营企业主在经营企业活动中所体现出来的企业家精神"[1]。在回应市场化影响的自雇创业行动中,农民工群体具有一般私营企业主的市场嵌入能力和企业家精神,完全有可能突破社会分层结构的藩篱,实现向上流动。

建筑业工人通过自雇创业转型做包工头的身份转型与地位获得,其成功既与包工头群体的特点有关,同时也受到结构性因素的影响。

首先,通过创业实现建筑工人向包工头的身份转型与地位获得表明,这些包工头创业者虽然人力资本水平较低,社会资本也明显不足,但他们普遍具有积极创业和市场参与的意愿,具有较强的开拓欲望,表现出了现代企业家精神所必需的信任与合作意识。但同时这些包工头创业者也具有一定的保守理性,在创业和市场嵌入过程中并不盲目冒险。建筑工人创业做包工头动机的产生虽然一定程度上受身边成功包工头的示范压力,但与其自身的一些特质也有较大关系。建筑工人虽然处于社会底层,并且绝大部分从事纯体力劳动。但他们并未表现出甘于底层,安于现状、不思进取,而是具有强烈的改变自身命运的愿望。在做建筑工人期间,就注重建筑业相关知识和经验的积累与学习。同时,能够将周围创业者的成功经验和关系网络转化为自己创业的社会资本。在创业和市场嵌入过程中也经常表现为边干边学、既做老板也做工人,具备足够的抗压能力和吃苦耐劳品性。这些建筑工人在创业机会识别、资源集聚和市场机遇把握等方面表现出一定的企业家精神。不过值得指出的是,虽然包工头在创业准备和市场嵌入过程中表现出现代企业家精神的一些基本特点,但他们并不盲目冒险,而是表现为具有一定的保守理性。这从创业包工头对大包工头的依附中就可见一斑。包工头创业过程中表现出的保守理性,一方面源于他们在创业过程中仍然需要不断学习现代市场规则,并提高自己的适应市场的能力。另一方面也源于建筑工人在创业做包工头期间个人资本有限,缺乏足够的抗风险能力。众多建筑工人通过自雇创业实现身份转型与地位获得,已经发展出一种"改变自身命运的文化想象"。

其次,包工头的创业实践具有灵活性、能动性与创造性,能够根据创业不同阶段所面临的不同市场环境,适时改变关系运作的策略,来达到适应变化了的市场环境和化解市场风险的目标。这体现出,包工头在创业过程中并不是被动受市场环境和市场机制的制约,而是能够发挥自身的能动性,积极参与市场秩序的建构,以达到市场适应和维护自身利益的目的。正是因

---

[1] GERBER T P. Paths to success: individual and regional determinants of self-employment entry in post-communist Russia[J]. International journal of sociology, 2001, 31(2): 3-37.

为包工头自身的灵活性、能动性与创造性,作为传统非正式因素的"关系"才能够在包工头创业实践中与现代市场机制相结合,并作为一种要素参与市场分配。这一现象在建筑业劳务分包过程中,包工头之间以及包工头与发包方之间基于"关系"的合作中表现得尤为明显。

再次,建筑业工人在向包工头的创业转型过程中注重日常生活实践与经济行动的有效结合,并且将个人日常生活中的一些优秀品质运用到经济行动中与他人的沟通与交易。这些品质包括务实、热情、讲信用、重感情和义气、注重回报和反馈等。现代市场经济虽然注重信任与合作,但就交易主体层面而言,仍然是缺乏温情陌生场域。而讲究开放、自由与平等的市场原则本身也对私人情感具有排斥性。但从包工头创业与身份转型的过程来看,农村出身的包工头保持了朴素的热情、务实与重"关系"回报的品性,在劳务分包过程中,不仅踏实肯干,务实诚信,而且在经济行动中注重私人关系的建立与维系。通过日常生活与经济行动的有效结合,将私人情感因素带到市场交易中来,建立起一种"关系型"的市场交易模式。在"关系型"交易模式中,交易双方注重私人关系的建立与维系。并且主动寻求"关系"投资,实现私人关系与经济交易关系的相互转化。这极大提高了包工头创业过程中的市场适应性,同时也降低了其市场交易的风险。

包工头身份转型与地位获得过程中表现出的上述品性,表现出了较为明显的可辨识的群体特征。这些明显可辨识的群体特征虽然对其身份转型与地位获得产生了一定作用,但其身份转型与地位获得也受结构性因素的影响。尤其是"关系"能够起作用,与个体所处的制度条件与市场环境密切相关。

"关系网络发挥作用的机制因制度背景而不同,在对就业过程中的关系网络做实证分析时,必须界定清楚所处的社会背景,而不能泛泛而谈"。[①]在杨美惠看来,"我们最好把关系学视为一种在特定历史背景下的文化实践,其特点和话语在不同的历史场合和政治环境下有着不同的意义和不同的运作空间,而不是将其视为一成不变的既定的中国文化的一个元素"。[②]特定制度环境下,关系的运作逻辑和运作空间明显不同。

一般来说,中间阶层和精英阶层人力资本水平高,且处于特定的社会结构位置,因此在地位获得过程中能够获得来自制度与市场的较大支持。其

---

① GOLD T, DOUG G, DAVID W. An introduction to the study of guanxi[M]//GOLD T, GUTHRIE D, WANK D. Social connections in China: institutions, culture, and the changing nature of guanxi. Cambridge: Cambridge University Press, 2002: 3-20.

② 杨美惠.礼物、关系学与国家:中国人际关系与主体性建构[M].赵旭东,孙珉,译.南京:江苏人民出版社,2009:294.

地位获得也主要通过制度分配与市场选择机制实现。而农民工群体由于缺乏必要的人力资本与社会资本，无法获得制度分配的"青睐"，也通常在市场选择过程中被"淘汰"。因此关系往往成为其整合社会资源与积累原始资本的唯一途径。同时，由于在特定的制度和环境中，制度本身存在的"制度洞"缺陷[①]，也为作为非正式机制的"关系"起作用提供了一定的空间和条件。

　　由于建筑业市场环境和劳务分包制度尚不完善，存在诸多的"体制洞"[②]，为包工头创业过程中的关系运作提供了一定的制度空间。建筑业劳务分包过程中，资金垫付将包工头与总承包和具体发包方紧密联系在一起，形成相互倚重和长期稳定的合作关系。这就导致新创业的建筑包工头在创业初期难以迅速实现独立的市场嵌入。为了在创业初期实现初步的生存嵌入和避免独立承担劳务分包资金垫付的风险，创业包工头只能选择依附内核关系网络中熟悉大包工头。进入扩大化市场嵌入期，创业包工头虽然有能力实现独立市场嵌入，也初步具备了承担市场风险的能力，劳务分包并不是在完全公开和纯粹竞争的条件下进行的。在劳务分包中，工程项目的发包原则上通过市场招标形式进行，但在实际操作中，由于建筑公司和包工队伍存在挂靠关系，加之许多发包方本身有相对稳定合作的建筑队伍，因此劳务分包存在较多的"关系标""串标""邀请标"等现象。缺乏关系的包工头则很难获得相应的投标机会。即便是公开的招投标，竞争也非常激烈。一个工程一般有10个以上的建筑队伍参与招投标。而通过内核关系中介建立更广泛的外围市场关系，以及将外围市场关系带入内核关系网络，陌生关系的熟悉化可以提高创业包工头独立市场嵌入期参与劳务分包的可能性和机会。这也是内核关系之所以在建筑包工头市场嵌入过程中持续发挥积极作用的重要制度与市场原因。

　　当然，建筑业是劳动密集型产业，属于中低端产业。这意味着包工头从业的门槛相对较低，这也是建筑工人创业做包工头的成为可能的重要基础条件之一。与此同时，建筑行业总体来说对技术创新的要求比较低，这就使得关系在包工头创业过程中能够持续起积极作用，而不至于像技术型创业和对创新有较高要求的行业那样，关系的运用可能导致企业发展陷入内卷化的困境。

---

　　① 边燕杰,张文宏,程诚.求职过程的社会网络模型:检验关系效应假设[J].社会,2012(2):24-37.
　　② BIAN Y J. Institutional holes and job mobility process: guanxi mechanisms in China's e-merging labour markets[M]// GOLD T, GUTHRIE D, WANK D. Social connections in China: institutions, culture, and the changing nature of guanxi. Cambridge: Cambridge University Press, 2022: 117-136.

通过上面的分析,我们可以概括出包工头地位获得过程中"关系"有效性的作用机理,并厘清影响农民工群体地位获得与向上流动的个体与结构性因素,具体如表6-1所示:

表6-1 农民工群体地位获得与向上流动中"关系"有效性的作用机理

影响因素与维度	条件限度	"关系"的作用机理
个人素质和能力	人力资本水平低、关系网络单一、社会资本不足	地位获得的能力和技能只能通过再学习获得;再学习的渠道多通过内核关系网络,即强关系网络实现。社会资本的整合与新的社会关系网络的建构也往往借助内核关系的帮助
关系运作手段及变通	不同市场环境下,不同类型关系所起的作用及其程度不同,发生作用的逻辑也不同	创业者通过灵活的关系运作,突破内核网络,建立新的外围市场关系,且善于将陌生的市场交换关系适时转化为新的熟悉关系,从而化解市场风险,构建新的市场秩序;注重日常生活实践与经济行动的有效结合。通过私人关系与交易关系的相互转化,构建具有稳定性的"关系交易"模式
行业/产业类型	制造业、劳动密集型、服务型等中低端产业	制造业、服务业、劳动密集型等中低端行业/入行门槛较低,内核关系起作用的条件和环境变化并不明显,关系能够持续起积极作用
制度条件与市场环境	不完全竞争的市场与存在缺陷的制度条件	获得制度和市场支持的可能性较低;提供了关系作用的空间

四、"非常规性"与连带效应:底层群体向上流动中关系的作用

建筑业包工头身份转型与地位获得的过程,以及他们关系运作的手段逻辑表现出以下四个方面的特点:

首先,研究对象都来自同一个地域范畴,即本书的研究对象主要来自新洲地区。包工头来源地较为集中,有的来自同一个乡镇,有的甚至来自同一个村庄和湾寨。共同的地域来源使包工头之间具有先天的、相互交织的地缘关系、亲缘关系等,形成了他们的"内核关系网络"。

其次,在相互交织的"内核关系网络"中,有很多人从事建筑行业,做了包工头,即有已经实现了身份转型和向上流动的包工头,他们已经在地位获得中处于特定的结构位置——包工头。他们的身份转型与地位获得对关系网络中的其他人会有示范性压力,使后来者的身份转型与地位获得表现出某种"关系驱动"的特点。

再次,在"内核关系网络"中,那些想要创业做包工头的建筑工人或普通

农民善于运用自己与已经处于特定结构位置,实现了一定向上流动的包工头之间的熟悉关系,并通过对熟悉关系的运作实现自己的身份转型与地位获得。相比较个体包工头的发展,拥有一定血缘、地缘关系从事建筑行业的包工头在建筑业市场嵌入和发展方面更具有优势。

最后,在"内核关系网络中",不断地有建筑工人或普通农民创业做包工头,他们凭借与先前创业者的熟悉关系,总是能够获得来自他们的支持。不断有人做包工头,形成了关系网络中持续创业和地位获得的连续统。

基于建筑业包工头身份转型与地位获得的上述特点,可以将包工头群体的地位获得机制总结为"关系的连带效应"。该效应具有以下三方面内涵:第一,地位获得群体具有先天性的关系联结,他们基于地缘、业缘、血缘等纽带构成一个相对同质性的关系网络。第二,在其所处的同质性关系网络中,已经有人实现了身份转型与地位获得,并处于特定的社会结构位置上,且他们的结构位置相比关系网络中的其他人要高。第三,处于结构位置较低的人具有改变自身命运的积极愿望,并且通常借助于已经实现地位获得者的熟悉关系,通过关系运作进行资源的动员与社会资本的集聚,进而改变自身命运,实现向上流动。

农民工群体虽然具有实现向上流动和获得更高社会地位的可能,但研究普遍认为,相比较精英群体和社会上层地位获得模式的常规性,农民工群体的地位获得具有明显的非常规性特征。[①]

计划经济体制下,社会成员的地位差异主要是制度化结构分割的结果[②],再分配权力、寻租能力、市场能力共同构成了阶层分化的多元动力基础[③]。在以对社会资源的权力占有与再分配为基本特征的利益结构中[④],权力、声望和收入的最大受益者是领导干部,工人其次,农民则基本被排除在这一利益再分配体系之外。

市场经济改革过程中,市场在资源分配中偏好不同[⑤],产生了一个有利于直接生产者和私营企业主的权力转移过程[⑥],也提供了人们利用新的市

[①] 吴愈晓.社会关系、初职获得方式与职业流动[J].社会学研究,2011(5):128-152,224-225.

[②] 李路路,王奋宇.当代中国现代化进程中的社会结构及其变革[M].杭州:浙江人民出版社,1992:84-105.

[③] 刘欣.当前中国社会阶层分化的制度基础[J].社会学研究,2005(5):1-15,243.

[④] 孙立平."关系"、社会关系与社会结构[J].社会学研究,1996(5):22-32.

[⑤] SZELENYI I. Social inequalities in state socialist redistributive economies[J]. International journal of comparative sociology, 1978: 19.

[⑥] NEE V. A theory of market transition: from redistribution to markets in state socialism [J]. American sociological review, 1989, 54: 663-681.

场机会发展成为新的赢家的可能①。但正如魏昂德指出的,市场改革不仅在私有部门中产生了经济机会,也为公共财产注入了新的价值,从而给那些在公共部门里的干部精英带来了机会②。由于制度作用的惯性,市场经济转型过程中,政治权力在利益再分配中的作用一定程度上仍然在延续③,市场变革中精英群体地位获得政治权力的回报虽然降低,但却以权力转化为市场机遇和市场把握能力的形式得到优势延续④。总之,那些拥有再分配权力、寻租能力和市场能力的精英群体,他们的地位获得与向上流动呈现出明显的制度依赖特征,地位获得具有常规性。而农民工群体由于被排除在社会主流结构之外,不仅难以获得主流社会和制度的正式支持,市场化改革中也因先天优势不足,在新时期的社会流动中鲜有作为。

当然,市场经济的转型和发展的确扩展了个人"自由流动资源"和"自由流动空间"⑤。建立在权利授予关系基础上的地位获得模式也开始向市场交换关系转换。体制外普通个人可以从市场获取资源,地位优势也开始由原体制下的穷人、农民和企业家所分享。⑩个人地位获得因此表现为某种自主性和非常规性。尤其是传统民间社会资本,如"关系"等进入市场参与市场交换,对个人地位获得与向上流动具有重要意义。传统特殊主义的"关系"进入市场,民间社会网络对社会资本的自行分配为个人地位获得提供了必要的补偿性社会资本。从相关的研究来看,关系作用于个人地位获得,在东亚社会及儒家文化圈中表现得尤其明显⑥。

那些原本处于社会底层的农民与农民工,他们虽然缺乏市场参与能力和必要资本,但"劳动者是动态的社会行动者,他们并不简单地受市场决定,而是通过积极地寻找他们在劳动力市场上的位置来回应市场化的影响"⑦。自雇创业成为劳动者回应市场化影响的重要行动。在中国农村,参与自雇创业活动的群体主要就来自那些原本被排除在已有的经济机会和政治机会

---

① SZELENYI I, KOSTELLO E. The market transition debate: toward a synthesis? [J]. American journal of sociology, 1996, 101(4): 1082-1096.

② WALDER A G. Elite opportunity in transitional economies[J]. American sociological review, 2003, 68(6): 899-916.

③ BIAN Y J, LOGAN J R. Market transition and the persistence of power: the changing stratification system in urban China[J]. American sociology review, 1996, 61(5): 739-758.

④ RONO-TAS Y A. The first shall be last? Entrepreneurship and communist cadre in the transition from socialism[J]. American journal of sociology, 1994, 100(1): 40-69.

⑤ 孙立平."自由流动资源"与"自由流动空间"[J].探索,1993(1):64-68.

⑥ 张宛丽.非制度性因素与地位获得:兼论现阶段中国社会分层结构[J].社会学研究,1996(1):64-73.

⑦ WU X G, XIE Y. Does market pay off? earnings returns to education in urban China[J]. American sociological review, 2003, 68(3): 425-442.

之外的社会底层。① 自雇群体的发展将导致一个"新中产阶级"的兴起②。"自雇业者"并不等同于"私营企业主",但他们代表了一个很容易辨识的社会群体。因为他们趋近于私营企业主在经营企业活动中所体现出来的企业家精神。③ 不过,来自社会、经济和劳动力市场结构的三重制度分割导致农民工群体被隔离在特定的社会、经济空间之外,使农民工群体的向上流动路径遵循着非正式规则,建构出一种非制度性的社会经济地位获得模式。④

五、包工头的身份转型与社会地位

通过自谋创业做包工头,出身农村的普通建筑工人不仅改变了纯粹雇佣劳动力的身份,而且在经济收入、社会声望、生活水平、后代子女和社会地位等方面也都得到较大程度的改善。他们由建筑工人、普通农民工、农民等身份向建筑业包工头的身份转型,同时也伴随着其社会地位的提升。

在前面的分析中,我们已经揭示了建筑业包工头身份转型与地位获得过程逻辑,将以往研究中被简单化约了的关系作用以更加详细的描述与讨论展现出来,并且总结了建筑业包工头身份转型过程中的关系逻辑。在总结建筑业包工头地位获得的理想模型之前,我们有必要对所研究对象——建筑业包工头——当前的社会地位进行一个全面性的说明与讨论。讨论既是建立在经验发现的基础之上,也是对目前建筑创业包工头群体特征的一种总结。对建筑业创业包工头社会地位的说明将通过对包工头群体的生活消费和社会交往等方面具体的比较性描述与分析来具体呈现,并从包工头群体自身的主观认同与社会性的客观评价两个维度展开。

(一) 日常生活与社会交往

经济收入和日常生活消费等是衡量一个人身份与社会地位的重要指标。消费认同更被认为是农民工身份认同的重要维度。以往对农民工的研究表明,农民工,尤其是第一代农民工的生活消费具有明显的"生存型"特

---

① ARUM R, WALTER M. The reemergence of self-employment: a comparative study of self-employment dynamics and social inequality[M]. Princeton, NJ: Princeton University Press, 2004.
② STEINMETZ G, ERIK O W. The fall and rise of the petty bourgeoisie: changing patterns of self-employment in the postwar United States[J]. American journal of sociology, 1989, 94(5): 1134-1149.
③ GERBER T P. Paths to success: individual and regional determinants of self-employment entry in post-communist Russia[J]. International journal of sociology, 2001, 31(2): 3-37.
④ 李春玲.流动人口地位获得的非制度途径:流动劳动力与非流动劳动力之比较[J].社会学研究,2006(5):85-106.

点,是生存论预设下的"生产的工具"或"生产的个体"。[①] 即便是新生代农民工,虽然在消费理念上与老一代农民工有较大区别,即更加倾向于文化、趣味、享受、情感性消费。消费欲望也较老一代农民工有了显著提升,与一般市民消费理念已经基本趋同。但限于经济条件和收入限制,新生代农民工的消费仍然呈现出低水平特点。而建筑业包工头的经济收入、日常生活消费等则呈现出不同的特点。

从经验调查的发现来看,建筑业包工头承包的工程金额一般都达到了 100 万元规模。建筑业包工头的家庭年收入最低都在 15 万元,最高的达到了千万元水平。[②] 从所调查的 31 位建筑业包工头的平均水平来看,家庭年收入平均超过了 70 万元。[③] 就收入水平而言[④],2015 年我国人均可支配收入约为 2.2 万元,其中,城镇居民人均可支配收入约为 3.1 万元,农村居民人均可支配收入约为 1.1 万元。即便是统一按照平均家庭四口人计算,建筑业包工头家庭的年均可支配收入也远超过了城镇居民平均的可支配收入水平。从消费支出的情况来看,包工头家庭的年平均消费支出达到了 11.7 万元。按照平均四口之家来计算,人均年消费支出约为 2.9 万元。而 2015 年我国全国居民的人均消费支出为 1.57 万元,城镇居民人均消费支出为 2.14 万元,农村居民人均消费支出为 0.92 万元。也就是说,即便与城镇居民平均水平相比,建筑业包工头家庭的人均年消费支出也不低。

从消费内容来看,除了日常生活、交通、衣服、医疗保健等大众消费之外,建筑业包工头家庭的教育文化消费、食品烟酒消费等也颇具特点。经济收入的提高使得包工头普遍重视对后代子女的教育,也开始重视教育质量较高的私立学校以及国外教育。由于市场交易过程中交际的需要,食品烟酒是建筑业包工头日常生活消费中支出中比较大的构成部分。除此之外,汽车、住房、旅游、医疗保健等也是建筑业包工头家庭大宗消费的支出项目。调查的包工头中,所有的家庭都购买了汽车,超过七成的建筑业包工头在城

---

① 杨发祥,周贤润.新生代农民工的消费认同:一个社会学的分析框架[J].华东理工大学学报(社会科学版),2015(6):31-39.

② 限于本书研究对象的选择与接触条件,千万元收入的包工头只是本文所调查到的包工头中收入最高的,而并不是所有建筑行业包工头收入最高的。现实中还存在发展规模更大的建筑业包工头,收入可能更高。

③ 在计算平均年收入时,为了使计算结果不至于因最大数和最小数发生较大偏离,在整理和统计所调查的包工头家庭年收入时,去掉了最高的 200 万元以上收入的包工头,去掉了一个最低的 15 万元年收入的包工头,计算剩下 29 个包工头总和年收入的平均数。

④ 下面关于包工头收入与消费支出的数据根据深度访谈调查所得到的数据整理计算。全国居民收入以及消费的数据,均整理引自国家统计局网站,http://www.stats.gov.cn/tjsj/zxfb/201602/t20160229_1323991.html.

市购买了自己的住房①。旅游、与医疗保健也是建筑业包工头家庭消费较为偏好的支出项目。医疗保健方面,大部分被调查的包工头家庭都给自己的家庭成员购买了商业医疗保险,一些家庭在这方面的消费支出,每年就超过1万元。旅游消费成为许多包工头家庭钟爱的项目。

"我平时在工地上的时间多,跟家里人陪着的机会也少。我孙子在家我一年都见不到几面。我儿子又不干这个(建筑),所以所有的事情几乎都要靠我自己亲自盯着。一年下来自己辛苦不说,总要找机会陪陪家人,补偿一下他们。所以找个机会出去玩一玩,算是对自己和家人一年的补偿吧。"(XBXUE20160822)

建筑行业包工头平时工作时间相对较长,日均工作时间超过了9个小时,且长期待在工地与家人分离现象严重。因此,包工头家庭每年都会安排特定的时间组织家庭旅游。从以上包工头家庭消费支出的各项目来看,凸显出包工头家庭消费支出结构较之一般居民的消费结构②相对更加多元化、合理化。消费水平也不再是一般农民工和普通农民那样基于俭省控制的低度消费。总体上来说,建筑业包工头的家庭消费水平明显较高,旅游、住房、汽车、医疗保险等消费对于一般农民和农民工来说更是"高端消费",较不常见。这也凸显出两类人在消费方面的差距。

社会交往方面,建筑业包工头与一般农民工和普通农民也表现出了显著差异。一直以来,交往内卷化都被认为是进城农民工社会交往的突出特点。农民工由于出身农村,进城求职也主要是通过老乡带老乡的模式来实现的,加之城市市民与社会结构本身对农民工的排斥,导致进城务工农民社会交往对象主要是那些熟悉的工友、老乡。很多农民工甚至在居住方面也表现出某种空间隔离现象,即便是在与市民共同居住的混合社区内部,农民工与市民的交往也表现出双重隔离的问题,这严重影响了农民工的城市融合与市民化,也不利于现代市民的再造。③ 相比之下,建筑业包工头的社会交往则呈现出交往对象多元化与社会关系网络开放化的特点,交往的对象既有建筑工人、本地市民、政府单位工作人员等,也更多地与建筑业从业包

---

① 购买的住房有的在大部分在武汉市区,也有在新洲本地城镇内购买了住房的。
② 国家统计局2015年的统计数据显示,我国居民消费支出中,食品消费支出平均占到了全部支出的30.6%,教育、文化、娱乐与服务等消费总计则只占总消费的17.3%。
③ 江立华,谷玉良.混合社区与农民工的城市融合:基于湖北省两个混合社区的比较研究[J].学习与实践,2013(11):96-102.

工头有频繁的往来。包工头的社会交往呈现出较为明显的市场嵌入的特点。调查表明,相比较于一般村民、建筑工人的往来,包工头认为与建筑业发包方和其他包工头之间的交往更重要。这一方面与其职业特点有关,即建筑业包工头的市场交易普遍建立在关系网络的基础之上;另一方面也与建筑业包工头本身习得了现代化的市场精神有关。

(二)身份知觉与社会地位认同

自我认同是建立在社会分类基础上,人们对自己个性品质的知觉、身份的认可、自我概念的生成。自我认同是一种在话语框架和心理机制下的主体身份建构,回答的是"我是谁""我从哪里来,我要到哪里去""我曾经是谁,我现在不是谁"的问题。[①] 建筑业包工头在实践过程中实现了身份的转型,这一事实是毋庸置疑的。现在的问题是,包工头是否对新生成的角色身份有所知觉、认可和接受。

为了考察建筑业包工头的自我认同,在经验调查与深度访谈过程中,笔者设置了一些与认同有关的问题,比如:您在多大程度上认为自己是城市市民(对这个问题的回答要求在1~10之间打分,10分表示对自己是城市市民最认同);您认为自己现在是创业老板吗;您认为自己目前与建筑工人的区别大吗;如果您认为自己与建筑工人的区别较大,从您的实际情况来看,您认为主要表现在哪些方面;与创业做包工头之前的您相比,您认为您的社会地位是否有所提高;如果将社会上的人从最底层到最高层划分为10个社会阶层,您认为您个人现在处于哪个阶层(1~10层分别赋值为1~10分。最底层1分,社会最高层10分)对上述问题的提问虽然是以深度访谈的形式进行的,但为了分析的需要,笔者在结果上仍然做了简单的统计分析。

从调研收集到的资料统计来看,在全部31个调查对象中,在城市市民身份认同方面,所有包工头的回答值都在6分以上,其中,打分分值在8分以上的有23人,所占比例高达74%。这说明,建筑业包工头对自己是城市市民的身份认同普遍持较为积极的态度。就这一点而言,建筑业包工头的市民身份认同程度远高于一般的城市农民工。[②] 对于自己创业老板的身份认同方面,100%的全部建筑业包工头都认为自己是创业老板。社会地位的变化方面,有87%的人认为自己做包工头之后比自己创业前的社会地位有了很大的提升。在社会分层的知觉与认识方面,约有55%(17人)的建筑业

[①] 潘泽泉.自我认同与底层社会建构:迈向经验解释的中国农民工[J].社会科学,2010(5):74-79.

[②] 2014—2015年间,笔者参与的湖北省黄冈市与荆门市的两个农民工调查项目中,统计数据显示,平均只有不到20%的农民工认为自己是城市市民。

包工头的阶层打分为 5 分,29%(9 人)的人自我打分为 6 分,9.7%(3 人)的人自我打分为 7 分,只有 2 个人的阶层认同打分为 4 分。总体上看,建筑业包工头的阶层认同停留在社会中上层。

要更加明显直接地展示建筑业包工头的身份认同,就有必要在一种比较的视下来考察。"您认为您作为包工头,与一般建筑工人的身份和社会地位差别大吗?"与"如果您认为您与建筑工人的身份和社会地位差别较大,主要表现在哪些方面?"两个提问更直接地说明了这方面的问题。调查结果显示,对于前一个问题的回答,接近 94%(29 人)的建筑业包工头认为自己与建筑工人的身份和社会地位差别较大。只有 2 个人认为自己与建筑工人的身份和社会地位相比"差不多,没什么区别"。从实际的情况来看,回答了自己与建筑工人身份和地位"没什么区别"的包工头,主要是发展规模较小、创业时间不长的包工头。那些知觉自己与建筑工人身份、社会地位差别较大的包工头,从他们回答的原因来看,主要表现在下面几点:"我是老板,建筑工人是跟我干活的工人,我给他们发工资""我的收入比建筑工人高得多""我的生活水平和生活质量比普通建筑工人高""我的交往层次比建筑工人高,我认识的关系更广"。

总体上看,建筑业包工头的自我认同是积极的,他们普遍能够意识到自己作为建筑业包工头的社会身份,对于自己的社会地位的提高也有明显的知觉。而且,那些发展程度越好、创业时间越长的建筑业包工头的自我认同,呈现出了比发展规模较小和创业时间较短包工头更积极的自我认同态度,有自己明确的定位和方向感。他们在与普通建筑工人和农民工在身份与社会地位区别方面的认识也表现出了建筑业包工头群体有意识的自我身份建构;对社会上对建筑业包工头的认识和评价方面也表现出了自己的一些看法。比如,当问及社会上有人对建筑业包工头持消极看法,如认为包工头比较"黑"时,包工头普遍能够从自己的角度为作为一个群体的"包工头"进行"正名"和维护。对群体身份以及名誉的维护和自我说明表现出了建筑业包工头具有相当程度的群体归属感与认同感。

当然,在调查中笔者也认识到,并非所有建筑业包工头的自我认同都是完全积极的。个别包工头的身份认同程度较低,社会地位知觉态度相对消极。这一方面与其创业时间长短和发展程度有关,另一方面也受其当时的经营状况的影响。除此之外,一些建筑业包工头身份与社会地位认同程度低还与建筑业本身的特点有关,即建筑行业周期短,空间流动性较高,一个工地工程结束后,就要转战其他建筑工地。因此,绝大部分非建制的零散包工头从事建筑行业并没有自己的门面。这与一般的商业创业有很大差别。

没有固定的门面导致建筑业包工头漂泊感较强,某种程度上影响了其身份与社会地位的认同。

以往研究者们在讨论城市农民工的身份认同时普遍发现,农民工的自我身份认同呈现出对市民身份认同较低,表现出固执的农民身份认同。即便是那些长期在城市稳定务工,甚至已经定居的进城打工农民工,也缺乏城市归属感和市民身份认同。在城市融入方面也表现出明显的固执融入的特点。① 除了城市公共服务和其他市民权利没有得到应有落实外,农民工本身恪守乡村生活习惯与农民形象,说明了这个群体本身缺乏随环境变化而修正生活故事的能力。② 阿兰·图海纳指出"文化上的分裂将波及所有那些既不能与成功的世界又不能和传统的世界同一化的人"③。农民工的身份认同较低与他们城乡文化的割裂与冲突有直接的关系。他们不同有效内化城市生活方式和文化的同时,也受到乡村文化和生活习惯的深刻影响,导致他们身份认同的混乱。而建筑业包工头则不同,他们虽然在居住、文化与生活方式上同样并未与农村社会截然分离,但与此同时,他们却表现出了对现代市场的积极、主动嵌入。尤其是他们能够妥善处理好传统文化和惯习与现代市场经济嵌入之间的关系,能够合理利用自己的人际关系和实践行动中的"关系偏好"帮助自己实现创业和深度的市场嵌入。对传统与现代的合理、有效联结使包工头不至于在身份转型与地位获得的过程中遭遇角色迷失与自我认同混乱。包工头能够意识到自己行动的意义,并且在整个过程中都在通过行动来实践和诠释这种意义。这就避免了出现像农民工那样因陷入"对无意义的恐惧的困境"④所导致的认同危机。

从包工头创业市场嵌入的过程来看,从裙带依附到自立门户的市场嵌入过程也显示出了这个群体对市场本身的阅读与理解能力较一般城市农民工更强。在将外围关系带入内核关系网络的过程中,也显示出了这个群体在面对市场不确定性和风险等缺陷时的能动性。他们能够积极地运用自身所具有的关系优势,通过陌生关系的熟悉化来共同抵御市场风险,同时也能够根据自己的条件有限度地参与市场秩序的建构如自觉地运用关系契约的策略、非正式的联盟等,都表现出了较高的市场意识与市场参与能力。

当然,在认识到建筑业包工头对自我身份和社会地位的认同持积极态

---

① 江立华,谷玉良.农民工市民化的向度与力度:基于对城市文化中心主义倾向的反思[J].中国特色社会主义研究,2013(6):87-92.
② 理查德·森尼特.街头与办公室:认同的两种来源[C]//威尔·赫顿,安东尼·吉登斯.在边缘:全球资本主义生活.达巍译.上海:生活·读书·新知三联书店,2003:239.
③ 阿兰·图海纳.我们能否共同生存[M].狄玉明,李平沤,译.北京:商务印书馆,2003:76.
④ 查尔斯·泰勒.自我的根源:现代认同的形成[M].韩震,译.南京:译林出版社,2001:48.

度的同时,我们还必须清楚,建筑业包工头的身份与社会地位认同是一个渐进的过程,或者更准确地说是一个不断建构的过程。"每一种文化的发展与维护都需要一种与其相异质并且与其相竞争的另一个自我的存在。自我身份的建构……牵涉到与自己相反的'他者'身份的建构,而且总是牵涉到对与'我们'不同特质的不断阐释和再阐释。每一个时代和社会都重新创造自己的'他者'。因此,自我身份绝非静止的东西……"①。建筑业包工头的创业和发展是一个动态变化的过程,其身份的转型与社会地位的提升也是一个渐变的过程。在身份转型与不断发展的过程中,建筑业包工头的社会地位得到不断提升。包工头对其身份与社会地位的知觉和自我认同也将逐渐变得更加深刻与积极化。

(三)客观社会评价

尽管有些建筑业包工头对自己身份转型与地位获得的主观认同还呈现出一定的相对性与模糊性,尤其是在他们自己主观的层面,还不能从理论上的高度意识到自己创业成功背后所暗含的地位获得与向上流动的寓意。但我们仍然可以从其他社会群体和个人对建筑业包工头新获得角色与身份的接受与认可,来一窥这个群体客观的社会地位。如果说主观认同是社会地位的内在建构与心理过程的话,客观社会评价则是对自我认同的某种肯定或否定,对自我认同能够起到外在的建构与影响作用。对建筑业包工头社会地位的客观评价将从对三个群体意见和态度的考察来展开:一是出身农村包工头的本村老乡;二是建筑工地上的建筑工人;三是整体社会评价。

首先,总体上来说,本村居民对建筑业包工头的评价呈现出"身份地位差别不大"与"收入和生活水平显著提高"的二重性特点。对于建筑业包工头来说,由于建筑行业特有的高流动性以及建筑业包工头创业普遍以零散非建制包工头居多,注册劳务公司的较少,因此,在居住方面,绝大部分建筑业包工头的常住地仍然是农村老家(部分在城市购买了住房的包工头,将在下文予以说明)。包工头创业超过半数的人是个人单独创业,除一部分举家创业的包工头,其配偶等家人会一年中半数以上时间居住在建筑工地上外,包工头的家人基本上仍然住在农村,在生活方式、日常行为、社会交往等方面与其他村民无异。因此,大部分村民对建筑业包工头的身份与社会地位并没有表现出明显的差别看法。

"他们做包工的一般很少在家住,常年都在工地上。家里人还是在

---

① 爱德华·萨义德.东方学·后记[M].王宇根,译.上海:生活·读书·新知三联书店,2000:49.

我们村里,平时也经常见,跟以往没有什么区别。生活也是原来一个样子。也没有赚了钱就高人一等的样子。都是在一个村子那么长时间的,生活还是一如往常。现在农村不像以前那样在家里有种地的,那样大家说起来是农民。现在大家都不种地了,都到外面去打工。生活也比过去好多了,基本上没有那么多(身份、地位)讲究。要非说有什么区别,那就是他不出去给别人打工了,自己赚自己的钱。跟做生意一样。"(XBCI20160902)

同在农村居住,生活方式上的一致性给村民留下了包工头与一般村民身份差别不大的印象。同时,村民也认识到,自己包工而不是给别人打工,像做生意那样自己赚钱,是建筑业包工头与一般农民的明显差别。也就是说,村民还是能够认识到建筑业包工头与一般村民在自雇创业与被雇方面的职业身份差异。当然,也有一些村民认识到,由于建筑业包工头自雇创业,导致其经济收入方面较一般农民有显著提高;在生活水平、孩子教育、买车出行等方面,情况比一般农民要好。从这个方面来说,建筑业包工头的社会地位具有相对优势。

"生活条件上他们(包工头)肯定是比一般人要好。他们包工一年下来能赚几十万、上百万。我们一家人打工一年也才十几万。这方面跟他们是比不了的。做包工的家家都买了好车。出门也方便得多。村里其他人当然也有买车的,但那不在多数。以前他们没做建筑包工的时候也没有现在生活得好。有包工做得好,很有钱,还把自己的孩子送到国外去留学了。那都是做包工赚了钱,有条件的。以前哪有这样的条件,听说出国一年要几十万。那不是一般人能承受得起的。"(XBXU20160902)

总体上来看,大部分建筑业包工头在创业和发展过程中"离土不离乡"的特点,使一般村民对这个群体的社会地位评价偏向中庸性。但是,我们同时也看到,普通村民还是在不同程度认识到和知觉了一般农民与建筑业包工头之间的身份、地位差距,包括在经济收入、生活水平、职业身份等方面。

其次,与建筑业包工头同属一个行业,在同一个工地上对建筑业包工头的角色耳濡目染,他们的评价应该说最直观地反映了这个群体的身份转型与社会地位。相比较一般村民对建筑业包工头社会地位评价偏向中庸的特点,建筑工人的评价明显偏向积极化、肯定化,认为自己与建筑业包工头之间差距较大,包工头社会地位较一般农民工人高很多。建筑工人对包工头的积极评价源自于特定空间内——建筑工地——两个群体之间在劳动政治、经济条件和社会生活等方面的巨大差异。劳动政治体现在建筑工人与包工头在雇佣与被雇佣、管理与被管理、监督与被监督等方面身份与角色的差别。经济条件指的是在建筑工地上建筑工人高强度的体力劳动、超长时间的连续作业、相对较低的薪金水平与建筑业包工头非体力劳动、休闲式的劳动方式、较高的经济收入等方面的差异。这是建筑业工人对包工头基于一种比较性视野的身份与社会地位评价。作为被自己称为"老板"的包工头群体,建筑工人知觉到自己与"老板"之间身份与社会地位的巨大差距,这也是许多建筑业工人当初选择创业做包工头的初始动力之一。

再次,从社会评价的角度讲,建筑业包工头的身份与社会地位目前处于一种较为尴尬的处境之中。一方面,建筑业包工头在劳务分包过程中发挥着重要作用,是劳务分包的重要主体以及建筑行业联系上游管理层和下游劳务工人的重要纽带。这一点是受到社会大众客观认可的。不过,对建筑业包工头社会评价不利的一面在于,由于建筑业劳务分包制本身存在较大缺陷,尤其是劳务分包层次过多容易导致分包权利责任关系混乱化,建筑业劳动关系因此呈现出较为紧张的局面。加之,建筑业工人工资拖欠现象较为普遍,因此,作为劳务分包利益链条最底端的包工头成为劳务分包制被牺牲的一个群体。是一个被严重"污名化"的群体。在制度上,包工头的存在也被视为是"非法的"以及需要被严肃整顿的。在建筑行业整顿相关改革大多都是沿着包工头的取缔这个方向进行的。比如,建设部和国家工商总局2003年颁布的《建设工程合同分包合同示范文本》,意在规范建筑业劳务分包制。2005年8月5日,建设部进一步颁布《关于建立和完善劳务分包制度,发展建筑劳务企业的意见》,明确提出从2005年7月1日起,在劳务企业和用工企业直接吸纳建筑工人,严禁包工头直接承揽工程业务。其结果也立竿见影,建筑实施过程中合法资质企业明显增多,"包工头"承揽业务明显减少。地方上,各省市如南京、深圳、青岛、杭州等也都出台了规范建筑业劳务分包制、限制包工头直接承揽的工程相应政策,包工头不约而同地成为改革首当其冲的整顿对象。

尽管建筑业包工头群体遭遇了一定程度的"污名化",但在实践中,建筑业包工头在发展到一定程度后,积极参与社会事业,也赢得了广泛的社会认可。比如,新洲区一些从底层草根成长起来的建筑企业家和包工头,积极参与社会慈善事业,捐助贫困学生接受教育。据统计,自20世纪90年代至今,新洲建筑业草根"老板"累计捐款超过2亿元人民币,先后资助贫困学生6万余人。他们至今仍然每年举办慈善助学大会,一些建筑企业和包工头们也积极参与捐款，2007年还成立了慈善会，专门负责组织捐款和助学管理活动。此后每年都在秋季入学前举行以建工企业和建筑从业爱心人士为主的"不让一名贫困大学生失学"捐资助学活动。表6-2是2013年新洲建筑企业及建筑企业下面建筑从业人士和包工头等捐资助学的清单。22家建筑企业和建筑从业人士共捐助了700余万元助学金。

表6-2　2013年新洲区建筑行业爱心人士捐资助学清单

序号	企业	捐资人	认捐额度/万元
1	新八建设集团有限公司	喻友旺	30
2	新八建设集团有限公司	刘先成	160
3	新七建设集团有限公司	余宝琳	130
4	湖北祥和建设集团有限公司	刘维宏	100
5	武汉新建总建设集团有限公司	陈　继	70
6	卓峰建设集团有限公司	夏汉桥	70
7	武汉常阳新力建设工程有限公司	刘少文	50
8	武汉新十建筑集团有限公司	王建东	22
9	湖北中阳建设集团有限公司	周火咏	20
10	湖北弘诚建设集团有限公司	朱细和	15
11	湖北楚安建设工程有限公司	余宝琪	10
12	武汉新阳建筑安装工程有限公司	林喜旺	6
13	湖北宝宸建设有限公司	冯义福	6
14	开源建设集团有限公司	梅贵舟	6
15	融天建工集团	叶艳生	5
16	武汉常博建设集团有限公司	黄功发	3
17	武汉市培源建筑有限公司	万来啟	3
18	武汉拥军市政工程有限公司	李拥军	2
19	武汉市德禄市政工程有限公司	汪光喜	2
20	武汉新欣建筑公司	郑若良	2
21	武汉市翔鑫建材有限公司	邱响宝	0.5
22	武汉邱湖新盛建筑工程置业有限公司	邱汉朝	0.3
合计			712.8万元

建筑业爱心人士的助学活动还带动了其他爱心企业的捐款，新洲因此也有"慈善之乡"与"教育之乡"之称。除了捐资助学，创业成功的包工头和建筑企业家还积极参与家乡与社会事业建设，反哺家乡和社会，比如为家乡

修桥铺路、办敬老院、修建公共剧场,资助家乡特困户、卫生院、福利院,向灾区捐款等。据辛冲镇城建部门领导介绍,自 20 世纪 90 年代起至今,全镇近百条村级公路基本都是在本镇建筑老板和包工头的资助下修建的,收获了广泛的社会好评,这在很大程度上改善了建筑业包工头与建筑从业人员的社会形象。每年都有针对建筑从业人士的爱心颁奖活动,以表彰那些在社会事业与慈善领域作出杰出贡献的个人与企业。

当然,从整个建筑行业的情况来看,由于劳务分包制度的缺陷以及广泛存在的非正式劳务分包现象,导致这个群体相比较劳务分包上层发包方和开发商等,仍然处于相对比较性的弱势地位。但是在与普通农民、一般农民工和建筑工人的比较中,包工头的身份与社会地位仍然有明显的比较优势。而且,与创业前的身份和社会地位相比,包工头当前的社会地位也有了显著提升。无论是普通农民眼中"做生意的"与"不给别人打工的",建筑工人眼中"老板",还是建筑公司与上层发包方眼中的"包工队长""工长"等,建筑业包工头都是一个处于持续的身份转型与社会地位提升中的群体。他们在建筑创业以及市场嵌入的过程中已经培养出独立的市场经营品质和现代商业头脑,正在为不断提高自己的社会地位、实现向上流动而努力,是农民工群体通过积极地自谋创业实现身份转型与向上流动的经典案例。

(四)崭露头角的"建二代"

在重点关注建筑业工人向包工头的身份转型与地位获得过程的同时,调查还关注到建筑业包工头的家庭状况。一个已经开始出现并值得我们关注的群体是那些崭露头角的"建二代"。这个子代群体的特征及其阶层变动情况某种程度上也反映了作为其父辈的包工头的身份转型与地位获得。

作为建筑业包工头的子女,他们也是农村出身,这些"建二代"随着父辈创业做包工头,其生命历程和发展轨迹也相应发生一定的变化,总结来说,"建二代"们生命历程和发展轨迹的变化大致呈现出三种路径:

第一种,借助父亲的资本积累,接受更好的教育,从而实现脱离农民身份的转型向上流动。一般来说,这类"建二代"的父辈年龄在 40 岁以下,其子女尚且处于接受教育阶段。父辈做包工头积累的资本有条件使他们接受条件更好的教育。通过这种方式,"建二代"得以摆脱农民身份,进入城市劳动力市场,从事自己喜欢的工作,实现由农民向市民的转型,以及向社会上层的流动。不过,需要说明的是,这种现象在调研过程中并不普遍。通常来说,那些"建二代"的子女(姑且称其为"建三代")更可能从其父辈的创业行为中直接受益。他们能够从其生命历程一开始阶段就接受更好的教育,并享受更好水平的生活条件与生活方式。

第二种，子承父业型的"建二代"。根据调查的情况来看，由于多数建筑业包工头年龄都在 40～50 岁之间，其创业起步时家中子女年龄尚小，当包工头创业成功并发展初具规模时，子女已然度过了受教育的关键时期，"建二代们"自己已经处于自谋就业阶段。因此，总体上来说，这部分包工头的子女的教育、职业获得等并未受到其父辈身份转型与地位获得明显的影响和帮助。大多数包工头的子女与社会上绝大多数人一样具有一般化的生命历程和成长发展路径。比如有的求学，有的半路辍学打工等。那些未能通过教育改变自身命运、半路辍学打工且并未明显改变自己命运的"建二代"们，则有相当一部分开始结束不稳定性且看不到希望的打工生活，转行进入建筑行业，帮助其父辈打理自己的建筑生意。他们成为继承父辈职业的主要群体，并且将继续沿着父辈的职业路径实现进一步的身份与地位向上流动。在笔者调研的 31 位建筑业包工头中，就有 6 位包工头的儿子从流动打工或无业状态转行开始跟着其包工头父辈从事建筑行业。帮助其父亲"看场"或直接参与建筑施工管理。也有的"建二代"在自己父亲社会资本积累的基础上独立创业从事建筑行业。有统计显示，截至 2011 年，新洲区仅辛冲镇就有近百名"建二代"独自创业，已有超过 30 人在建筑行业崭露头角。①

第三种，一些"建二代"借助作为包工头的父辈所积累的社会资本与财富，从事与建筑行业不同的自谋创业行为。从调研的情况来看，这些"建二代"的包工头父亲本身年龄较大，同样未能在"建二代"受教育阶段提供直接支持和帮助，但他们又不愿意走自己父亲的"老路"继续从事建筑行业做包工头，因此多数选择另谋创业。由于其父辈在做包工头时积累了一定的社会资本，能够为这些"建二代"提供必要的社会资本支持和资金。而且，作为包工头的"建二代"的父辈们在长期的市场交易过程中积累了丰富的商业经营管理经验和市场头脑，也能够给"建二代"的创业带来帮助。

从经验调查的发现来看，"建二代"无论是子承父业、自主创业，还是通过走求学教育的道路，都受到作为包工头的父亲很大程度上的帮助。应该说，建筑业包工头不仅自己实现了身份转型与地位获得，一定程度上实现了向上流动，其子女也在这个过程中受益，一定程度上改变了自己的命运。

---

① 新华网湖北频道，http://www.hb.xinhuanet.com/newscenter/2011-10/20/content_23936146.htm。

第二节 比较视角下的"关系型创业"与向上流动

一、比较视角下的"关系型创业"

"关系型创业"不只体现在建筑业包工头群体中。移民群体身份转型与地位获得也经常表现出相类似的关系逻辑。

以农民工的城市职业地位获得来看,其社会支持网络主要来源于由亲戚、老乡、朋友等构成的初级关系网络。就找工作的途径来说,65%的人通过亲友、老乡和同学介绍[1]等方式有组织地外出就业。通过初级熟悉关系实现的城市职业获得并立足城市,实际上是熟人关系的复制与扩大化[2]。相似的成熟迁移就业模式的复制保证了农民工进城的顺利,也为其初期城市工作和生活提供了一定的稳定性和保障,降低了进城择业的成本和风险。作为一种调试主体行为逻辑的历史过程和社会力量,手边现成的先验性模式和经验某种程度上规定了农民工个体的行动框架和行为逻辑。[3]

在《落脚城市——最后的人类大迁移与我们的未来》一书中,作者道格·桑德斯对进城乡村流动人口聚居区的调查研究就讲述了城市乡村流动人口聚居区是如何成为乡村流动人口晋升城市中产阶级的跳板以及人口中转站的。通过对五大洲15个国家(中国、印度、孟加拉国、肯尼亚、巴西、美国、波兰、法国、英国、加拿大、土耳其、伊朗、委内瑞拉、西班牙、荷兰)的28个落脚城市情况的深描,以及对落脚城市的房产所有权问题、乡村移民的公民身份问题、落脚城市的转型问题等的讨论,作者试图强调这样一种观点:乡村流动人口在由农村向城市的流动中通过关系网络的通道实现居住和职业等方面在城市的立足,并且先天的关系网络能够在这些乡村流动人口城市经济社会嵌入过程中提供保护。同时,这些来自乡村的流动人口由于与乡村有着天然的联系,他们在城市的立足与发展还为后来乡村移民的城市立足与发展提供了条件。道格·桑德斯指出,"一方面,落脚城市与来源地乡村保持着长久而紧密的关系,人员、金钱与知识的往返流动不曾止息,从而使得下一波的村民迁徙得以发生,也让村里的老年人得以照顾、年轻人得以受教育、村庄本身也得以拥有建设发展所需的资金。另一方面,落脚城市也和既有城市具有重要而深切的联系:其政治体制、商业关系、社会网络与

---

[1] 国务院研究室课题组.中国农民工调研报告[M].北京:中国言实出版社,2006:72.
[2] 潘泽泉.重新认识农民工:弱者的行动逻辑和生存策略[J].社会科学辑刊,2008(3):39-43.
[3] 阿格尼丝·赫勒.日常生活[M].衣俊卿,译.重庆:重庆出版社,1990:255.

买卖交易等一个个的立足点,目的在于让来自乡村的新进人口能够在主流社会的边缘站定脚步——不论这样的立足有多么如履薄冰——从而谋取机会把自己和自己的下一代推向都市的核心,以求获得社会的接纳,成为世界的一部分"。①

无论是分散的人口流动,还是乡村人口集中流动的群体聚居,如我国的"浙江村""温州村""新疆村"等,类似的移民群体地位获得过程,都不同程度表现出"关系连带效应"的特点。在持续的人口流动移民过程中,关系成了向上输送农民工群体,再造新中产阶层人口的最有效的通道之一。许多研究都表明,如果一个移民混到了工头的位置,或是自己开办了一个小企业,他们就会从自己的网络成员中来招募雇员②,而通过已实现移民流动和地位获得者的"招募",新移民和流动人口被招募到特定工作地点时可以从网络成员那里得到帮助"安顿下来",这样向某些地理位置流动的渠道就形成了。经验研究现实,这些移民常常是一到目的地就开始工作了,因为他们的网络成员早已为他们提供了可以得到的工作的信息③。拜利等人的研究也认为,在那些移民聚居区内,通过关系网络实现流动和就业的流动人口,老板与工人之间的熟悉性和聚合性,保证了新移民和新的工人可以在熟悉的老板那里迅速地学到相应的手艺,并尽快建立与当地社区的联系。通过这样一种独特的"非正规培训机制",新工人和新移民得以很快自立门户,实现个体的地位获得与向上流动。④

项飙在对"浙江村"人口流动和发展历程的人类学考察就提出了人口"流动链"的概念,并且具体阐述了"流动链"模式下,"浙江村"的形成和发展是如何通过能人原则与由关系延伸出来的"劳动力链"实现"呼朋带友"的群体地位获得逻辑⑤。项飙所谓的能人原则实际上在笔者看来,就是群体中已经实现身份转型与向上流动,并处于特定结构位置的人。而"劳动力链"实际上正式基于关系网络的通道实现的对熟人的劳动力招募。近来,对打印行业内新化人的研究也提出了类似的观点⑥。在新化人之所以能在打印

---

① 道格·桑德斯.落脚城市[M].陈信宏,译.上海:上海译文出版社,2012:8.
② MASSEY D, ALARCON R, DURAND J, etc. Return to Aztlan: the social process of international migrationfrom western Mexico[M]. Berkeley: University of California Press, 1987.
③ HAGAN J M. Deciding to be legal: a Maya community in Houston[M]. Philadelphia: Temple University Press, 1994:277-297.
④ BAILEY T, WALDINGER R. Primary, secondary and enclave labor market: a training system approach[J]. American sociological review,1991, 56(4): 432-445.
⑤ 项飙.社区何为:对北京流动人口聚居区的研究[J].社会学研究,1998(6):56-64.
⑥ 谭同学.亲缘、地缘与市场的互嵌:社会经济视角下的新化数码快印业研究[J].开放时代,2012(6):69-81.

行业内迅速崛起并占据市场主导性,主要原因就是亲缘、地缘等关系对市场的嵌入。在亲缘与地缘关系嵌入市场的过程中,后来进入打印市场从事打印行业的新化人,也是在早期进入打印市场并取得成功的新化人的帮带下得以在行业内立足的。

总结来说,对农民工、跨国移民等群体身份转型与地位获得的研究一致强调了"关系"的重要性,表现出了"关系连带"的特点。建筑业农民工、乡村流动人口,以及跨国移民等的地位获得与向上流动也具有共同的结构性特征。其一,这些群体所创业的职业领域基本上以中低端产业为主,劳动密集型产业是其自雇创业的主要产业类型。这类产业和职业领域对技术和创新的要求相对较低,入行门槛不高。创业资源能够通过关系渠道实现迅速集聚,弥补了农民工群体市场资源不足的缺陷;其二,农民工群体的流动和自雇创业是连续性不间断的,即群体中不断地有人通过关系集聚底层资源,并通过已实现地位获得者的帮助实现地位获得与向上流动。同时,农民工群体本身群体规模也得到不断补充,如乡村人口持续流动进城、跨国移民持续向目标国和地区输出流动等。通过这样的方式,农民工群体不断地补充,不断地将一部分自雇创业者向社会中上层推举。地位获得和向上流动过程中,"关系连带效应"之所以能发挥作用,正是在上述两种结构性现实的基础上实现的。

二、地位获得与向上流动模式的比较差异

社会关系的同质性命题表明,实践活动中,人们总是与自己相似的人发生联系,社会地位高的人,他们与之建立联系和发生社会关系的人一般也处于大致类似的高社会地位上。[①] 同为高社会地位的人之间建立起的关系网络具有较高的质量和更丰富的社会网络资本。那么,通过高质量、社会资本丰富的社会关系网络,就能够获得更高的社会地位。因此,穆尔指出,虽然精英群体本身人力资本水平较高,具有通过正式渠道实现地位获得的能力和条件,但他们同样倾向于利用社会关系获得地位流动的社会资源。[②] 对于农民工群体来说,由于本身人力资本水平较低,通过制度分配和市场选择等正式渠道获得社会地位以及实现向上流动的可能性不大,因此,在地位获得过程中,他们更可能利用关系来达到地位获得与向上流动的目的。不过,

---

① MCPHERSON J M, LYNN S L, JAMES C. Birds of a feather: homophily in social networks[J]. Annual review of sociology, 2001, 27: 415-444.

② MOUW T. Social capital and finding a job: do contacts matter? [J]. American sociological review, 2003, 68(6): 868-898.

如表 6-3 所示,不同阶层群体地位获得过程中关系的运用机制和关系属性存在明显差异。

表 6-3　不同阶层群体地位获得模式差异

社会阶层	地位获得途径	群体特征	地位获得的有效性	关系属性
精英群体	正式途径+关系	较高的人力资本和质量最高的社会资本;处于体制内或规模较大的单位	人力资本与代际传递/关系起辅助和补充作用	多使用弱关系
中间阶层	正式途径	一定水平的人力资本和社会资本;分布于体制内与体制外的单位中	人力资本机制/制度分配与市场选择	—
底层群体	关系	人力资本水平最低、社会资本不足;处于体制外或规模较小的单位	关系网络资源/关系作用的惯性和决定性,具有关系依赖性	多使用初始"强关系"

注:表中内容根据吴愈晓:《社会关系、初职获得方式与职业流动》(《社会学研究》2011 年第 5 期)总结。

在地位获得和求职过程中,社会关系的属性与地位获得者的社会地位有关。[①] 魏格尔等对德国人职业地位获得与流动的研究表明,精英群体在地位获得过程中所使用的关系多为"弱关系",而底层群体则更多地使用"强关系"获取实现地位获得的社会资本。[②] 具体来说,对于精英群体而言,由于其受教育水平较高,社会资本量足、质优,因此其地位获得机制主要表现为正式途径与关系并重的特点。其中,正式途径主要指的是通过制度分配与市场选择等渠道获得社会地位。当然,在制度分配与市场选择的同时,精英群体的地位获得还常伴随代际资源传递的影响。而中间群体总体上来说具有一定的人力资本水平和社会资本,通过制度分配与市场选择实现地位获得的可能性更大,正式途径因此成为其地位获得主要渠道。

相比较中间阶层与精英阶层,底层群体由于受教育水平总体不高,人力资本水平较低,社会资本明显不足。因此,其地位获得难以通过制度分配与市场选择等正式渠道来实现,也缺乏可传递的代际资源,只能借助关系网络获取地位获得所需要的资源。因此,其地位获得呈现出明显的非常规性与关系型特征。

---

① 梁玉成.社会资本和社会网无用吗?[J].社会学研究,2010(5):50-82,243-244.
② WEGENER B. Job mobility and social ties: social resources, prior job, and status attainment[J]. American sociological review,1991,56(1):61-71.

从建筑业工人创业做包工头的身份转型与地位获得过程来看,农民工群体的地位获得是一种基于改善生活状况和职业处境而生发出的向上流动动机,并通过自雇创业和自谋职业等方式落实向上流动的意愿。绝大部分群体身份的转型与社会地位的改变都是通过这种形式来完成的。① 尤其是从农村走向城市的流动人口更是如此②。在这个过程中,农民工群体首先在经济收入方面得到改善,并伴随社会声望的提高、后代子女发展境遇的改进,以及阶层地位的提升。

三、底层创业与向上流动中"关系"参与市场交换的逻辑

在现代市场条件下,各种现代化的要素,如信息、技术、知识等,日益成为市场竞争的核心要素。传统要素因其效率较低,且不符合现代市场"快"、"新"等需求而受到严重挑战。在很多情况下,"关系"只在一些低端劳动密集型产业和个别市场交易中才被广泛使用。不过,即便如此,"关系"作为一种重要的社会资本,其对于市场参与主体仍然具有重要意义。尤其是对于农民工群体而言更是如此。如何挖掘传统要素的现代价值,使其与现代市场有机结合,为市场主体适应市场环境变化和构建市场秩序服务,应是我们考虑的问题,也是底层创业者需要面对的重要课题。对包工头创业过程和关系运作逻辑的考察表明,底层创业者不仅能够依靠关系实现创业和市场准入,同时也有能力通过有效的关系运作和网络治理,调和关系与市场之间的紧张,使关系为创业者提供稳定和持续的支持。这就要求新创业者在创业过程中,要能够根据自身条件和市场嵌入所面临的不同处境,采取灵活的关系运作策略,促进关系动态发展,以确保其积极作用的发挥。同时,政府也要为关系参与市场交换创造条件,从而为新创业者,尤其是底层创业者提供便利,使其不至于在创业向立业转化,以及从底层向上流动的过程中陷入绝境。

那些能够从市场中获益更多的人,在地位获得过程中更信赖市场的运行机制③,而那些社会资本不足的农民工群体的地位获得则更依赖"关系"。本书研究的建筑业包工头出身农村社会,建筑业包工头总体受教育水平较低。在人力资本水平不高、社会资本不足的情况下,建筑业包工头通过对内

---

① NEE V. A theory of market transition: from redistribution to markets in state socialism[J]. American sociological review,1989,54:663-681.

② 道格·桑德斯.落脚城市:最后的人类大迁移与我们的未来[M].陈信宏,译.上海译文出版社,2012.

③ INDH A. Attitudes towards the market and the welfare state: incorporating attitudes towards the market into welfare state research[D]. Ymea University,2004.

核关系网络的运作,积累创业做包工头的原始资本,并且在建筑市场嵌入的过程中持续运用关系网络中其他包工头的帮助,实现对市场的深度嵌入和自身的转型与发展。这既表现出了包工头地位获得的能动性,也体现出其地位获得路径的非常规性。关系网络被认为是农民工群体实现"地位争得"的重要社会资本。[①] 主要原因在于,市场的自由开放性虽然给了农民工群体地位获得的机遇,但权力垄断则往往成为阻碍底层人们地位获得的重要因素。[②] 来自二元社会、经济和劳动力市场结构的三重制度分割导致农民工群体被隔离在特定的社会、经济空间之内,正式制度难以对其内的农民工群体提供正式支持。这也直接导致了农民工群体的流动路径遵循着非正式规则,建构出一种非制度性的社会经济地位获得模式[③]。而通过关系网络实现地位获得,正是一种非正式和非常规性的地位获得方式。

农民工群体地位获得与向上流动的经验表明,在农民工群体向上流动的过程中,制度、市场外的非正式因素起到了积极作用。在本书的研究中,笔者强调了"关系"作为一种非常规性机制在农民工群体地位获得与向上流动过程中的作用及其内在逻辑。虽然改革开放以来城乡人口的自由流动以及建筑行业市场化改革,为建筑业农民工和普通农村建筑工人向包工头进行转型奠定了社会背景和先在条件,但关系网络却是他们实现地位获得与向上流动的内在动力,起到了补偿性的作用。这种补偿性主要体现在两个方面:一是在其身份转型与市场嵌入过程中,在其社会资本不足的情况下,提供社会资本的供给性支持;二是在不健全的建筑市场环境中,当市场自我调节机制失灵、外部调控乏力,建筑业包工头风险压力较大而缺乏保护时,提供必要的关系支持和保护,并通过关系联结调节市场主体间的关系,并在其市场嵌入过程中提供建立新关系的纽带。在这个过程中,"关系"调节了市场关系,起到了自我调节市场秩序的作用。具体表现在以下几个方面:

第一,建筑业包工头的身份转型与地位获得具有关系依赖的特点。关系无论在其创业准备期、建筑工地依附阶段,还是深度的市场嵌入时期,都具有积极的作用。在这几个阶段中,以亲戚、同乡等为主的"内核关系网络"始终发挥着重要作用,比如创业社会资本的集聚和动员、弱关系的联结等。此外,以开发商、包发方和其他建筑业包工头等市场交易主体为主要对象的

---

① 叶静怡,衣光春.农民工社会资本与经济地位之获得:基于北京市农民工样本的研究[J].学习与探索,2010(1):143-147.
② 李若建.地位获得的机遇与障碍:基于外来人口聚集区的职业结构分析[J].中国人口科学,2006(5):69-78,96.
③ 李春玲.流动人口地位获得的非制度途径:流动劳动力与非流动劳动力之比较[J].社会学研究,2006(5):85-106.

"外围关系网络"在建筑业包工头的深度市场嵌入阶段发挥了重要作用。"外围关系网络"的扩大化,是"内核关系网络"的拓展和延伸,是建筑业包工头适应建筑市场运作的必要条件。

第二,在市场嵌入和地位获得的过程中,包工头虽然借助关系网络的作用得以实现自己的目标,但包工头并不是被动的,而是具有自己的主动性和能动性。将"外围关系网络"带入"内核关系网络"就表现出建筑业包工头市场适应的能动性。陌生关系的熟悉化过程是建筑业包工头适应市场环境和积极需求建构新的市场秩序的重要手段和途径。这一点也表现出,无论是"内核关系网络"还是"外围关系网络",都不具有高度的封闭性。建筑业包工头的集群创业既不同于一般的产业集群具有地缘上的集聚效应,也不同于移民族裔经济那样能够给持续的后来创业者提供包括网络根植、创业机会、语言便利、产业链分工、族裔劳务市场、身份保障等综合支持。建筑业包工头的关系创业虽然具有极强的关系集群和裙带依附特点,但包工头创业的关系网络本身是开放性的而不是封闭性的。当然,我们也必须看到,在建筑业劳务分包过程中,基于关系的分包和市场份额的再分配过程也表现出某种市场排斥性。这种市场排斥的背后逻辑是关系网络具有一定程度的排斥性。这种排斥性是目前建筑业市场自我调节机制失灵和制度调控乏力的重要原因,但同时,笔者也不得不说,关系网络在市场交易和再分配过程中一定程度的排外性,恰恰也为建筑业包工头的生存和发展提供了必要的保护。

第三,就建筑业包工头的地位获得和向上流动过程而言,农民工群体的地位获得具有明显较强的关系型特点。社会关系的使用具有内生性特点,拥有关系越多的行动者在实践中越倾向于使用关系。[①] 相比较制度内的地位获得与社会阶层较高的社会群体的地位流动,农民工群体的向上流动表现出更多的非正规性特点。这种非正规性一方面强调其地位获得逻辑的非制度性,即更多地借助自有关系网络而实现,另一方面强调其地位获得过程充满了自我努力的后致性特点。农民工群体从来不缺乏向上流动的意愿和积极性,但问题的关键是向上流动的积极意愿与能力之间总是充满了张力和矛盾。通过建筑业包工头市场嵌入不同阶段适应市场的关系策略及其实践逻辑,我们应该注意到,即便是处于社会底层的建筑工人、普通农民,他们并不缺乏商业头脑和市场意识。他们不仅具备适应现代市场的能力,更加具有建构新的市场秩序的意识。自雇创业是农民工群体在缺乏社会保障的

---

① MOUW T. Social capital and finding a job: do contacts matter?[J]. American sociological review,2003,68.

情况下尝试将命运掌握在自己手中的一种自我保护措施。无论这种常识是追求更美好生活的主动行为还是受迫于生活压力的被动选择，我们都应该思考，我们的社会应该如何去做才能够给予农民工群体更多的制度性支持，以确保那些具有高度向上流动积极性而又能力不足的农民工群体不至于因失去希望而对社会产生怨恨心理。同时也保持社会流动的畅通，避免底层社会陷入简单重复再生产的绝境。

第四，从建筑业农民工到建筑业包工头的身份转型从总体上改善了建筑工人的经济条件和生活面貌。无论从收入、消费、交往，还是社会评价等方面，建筑业包工头的总体社会地位水平都较建筑业工人和普通农民有了较大程度的提升。当然，经济条件的改善与生活水平的提升并不总是决定了个人地位获得实现了明显的阶层流动。这一点还要通过对这个群体长期的考察，将其向上流动置于一个持续动态的过程中来讨论。向上流动与阶层变动是一个长期动态的过程。调查中我们也发现，即便是经历了由建筑工人和普通农民向建筑业包工头身份的转型，包工头社会地位的主观认同仍然处于一个不断自我建构的过程之中。社会整体对包工头群体的评价虽然得到了一定程度的改善，但还有待进一步的观察。不仅如此，建筑业包工头的身份转型与地位获得并不是一个简单的单向变动过程。包工头的创业也不总是成功的，也具有可逆性。也有的包工头创业过程中遭遇失败，重新做回建筑工人或转行从事其他行业。我们要对这个群体的身份转型、地位获得与向上流动持一种动态关注的视角。不过，总体上来说，从建筑工人向包工头的身份转型，的确表现出了农民工群体向上流动的积极性与能动性。

从"干中学"到"选择性依附"，再到内核关系的分化与再联结的整个过程来看，关系对于市场的嵌入与结合是包工头地位获得中关系补偿性作用的重要表现形式，尤其是"内核始关系"对于市场的有效嵌入，是包工头创业市场嵌入与地位获得的前提条件和有效途径。作为被排除在主流经济、社会与政治系统之外的农民工群体，不仅从个体层面上缺乏市场参与的能力，在制度与结构层面上，实际上也不具备市场规则制定与建构的可能。不过，从包工头建筑业市场参与的过程来看，包工头在创业过程中通过内核强关系的运作，以及对市场嵌入过程中强弱关系的把握与转化，不仅有效地适应了不同阶段的市场环境，而且通过陌生关系的熟悉化，也一定程度上建构了新的建筑业市场秩序，并使市场秩序向着对自身有利的方向发展。

通过适时调整关系运作的逻辑来应对不同阶段面临的市场环境和状况，是包工头创业成功与地位获得的关键。在这个过程中，我们看到，经济行动不仅是在社会关系网络之中来进行和完成的，同时，作为个体行动者的

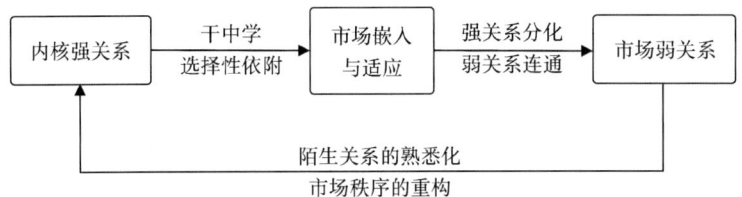

图 6-1　包工头地位获得过程中关系与市场的有效结合模式

包工头,在个人能力不足与市场经验缺失的情况下,也通过关系网络渗透、嵌入市场。"内核关系"成为其市场参与的重要手段和途径。二者在包工头地位获得的过程中始终是相辅相成的。

讨论以建筑业工人为代表的中国农民工的"关系型创业"的逻辑本文研究的起点。但本文的研究并不停止在这个层面。从更深层的立意上来说,研究尝试以建筑工人为典型案例,探讨中国农民工通过关系型创业实现身份转型、地位获得与向上流动的机制逻辑。

最后,有必要重申农民工群体向上流动过程中"关系连带效应"的重要性。尽管个人的身份转型与地位获得具有某种随机性,但一旦处于社会底层的人在其所获得的地位和实现向上流动的位置上稳固下来,他们就会对其地位获得前所处关系网络中的其他后来者的向上流动产生某种影响,并在后来者的身份转型与地位获得过程中为他们提供必要的协助。后来者显然也善于利用与这些已经实现某种地位获得和向上流动的人的关系,并且能够通过熟悉关系的运作实现至少与前人相类似的身份转型,并在地位获得和向上流动过程中处于大致相类似的结构位置。① 就此来说,农民工群体的身份转型、地位获得与向上流动具有关系依赖的特点。同时我们也看到,农民工群体通过关系网络的运作所实现的持续、动态的身份转型、地位获得与向上流动过程,也造就了农民工群体向上流动的"关系通道"。在这个"关系通道"中,不断地有人借助关系网络实现身份转型与向上流动。已经实现地位获得的人对关系网络中想要向上流动的人施以某种"提拔",而

---

① 在以往有关农民工的研究中已经普遍指出,农民工进城务工求职的过程具有明显的关系依赖的特点,即农民工的求职表现出"老乡带老乡"的模式(相关研究参见:张文宏、阮丹青,1999;单菁菁,2007;悦中山、杜海峰、李树茁、费尔德曼,2009)。关系连带式的职业获得,在移民研究中也常被注意到。比如杜兰德等人的研究就指出,"尽管从某一社区流出的第一批移民所找到的职业位置常常是随机的,但一旦移民们在某一特定的职业或行业中的位置固定下来后,他们就倾向于将自己的同乡们也拉到同一个结构位置上来,从而决定了其后移民潮的特点和布局"。(参见:DURAND J, MASSEY D, CHARVET F. The changing geography of Mexican immigration to the United States: 1910—1996[J]. Social science quarterly, 2000, 81(1): 1-15.)

想要改变自身命运、争取向上流动的人则倾向于借助关系网络向社会上层"攀爬"。正是通过关系的"连带效应"农民工群体的群体性地位获得与向上流动成为可能。农民工群体的地位获得与向上流动通常并非个别性的，而是具有群体地位获得的可能与特征。当然，如果单就本书的研究对象来说，建筑业包工头群体的身份转型与地位获得还具有某种结构性的特定，即他们的地位获得存在路径依赖和模式近似性。因此，这个群体的身份转型才最终导向一种结构性一致的结果（很多人都做了建筑业包工头）。前面实现身份转型与地位获得的建筑业包工头，某种程度上决定了后来从事建筑业的包工头的特点。通过"关系连带效应"机制，农民工群体得以持续不断地实现身份转型与地位获得，并且由此改变农民工群体的生活和命运。

第三节　未竟议题的讨论与反思

本研究是以建筑业包工头群体创业过程中的关系运作逻辑来探讨农民工群体如何进行"关系型创业"的实践逻辑，并在此基础上讨论了农民工群体通过创业实现身份转型、地位获得与阶层突围的逻辑。具体来说可以分为三个层面：从研究对象来看，本书的研究关注的是以建筑业包工头为代表的底层群体创业与身份转型过程中基于关系网络的微观实践行动，即讨论的是组成关系网络的微观个体；而从中观的层次来说，研究关注的则是农民工群体创业、身份转型与地位获得过程中关系网络的运作及其演化过程，以及关系运作的结果；虽然研究主要是对微观行动与中观层次关系网络的探讨，但研究并没有忽视宏观社会结构。整个研究的前提建立在城乡人口流动与乡村振兴的大背景之下，并且讨论的是在正式制度存在缺陷以及市场机制不健全的情况下，农民工群体"关系型创业"及身份转型与地位获得过程如何表现出非正式的特征。通过在宏观结构背景下，对作为微观行动者如何运用关系网络实现身份转型与地位获得的讨论，研究展现了一个具体、生动的农民工群体地位获得的过程图景。

研究的最后，还有一些未竟话题需要进一步的讨论和反思。这里主要涉及两个方面的内容：一是对"关系"本身的理论思考；二是对本书研究结论与所使用的研究方法的反思与检讨。

一、"关系"的理论位置及其取向

通过对以建筑业工人为代表的农民工群体创业过程中关系逻辑的考察，我们揭示了农民工群体地位获得的基本模式和特征，以及关系的功效，并且对农民工群体地位获得与向上流动的一般性有了一定程度的认知。在农民工群体创业的过程中,关系无疑是重要的。它在农民工群体条件和能力先天不足的情况下为其提供了补偿性的社会支持。关系不仅有助于我们理解农民工群体创业的非常规性逻辑,同时,通过对农民工群体创业与地位获得的关系逻辑的分析,也有助于我们对本土化的"关系"有更深刻的理解。

一直以来,"关系"在本土语境下都被视为是一种特殊主义的"存在"。中国人实践行动的"关系偏好"与西方社会以"获致性普遍主义"为特征的社会交换关系有明显区别,以至于在西方语系中无法找出合适的、相对应的表述词汇。以中国语系为表述的"Guanxi"也在西方学术界得到广泛认同和使用。就本书研究的发现来看,本土化的"关系"至少有以下几点特征:

首先,本土化的"关系偏好"所表现出的实践逻辑,体现出了"关系"所联系的不同主体间人情的长期导向性。在熟人环境中,人际交往的实践逻辑遵循情感而非利益原则。即便是在市场经济普及、市场原则"无往不利"的今天,基于利益的关系维护与运作也多借着情感因素为掩护。[①] 这就表明,相较于纯粹的利益,情感对于人际关系的维护和长期导向具有积极作用。因为基于利益的关系交往目的在于实现价值的对等互惠,交往随时可能告一段落。而基于人情的关系交往,则可能在一定范围内得到不断的扩散,比如在熟悉的圈子内扩散、在父辈与子代之间传递等。本书对于以建筑业工人为代表的农民工群体创业过程的研究也发现,创业小包工头对大包工头的依附,以及在外围市场关系拓展过程中,即便是自立门户仍然保持与内核网络的紧密关系。这些都一再证明了上述观点。

其次,在实践过程中,基于人情导向的"关系"的运作具有选择性偏好。即"关系"的运作在绝大多数情况下发生在熟悉的主体之间,而非陌生人之间。这与西方社会交换关系所隐含的普遍性与平等性的规范逻辑具有显著差异。在平等与普遍性原则占支配地位的西方社会,人际关系的运作对于企业关系的强弱亲疏并没有直接的影响,而在中国这种情况则恰恰相反。人际关系的亲疏远近对于市场关系的运作往往产生直接的影响。[②] 比如,在本书的研究中,小包工头对大包工头的依附,以及大包工头对小包工头的合作就具有明显的选择性,即相互之间总是选择彼此熟悉和有一定关

---

① WONG Y H, CHAN R Y. Relationship marketing in China: guanxi, favoritism and adaptation[J]. Journal of business ethics,1999,22(2):107-118.

② XIN K K, PEARCE J L. Guanxi: connections as substitutes for formal institutional support[J]. Academy of management journal,1996,39(6):1641-1658.

系的包工头进行合作。虽然这种基于人情和熟悉性原则的选择性依附符合双方的共同利益,但其前提仍然是熟悉的关系和人情合作能够保证其合作的稳定性。本土"关系"的使用具有重复性和长期性。在小包工头依附和外围市场关系拓展过程中对"内核关系网络"的反复和重复使用就说明了这一点。

再次,基于熟悉原则的"关系"的选择性偏好,在交往的不同个体之间形成相互依赖与回报的责任与意识,从而在"关系"连接的主体之间形成稳定合作的机制 "关系"具有长久发展的机制[①],在很多情况下"关系"的给予与反馈并不是一次性完成的,而是可以"储存"和"转嫁"的[①]。比如,建筑业包工头在自立门户的过程中,被依附的大包工头之所以并未限制小包工头的市场嵌入,主要是因为大包工头认为自己在小包工头发展初期为其提供的帮助和依附,可以在未来期待小包工头发展壮大后给予适时的"回馈"。"回报"的文化意涵在这里表现得较为明显。另外,在建筑业包工头外围市场关系拓展的过程中,小包工头也经常借用与熟悉包工头的关系,实现对陌生包工头和建筑从业人员的纽带连接。即通过熟悉包工头的中介实现市场关系的拓展。在这里,就体现了"关系"的"转嫁"。"关系"之所以具有长久发展的机制,也表现出期望"回馈"和"转嫁"的特点,主要是因为本土"关系"的规范性较强,构成了独特的"一般等价物"。以至于在日常生活中较为流行的"关系"文化和实践逻辑,即使在经济学领域和市场经济活动中也常起到关键作用。

作为一种生活化的人际交往的实践逻辑,关系是如何被运用于市场实践的,其运作逻辑是怎样的;在运用于市场实践的过程中,关系如何延续生活化的实践逻辑? 关系的生活化实践逻辑与市场化运作逻辑二者如何实现互通,并最终对农民工群体的地位获得与向上流动起到积极作用。

实际上,市场化实践的过程中,关系的运作之所以延续生活化的实践逻辑,一方面是因为农民工群体缺乏足够的市场意识和市场参与能力,在其市场参与过程中,关系的运作带有底层生活实践的若干特点。比如注重情感交流、注重圈子文化、重视"抱团取暖"等。另一方面,市场环境本身不规范,市场秩序混乱,导致正常的市场机制运作效果较差,为市场之外的非正式规则起作用提供了一定的余地和空间。作为非正式机制的关系之所以能够在建筑业包工头的市场嵌入和地位获得过程中起作用,主要就是因为建筑业市场环境和秩序的混乱。因此,在讨论本土化的"关系"的具体作用和实践

---

① Park,Luo. Questioning guanxi:definition,classification and implications[J]. International business review,2002,11(5):543-561.

逻辑时,不能撇开具体的情景。对本土化"关系"的理论探讨必须深入具体、复杂、生动的情景中去。只有在具体的实践情境中,才能区别开本土化的"关系"与西方社会交往关系和社会资本之间的差异。应该说,相比较西方社会资本与社会交换关系的纯粹理论化程度,"关系"是一种实践中的本土化理论,它生发于实践过程之中,也要在具体的实践中去理解。

二、研究局限与反思

本研究以建筑业包工头作为研究对象,分析了关系网络在农民工群体创业过程中的具体作用和机制模式。在此基础上,讨论了作为一种理想类型的"关系型创业"对于农民工群体的重要性和意义。"关系"是本书研究的核心视角,行文中借用了社会网络有关的概念和术语,比如节点、网络中心性、网络连通、网络可达性、结构洞等。不过,研究过程并没有过分强调使用社会网络的分析方法。这一方面是出于研究的需要,强调的过程、逻辑和机制,而不是具体的关系模型;另一方面也与笔者自身并不具备较好的社会网络分析方法有关。纵观本书的研究,目前还存在一些问题没有得到有效的解决,或者还有一些问题未能在书中得到讨论。

首先,关于本研究的主题,笔者关注的重点是建筑业包工头由创业准备到初期市场嵌入的依附,以及深度市场嵌入等过程。在这个过程中,研究对象的身份由建筑工人或普通农民转型为建筑业包工头,无论是经济收入还是在劳动力市场中的身份形象都发生了变化。经济收入上较以往做建筑工人有了极大提升,在劳动力市场中也由纯粹的被雇用者转变为雇用者,在建筑业市场中占据了较以往更为有利的地位。正是在这个意义上,本研究强调建筑业包工头实现了身份转型与地位获得,某种程度上实现了社会地位的向上流动。在这个过程中,笔者并没有根据以往经典研究中收入、教育、声望等经典模型对建筑业包工头社会地位进行评估和讨论,而是从建筑业包工头的生活、消费和交往的日常实践行动来展现其变化社会地位的真实图景。同时,通过对建筑业包工头社会地位的主观认同以及建筑业农民工、普通农民和社会整体的外在评价来反映这个群体的地位获得与向上流动。不过,有一个尚值得商榷也是笔者一直存疑的问题是,对于建筑业包工头身份转型与地位获得的研究,关注的焦点究竟应该到哪个阶段结束?也就是说,我们如何科学合理地评价这个群体的转型和向上流动,并最终定格在某一个阶段来进行客观测量。这是一个未经讨论的问题。实际上,在本书的研究中,笔者对这个问题的处理,正如前面所提到的,是在一个比较的视角下进行的考察,即通过纵向比较建筑业包工头身份转型前后的收入、声望、消费、交往等变化，以及横向比较其与其他建筑业工人之间的差异来考察其社会地位的变动。此外，笔者还特别强调，建筑业包工头的身份转型与地位获得是一个持续动态的过程，并不强调在某一个阶段或时点停止。而且，就包工头本身的社会地位认同来说，也处于一个不断自我建构的动态过程之中。随着其社会地位的动态变化，社会对其的外在评价也在发生变化。因此，对这个群体的身份转型与向上流动的讨论应该置于一种动态观察的视角下来进行。

其次，从研究方法上来说，本书主要以参与观察和实地访谈为收集资料的主要方法。调查地点的选取并非随机性的，而是在经验指导下进行的典型案例选择。访谈对象的选择也是在类似的逻辑下进行的。由于对建筑业包工头缺乏关注，以往的研究以及现有的统计研究中并没有关于建筑业包工头的数据统计，因此很难获得有关建筑业包工头数量的总体样本框，导致我们很难通过严格的抽样调查收集有关建筑业包工头的量化数据。不仅如此，由于建筑业包工头本身的职业特点，即流动性和工作时间较长，因此接触这个群体也并不是件容易的事。在调查的过程中，笔者主要采取的是滚雪球的方式扩大访谈个案的数量，即通过熟人介绍认识和接触一个包工头，访谈结束后请被访者推荐自己认识的一个包工头，通过被访者推荐达到扩展个案的目的。虽然这种个案扩展的方式有可能导致研究对象的同质性，但就本书的研究旨趣强调的是具有先天地缘和亲缘等关系联结的包工头，且研究的视角是关系网络而言，这种个案选择的方法实际上并未对本书的研究和分析结论造成影响。

受研究对象选择的限制，本文的研究只调查了51位包工头。以数量有限的研究对象代表整个建筑业包工头群体，甚至是农民工群体，从方法论的角度来说，有些缺乏"底气"。但就笔者调查所了解到的情况来看，建筑业包工头群体本身就具有高度的同质性特点，同时其所属的社会阶层地位和创业过程中的非制度性也代表了农民工群体的一般特征。加之共享的关系网络，51位被调查的建筑业包工头或许能够反映农民工群体"关系型创业"的一般特征，其身份转型与地位获得的过程和逻辑也大致表现出与本研究所提出的模式相类似的特点。

此外，笔者以建筑业包工头为例，讨论以农民工为代表的农民工群体的创业与向上流动，也存在"以小见大"的方法论困境。当然，笔者也认识到，一种职业农民工的身份转型、地位获得与向上流动并不代表整体农民工地位获得或向上流动的普遍性。不过，通过对不同类型、职业农民工身份转型与向上流动过程的揭示，就能形成对中国农民工身份转型与向上流动的宏观认识，从而建立农民工地位获得与向上流动的理想型。而不断扩大的研究对象的类型和数量，能够不断丰富对农民工"改变自身境遇的文化想象"的认识，进而才能使研究的结论最大化靠近整体事实，从而对城市农民工的地位获得与向上流动有整体性的把握。我们也能通过对不同农民工群体身份转型与地位获得过程的研究反映中国整体底层向上流动的一般图景。从这个角度来说，对建筑业农民工向包工头的地位获得与向上流动的研究，仅仅是农民工群体地位获得与向上流动研究的一个起点，而不是终点。

再次，从研究内容上来看，本书的研究重在强调农民工群体创业的"关系"逻辑。因此，研究内容侧重于建筑业包工头在创业过程中运用关系的手段。主要目的在于一方面突出关系的重要作用，另一方面凸显农民工群体创业过程中的积极性与能动性。总体研究内容偏向于积极的某些方面。因此，对建筑业包工头创业过程中的一些负面的问题，比如建筑业包工头创业失败，导致身份转型与地位获得逆向发展等诸如此类的问题并没有进行讨论。此外，关系网络运作并不总是在包工头可控制的范围内。比如，在社会网络研究中就强调关系网络的联结还存在"齐美儿连带困境"之类的问题。所谓"齐美儿连带困境"指的是，"一条'桥'同时被两个与其相联系和中介的网络都认为是自己人，并要求其代表该团体的利益，以至于导致'桥'两面讨好，缺乏自由度"。[①] 以本书的研究对象包工头为例，在包工头创业的过程中，小包工头在市场嵌入的早期多采取依附熟悉的大包工头的形式得以生存，从而形成了建筑工地上包工头之间的裙带依附关系。但现实中可能存在同时有两个或多个小包工头寻求对一个大包工头依附的情况，而且在特殊的情况下，这些寻求依附的小包工头还可能从事的是同一个工种，比如同是泥瓦工或木工等。这时，被依附的大包工头就面临基于熟悉关系的选择困境。这种情形下，小包工头都以自己与大包工头"关系熟悉、感情好"为理由要求依附，致使大包工头的选择面临感情难题。这种难题就类似社会网络研究中的"齐美儿连带困境"。当然，笔者在调查过程中并没有刻意强调这一点，而且现实中也并不普遍，因此在分析中也没有对这个问题给予足够关注。但实际上，对这个问题的处理也在一定程度上体现了关系强度的作用，这在以后的研究中应该得到重视。

---

① 罗家德.社会网分析讲义[M].2版.北京:社会科学文献出版社,2010:198.

参考文献

中文著作

阿格尼丝·赫勒.日常生活[M].衣俊卿,译.重庆:重庆出版社,1990.

阿兰·图海纳.我们能否共同生存[M].狄玉明,李平沤,译.北京:商务印书馆,2003.

爱德华·萨义德.东方学·后记[M].王宇根,译.上海:生活·读书·新知三联书店,2000.

奥尔德罗伊德.知识的拱门[M].顾犇,郑宇建,郏斌祥,等译.北京:商务印书馆,2008.

卜长莉.社会资本与社会和谐[M].北京:社会科学文献出版社,2005.

布迪厄,华康德.实践与反思:反思社会学导引[M].李康,李猛,译.北京:中央编译出版社,1998.

包亚明.布尔迪厄访谈录:文化资本和社会炼金术[M].上海:上海人民出版社,1997.

查尔斯·泰勒.自我的根源:现代认同的形成[M].韩震,译.南京:译林出版社,2001.

陈国贲.华商:族裔资源与商业谋略[M].香港:中华书局,2010.

大卫·伊斯利,乔恩·克莱因伯格.网络、群体与市场:揭示高度互联世界的行为原理和效应机制[M].李晓明,王卫红,杨摄利,译.北京:清华大学出版社,2011.

戴维·波普诺.社会学[M].北京:中国人民大学出版社,1999.

道格·桑德斯.落脚城市[M].陈信宏,译.上海:上海译文出版社,2012.

杜维明.新加坡的挑战:新儒家伦理与企业精神[M].高专诚,译.上海:三联书店,1989.

冯·哈耶克.自由秩序原理[M].上海:三联出版社,1995.

冯·哈耶克.个人主义与经济秩序[M].北京:三联书店,2003.

费孝通.学术自述与反思[M].上海:三联书店,1996.

费孝通.乡土中国与生育制度[M].北京:北京大学出版社,2013.

马克思恩格斯选集(第1卷)[M].北京:人民出版社,1972.

格尔茨.文化的解释[M].韩莉,译.南京:译林出版社,1999.

格尔哈斯·伦斯基.权力与特权:社会分层的理论[M].关信平,等译.杭州:浙江人民出版社,1988.

格兰特·吉尔莫.契约的死亡[C]//梁慧星.民商法论丛.曹士兵,姚建宗,吴巍,译.北京:法律出版社,1995.

国务院研究室课题组.中国农民工调研报告[M].北京:中国言实出版社,2006.

郭星华.漂泊与寻根:流动人口的社会认同研究[M].北京:中国人民大学出版社,2011.

郭于华.倾听底层:我们如何讲述苦难[M].桂林:广西师范大学出版社,2011.

胡适.胡适学术文集·中国哲学史[M].北京:中华书局,1991.

建设部建筑管理司,中国建筑文化中心.新中国建筑业五十年1949—1999[M].北京:中国三峡出版社,2000.

金耀基.人际关系中人情之分析[C]//杨国枢.中国人的心理.台北:桂冠图书公司,1988.

卡尔·波兰尼.大转型:我们时代的政治与经济起源[M].杭州:浙江人民出版社,2007.

科尔曼.社会理论的基础[M].邓方,译.北京:社会科学文献出版社,1999.

柯武刚,史漫飞.制度经济学[M].北京:商务印书馆,2002.

理查德·布隆克.质疑自由市场[M].林季红,译.南京:江苏人民出版社,1999.

理查德·帕斯卡尔,安东尼·阿索斯.日本企业管理艺术[M].乌鲁木齐:新疆人民出版社,2001.

理查德·森尼特.街头与办公室:认同的两种来源[C]//威尔·赫顿,安东尼·吉登斯.在边缘:全球资本主义生活.达巍,译.上海:生活·读书·新知三联书店,2003.

李林燕.关系、权力与市场:中国房地产业的社会学研究[M].北京:社会科学文献出版社,2008.

李路路,王奋宇.当代中国现代化进程中的社会结构及其变革[M].杭州:浙江人民出版社,1992.

李路路,李汉林.中国的单位组织:资源、权力与交换[M].杭州:浙江人民出版社,2000.

李培林,李强,孙立平.中国社会分层[M].北京:社会科学文献出版社,2004.

李强.转型时期的中国社会分层结构[M].齐齐哈尔:黑龙江人民出版社,2002.

梁漱溟.中国文化的命运[M].北京:中信出版社,2010.

梁漱溟.中国文化要义[M].上海:上海人民出版社,2011.

林南.社会资本——关于社会结构与行动的理论[M].张磊,译.上海:上海人民出版社,2005.

刘军.社会网络分析导论[M].北京:社会科学文献出版社,2004.

陆学艺.社会结构的变迁[M].北京:中国社会科学出版社,1997.

罗伯特·K·殷.案例研究设计与方法[M].周海涛,译.重庆:重庆大学出版社,2005.

罗家德.社会网分析讲义[M].2版.北京:社会科学文献出版社,2010.

马克·格兰诺维特.镶嵌:社会网与经济行动[M].北京:社会科学文献出版社,2015.

马克思.资本论:节选本[M].北京:人民出版社,1998.

马克思.1844年经济学哲学手稿[M].北京:人民出版社,2000.

马克思恩格斯全集:第50卷[M].北京:人民出版社,1972.

马克思恩格斯选集:第4卷[M].北京:人民出版社,2012.

马克思恩格斯全集:第23卷[M].北京:人民出版社,1972.

马克思·韦伯.新教伦理与资本主义精神[M].桂林:广西师范大学出版社,2007.

马林诺夫斯基.西太平洋的航海者[M].梁永佳,译.北京:华夏出版社,2002.

麦克尼尔.新社会契约论:关于现代契约关系的探讨[M].雷喜宁,潘勤,译.北京:中国政法大学出版社,1994.

梅因.古代法[M].北京:商务印书馆,1995.

米歇尔·鲍曼.道德的市场[M].肖君,黄承业,译.中国社会科学出版社,2003.

莫斯.礼物:古代社会中交换的形式与理由[M].汲喆,译.上海:上海人民出版社,2005.

帕萨·查特杰.被治理者的政治:思索大部分世界的大众政治[M].南宁:广西师范大学出版社,2007.

潘毅,卢晖临,张慧鹏.大工地:建筑业农民工的生存图景[M].北京:北京大学出版社,2012.

齐格蒙特·鲍曼.流动的现代性[M].上海:上海三联书店,2002.

乔健.底边阶级与边缘社会[M].北京:立绪文化事业有限公司,2007.

乔治·里茨尔.社会的麦当劳化:对变化中的当代社会生活特征的研究[M].顾建光,译.上海:译文出版社,1999.

邱培豪.上海市内劳资纠纷的几个实际问题[C]//上海特别市政府社会局.上海特别市十七年罢工统计报告.上海:大东书局,1929.

沈原.市场、阶级与社会:转型社会学的关键议题[M].北京:社科文献出版社,2007.

斯坦利·L.布鲁,兰迪·R.格兰特.经济思想史[M].北京:北京大学出版社,2008.

斯威德伯格.经济学与社会学[M].安佳,译.北京:商务印书馆,2003.

孙立平.失衡:断裂社会的运作逻辑[M].北京:社会科学文献出版社,2004.

滕尼斯.共同体与社会[M].北京:商务印书馆,1999.

涂尔干.职业伦理与公民道德[M].渠东,付德根,译.上海:上海人民出版社,2006.

王颖.社会转型的层级结构分析[C]//陆学艺,景天魁.转型中的中国社会,齐齐哈尔:黑龙江人民出版社,1994.

威廉姆森.资本主义经济制度[M].段毅才,王伟,译,北京:商务出版社,2002.

乌尔里希·贝克、伊丽莎白·贝克.个体化[M].李荣山,译,北京:北京大学出版社,2011.

杨联陞.报:中国社会关系的一个基础[C]//费正清.中国思想与制度论集.台北:联经出版事业公司,1976.

杨美惠.礼物、关系学与国家:中国人际关系与主体性建构[M].赵旭东,孙珉,译.南京:江苏人民出版社,2009.

伊曼纽尔·沃勒斯坦.否思社会学:19世纪范式的局限[C]//许宝强,渠敬东.反市场的资本主义.北京:中央编译出版社,2000.

元昕.欠薪体制与建筑工的分化:建筑工地劳动过程的民族志[C]//郭于华.清华社会学评论第五辑:面向社会转型的民族志.北京:社会科学文献出版社,2012.

曾仕强.中国式管理[M].北京:中国社会科学出版社,2005.

詹姆斯·科尔曼.社会理论的基础[M].邓方,译.北京:社会科学文献出版社,1990.

张德胜.儒家伦理与秩序情结:中国思想的社会学诠释[M].台北:巨流图书

公司,1989.

张其仔.社会资本论[M].北京:社会科学文献出版社,1997.

张维迎.信息、信任与法律[M].北京:三联书店,2003.

周潇.关系霸权:建筑工地的控制与反抗[C]//载郑也夫,沈原,潘绥铭.北大清华人大社会学硕士论文选编(2007).济南:山东人民出版社,2007.

中文论文

班涛.弱关系型民间借贷的运行逻辑与实现机制:以山西田村调查为例[J].北京社会科学,2016(3):113-119.

边燕杰.找回强关系:中国的间接关系、网络桥梁和求职[J].张文宏,译,国外社会学,1998(2):50-65.

边燕杰,郝明松.二重社会网络及其分布的中英比较[J].社会学研究,2013(2):78-79,243.

边燕杰,丘海雄.企业的社会资本及其功效[J].中国社会科学,2000(2):87-99,207.

边燕杰,张磊.论关系文化与关系社会资本[J].人文杂志,2013(1):107-113.

边燕杰,张文宏.经济体制、社会网络与职业流动[J],中国社会科学,2001(2):77-89,206.

边燕杰,张文宏,程诚.求职过程的社会网络模型:检验关系效应假设[J].社会,2012(2):24-37.

蔡禾,贾文娟.路桥建设业中包工头工资发放的"逆差序格局":"关系"降低了谁的市场风险[J].社会,2009(5):1-20,223.

陈翔.移民行动对跨国空间社会网络的依赖:对浙南移民在欧洲族裔聚集区的考察[J].华侨华人历史研究,2015(3):44-54.

陈维政,任晗.人情关系和社会交换关系的比较分析与管理策略研究.管理学报,2015(6):789-798.

程士强.进城创业:包工头家庭经济的实践逻辑[J].社会学评论,2014(2):56-65.

程士强.联合外出家庭:一个包工头家庭共同体的变迁[J].华中科技大学学报(社会科学版),2014(3):114-119.

崔月琴,张冠.再组织化过程中的地缘关系:以地缘性商会的复兴和发展为视角[J].吉林大学社会科学学报,2014(4):146-154,176.

杜毅,肖云.农民工二次分化及其制度障碍:基于对2834名农民工的调查

[J].南京农业大学学报(社会科学版),2008(2):8-13.

范可.向上流动是衡量社会善治的指标之一[N].中国社会科学报,2014-12-19(682).

符平."嵌入性":两种取向及其分歧[J].社会学研究,2009(5):141-164,245.

谷玉良.青年农民工的回流困境[J].中国青年研究,2012(10):67-72.

谷玉良,江立华.空间视角下农村社会关系变迁研究:以山东省枣庄市L村村改居为例[J].人文地理,2015(4):45-51.

桂华,余彪.散射格局:地缘村落的构成与性质:基于一个移民湾子的考察[J].青年研究,2011(1):44-54,95.

郭红东,丁高洁.社会资本、先验知识与农民创业机会识别[J].华南农业大学学报(社会科学版),2012(3):78-85.

郭红东,周惠珺.先前经验、创业警觉与农民创业机会识别:一个中介效应模型及其启示[J].浙江大学学报(人文社会科学版),2013(4):17-27.

郭宇宽."包工队"模式再认识:合约性质、制度约束及其利益相关者[J].开放时代,2011(11):132-141.

韩秋奇.包工头生存境况调查[J].江西农业科技,2005(3):66-68.

韩炜,薛红志.基于新进入缺陷的新企业成长研究前沿探析[J].外国经济与管理,2008(5):14-21.

何英.建筑企业经营风险防范[J].当代经济,2008(5):16-17.

胡靖.哈耶克"免费礼物"与中国经济增长[J].上海经济研究,2001(4):26-34.

胡卫红.当代中国社会阶层流动问题初探[J].理论与现代化,1997(7):31-33.

黄乾.两种就业类型农民工工资收入差距的比较研究[J].财经问题研究,2009(6):118-124.

黄洁,蔡根女,买忆媛.谁对返乡农民工创业机会识别更具影响力:强连带还是弱连带[J].农业技术经济,2010(4):28-35.

黄先碧.关系网效力的边界来自新兴劳动力市场的实证分析[J].社会,2008(6):39-59,224.

季建国.现代化:中国社会阶层结构的调适[J].社会科学,1991(6):40-43.

贾文娟.入厂包工国企新型用工方式及其对劳资关系的影响[J].中国工人,2014(10):41-44.

贾玉娇.从制度性底层到结构性底层:由威尔逊《真正的穷人》思考中国底层群体管理问题[J].社会,2009(6):173-188,226.

建设部政策研究中心课题组.包工头制度的历史成因及制度取向[J].中国建设信息,2007(1):50-53.

江立华,谷玉良.农民工市民化的向度与力度:基于对城市文化中心主义倾向的反思[J].中国特色社会主义研究,2013(6):87-92.

江立华,谷玉良.混合社区与农民工的城市融合:基于湖北省两个混合社区的比较研究[J].学习与实践,2013(11):96-102.

江立华,谷玉良.农民工底层叙事:讲述苦难与记叙幸福[J].宁夏社会科学,2016(2):117-123.

蒋剑勇,钱文荣,郭红东.农民创业机会识别的影响因素研究:基于968份问卷的调查[J].南京农业大学学报(社会科学版),2014(1):51-58.

李春玲.流动人口地位获得的非制度途径:流动劳动力与非流动劳动力之比较[J].社会学研究,2006(5):85-106.

李汉宗.血缘、地缘、业缘:新市民的社会关系转型[J].深圳大学学报(人文社会科学版),2013(4):113-119.

李林艳.市场中的社会关系:理论化困境与出路[J].江苏社会科学,2008(3):140-144.

李路路.社会资本与私营企业家[J].社会学研究,1995(6):46-58.

李路路.论社会分层研究[J].社会学研究,1999(1):103-111.

李培林.流动民工的社会网络和社会地位[J].社会学研究,1996(4):42-52.

李强.政治分层与经济分层[J].社会学研究,1997(4):34-43.

李若建.地位获得的机遇与障碍:基于外来人口聚集区的职业结构分析[J].中国人口科学,2006(5):69-78,96.

李洋.市场秩序是自生自发的秩序[J].合作经济与科技,2011(17):98-100.

梁强,邹立凯,王博,等.关系嵌入与创业集群发展:基于揭阳市军埔淘宝村的案例研究[J].管理学报,2016(8):1125-1134.

梁玉成.社会资本和社会网无用吗?[J].社会学研究,2010(5):50-82,243-244.

梁玉成.求职过程的宏观:微观分析:多层次模型[J].社会,2012(3):55-77.

刘谷金.企业动态能力与企业绩效结构关系研究[J].湖南科技大学学报,2011(4):63-67.

柳建平,闫鹏鹏.农民工内部分化的一个分析框架及实证[J].经济体制改革,2015(5):98-104.

刘晴.新生代农民工的职业分化[J].中国劳动关系学院学报,2013(4):60-64.

刘少杰.陌生关系熟悉化的市场意义:关于培育市场交易秩序的本土化探索[J].天津社会科学,2010(4):43-47.

刘少杰.陌生关系熟悉化:优化市场交易秩序的本土化选择[J].福建论坛·人文社会科学版,2014(4):160-167.

刘世定.嵌入性与关系合同[J].社会学研究,1999(4):77-90.

刘小年.农民工阶层分化机制功能与政策研究[J].安徽农业科学,2008(17):7456-7458.

刘欣.当前中国社会阶层分化的制度基础[J].社会学研究,2005(5):1-15,243.

刘莹.移民网络与侨乡跨国移民分析:以青田人移民欧洲为例[J].华侨华人历史研究,2009(2):27-35.

刘祖云.社会转型与社会分层:20世纪末中国社会的阶层分化[J].华中师范大学业学报(人文社科版),1999(4):4-12.

刘祖云,刘敏.关于人力资本、社会资本与流动农民社会经济地位关系的研究述评[J].社会科学研究,2005(6):124-129.

陆学艺.研究社会流动的意义[J].中国党政干部论坛,2004(8):20-22.

陆云彬.目前我国社会阶级和阶层状况研究概述[J].理论学习月刊,1989(4):61-64.

罗竖元.回顾与展望:居民主观幸福感的内涵、测量与影响因素研究述评[J].理论导刊,2014(3):89-92.

吕涛.关系成分与地位获得:关系强度命题的理论拓展与经验检验[J].兰州大学学报(社会科学版),2012(4):72-81.

孟芳.建立农民工维权诚信体系的对策思考:以农民工工资的拖欠为视角[J].理论学刊,2004(9):59-61.

潘毅,卢晖临.暴力的根源:揭开建筑业拖欠的面纱[N].南风窗,2009-02-11(4).

潘泽泉.自我认同与底层社会建构:迈向经验解释的中国农民工[J].社会科学,2010(5):74-79,189.

潘泽泉.重新认识农民工:弱者的行动逻辑和生存策略[J].社会科学辑刊,2008(3):39-43.

彭庆恩.关系资本和地位获得:以北京市建筑行业农民包工头的个案为例[J].社会学研究,1996(4):53-63.

任焰,贾文娟.建筑行业包工制:农村劳动力使用与城市空间生产的制度逻辑[J].开放时代,2010(12):5-23.

荣光汉,周志山.从"冲突"走向"和谐":市场经济条件下我国社会关系的批判性考察[J].江淮论坛,2005(4):19-23.

阮思余,王金红.案例研究法的优长与质疑[J].山东科技大学学报(社会科学版),2011(6):53-60.

沈原.社会转型与工人阶级的再形成[J].社会学研究,2006(2):13-36,243.

史京军.建筑劳务分包中存在的问题及对策[J].陕西建筑,2012(1):4.

宋广海."包工头"与建筑公司属于何种法律关系[N].中国劳动保障报,2007-12-18.

孙立平.1990年代中期以来中国社会结构的裂变[N].天涯,2006(2):11.

孙立平.市场过渡理论及其存在的问题[J].战略与管理,1994(2):77-84.

孙立平."自由流动资源"与"自由流动空间"[J].探索,1993(1):64-68.

孙立平."关系"、社会关系与社会结构[J].社会学研究,1996(5):22-32.

塔玛·戴安娜·威尔森,赵延东.弱关系、强关系:墨西哥移民中的网络原则[J].思想战线,2005(1):46-55.

谭同学.亲缘、地缘与市场的互嵌:社会经济视角下的新化数码快印业研究[J].开放时代,2012(6):69-81.

王春光.新生代农村流动人口的社会认同与城乡融合的关系[J].社会学研究,2001(3):63-76.

王富伟.个案研究的意义和限度:基于知识的增长[J].社会学研究,2012(5):161-183,244-245.

王国银.关系本位:前现代德性旨趣[J].兰州学刊,2007(2):23-25.

王汉生."浙江村":中国农民进入城市的一种独特方式[J].社会学研究,1997(1):58-69.

王汉生,张新祥.解放以来中国社会的层次分化[J].社会学研究,1993(6):13-22.

王珺.集群经济中的关系合约与稳定性机制研究[J].中山大学学报(社会科学版),2008(1):135-141,206-207.

王秋梅,高文武.哈耶克自发市场秩序批判[J].学术界,2007(5):91-95.

王思斌.中国社会的求助关系:制度与文化的视角[J].社会学研究,2001(4):1-10.

汪寅,王忠,刘仲林.基于知识螺旋的原始创新过程与机制研究[J].科学学与科学技术管理,2007(8):42-47.

王永康.包工头不择手段接工程,中圈套死缠烂打赖政府[N].中华建筑,2005-11-8.

吴雪丽.从"苦难"书写看作家的叙事立场[J].西南民族大学学报(人文社科版),2008(11):129-134.

吴愈晓.社会关系、初职获得方式与职业流动[J].社会学研究,2011(5):128-152,224-225.

夏元.68.11%的农民工称工资被拖欠日期超过8天以上[N].重庆日报,2012-12-13.

项飙.传统与新社会空间的形成:一个中国流动人口聚居区的历史[J].战略与管理,1996(6):99-111.

项飚.社区何为:对北京流动人口聚居区的研究[J].社会学研究,1998(6):56-64.

谢国雄.黑手变头家:台湾制造业中的阶级流动[J].台湾社会研究季刊,1990(2):11-54.

许传新.农民工的进城方式与职业流动:两代农民工的比较分析[J].青年研究,2010(3):1-12,94.

姚泽麟.社会转型中的关系学:评杨美惠的《礼物、关系学与国家》[J].社会学研究,2011(3):218-228.

杨发祥,周贤润.新生代农民工的消费认同:一个社会学的分析框架[J].华东理工大学学报(社会科学版),2015(6):31-39.

杨光飞.关系嵌入和华人家族企业的制度演进:解析华人家族企业内部治理的一个视角[J].现代管理科学,2009(10):89-91.

杨震宁.身陷"盘丝洞":社会网络关系嵌入过度影响了创业过程吗？[J].管理世界,2013(12):101-116.

叶静怡,衣光春.农民工社会资本与经济地位之获得:基于北京市农民工样本的研究[J].学习与探索.2010(1):143-147.

于海.林南教授在复旦谈社会资源的观点[J].复旦学报(社会科学版),1991(4):66-67.

翟学伟.人情、面子与权力的再生产:情理社会中的社会交换方式[J].社会学研究,2004(5):48-57.

翟学伟.关系与谋略:中国人的日常计谋[J].社会学研究,2014(1):82-103,243.

翟学伟.从社会资本向"关系"的转化:中国中小企业成长的个案研究[J].开放时代,2009(6):60-69.

翟学伟.关系研究的多重立场与理论重构[J].江苏社会科学,2007(3):118-130.

翟学伟.社会流动与关系信任:也论关系强度与农民工的求职策略[J].社会学研究,2003(1):1-11.

章海山.一种新的经济张力[J].思想战线,2006(6):50-56.

章珂."包工头"积习难改:建筑业利益链条冗长[N].第一财经日报,2011-12-6.

张启春.谈谈进城务工人员的社会保障问题[J].江汉论坛,2003(4):117-120.

张涛.农民工群体内部分层及其影响:以收入分层为视角:武汉市农民工思想道德调查分析报告[J].青年研究,2007(6):30-35.

张宛丽.非制度性因素与地位获得:兼论现阶段中国社会分层结构[J].社会学研究,1996(1):64-73.

张宛丽.近期我国社会阶级、阶层研究综述[J].中国社会科学,1990(5):173-181.

张宛丽.中国社会阶级阶层研究二十年[J].社会学研究,2000(1):24-39.

张玉利,杨俊,任兵.社会资本、先验知识与创业机会:一个交互模型及其启示[J].管理世界,200(7):91-102.

赵延东,王奋宇.城乡流动人口的经济地位获得及决定因素[J].中国人口科学,2002(4):10-17.

郑广怀,孙慧,万向东.从"赶工游戏"到"老板游戏":非正式就业中的劳动控制[J].社会学研究,2015(3):170-195,245.

郑也夫.特殊主义与普遍主义[J].社会学研究,1993(4):110-116.

中国建筑业协会建筑安全分会.小康社会建筑业安全发展战略及目标研究[J].建筑安全,2005(3):8-11.

周大鸣,田洁.经营型移民的社会流动:以东莞虎门智升学校为例[J].江西农业大学学报(社会科学版),2013(1):4-11.

周欢怀,朱沛.为何非精英群体能在海外成功创业?:基于对佛罗伦萨温商的实证研究[J].管理世界,2014(2):68-76,89.

朱力.论农民工阶层的城市适应[J].江海学刊,2002(6):82-88,206.

学位论文

关刘柱.包工头的消费方式与身份认同:以永康市包工头个案为例[D].金华:浙江师范大学,2012.

刘静.建筑劳务用工制度变迁与对策研究[D].西安:西安建筑科技大

学,2010.

刘强.地位争得:流动人口的地位获得研究[D].北京:清华大学,2014.

柳延恒.人力资本对新生代农民工职业流动的影响研究:基于辽宁省三类城市的考察[D].沈阳:沈阳农业大学,2014.

王超.工程建设项目劳务用工模式研究[D].北京:北京交通大学,2009.

王金凤.村民的互助:豫东一个村落的个案[D].长沙:中南大学,2007.

郑祖强.文化资本视角下农民工群体社会地位获得研究:基于崇左市D村的实证调查[D].南宁:广西大学.

英文著作、论文

ALDRICH H E, ZIMMER C. Entrepreneurship through social networks[R]//SEXTON D, SMILAR R. The art and science of entrepreneurship. New York: Ballinger Publishing,1986:3-23.

ALDRICH H E, WALDINGER R. Ethnicity and entrepreneurship[J]. Annual review of sociology,1990,16(1):111-135.

AMARTYA S,Economics, business principles and moral sentiments[J]. Business ethics quarterly, 1997,7(3):5-15.

APPLEBAUN H A.Construction management: traditional versus bureaucratic methods[J]. Anthropological quarterly, 1982, 55(4): 224-234.

ARDICHVILI A, CARDOZO R, RAY S, A theory of entrepreneurial opportunity identification and development[J]. Journal of business venturing,2003(18): 105-123.

ARROW K J. The economic implications of learning by doing[J]. The review of economic studies, 1962,29(3):155-173.

ARUM R, WALTER M. The reemergence of self-employment: a comparative study of self-employment dynamics and social inequality[M]. Princeton, NJ: Princeton University Press, 2004.

AVERITT R T.The dual economy: the dynamics of American industry structure[M]. New York: WW Norton & Company, 1968.

BENJAMIN D, GUY S, PAUL W. Domestic and international migration from rural Mexico: disaggregating the effects of network structure and composition[J]. Population studies, 2002, 56(3): 291-309.

BAILEY T, WALDINGER R. Primary, secondary and enclave labor market: a training system Approach[J]. American sociological review, 1991, 56(4): 432-445.

BARNER J. Firm resources and sustained competitive advantage[J]. Journal of management, 1991, 17(1): 99-120.

BARON J N, WILLIAM T B. Bringing the firms back in: stratification, segmentation, and the organization of work[J]. American sociological review, 1980, 45(5): 737-765.

BARON R A, SHANE S A. Entrepreneurship: a process perspective [M]. Cincinnati: Southwest. 2004.

BASU A. An exploration of entrepreneurial activity among Asian small businesses in Britain[J]. Small business economics, 1998, 10(4): 313-326.

BAUM J. Organizational ecology[M]// CLEGG H, NORD S. Handbook of organization studies. London: Sage, 1996:77-114.

BECK E M, HORAN P M, TOLBERT C M. Stratification in a dual economy: a sectoral model of earnings determination[J]. American sociological review, 1978, 43(5):704-720.

BIAN Y J, HUANG X B, ZHANG L. Information and favoritism: the network effect on wage income in China[J]. Social networks, 2015, 40(1): 129-138.

BIAN Y J. Bringing strong ties back in: indirect ties, network bridges, and job searches in China[J]. American sociological review, 1997, 62(3): 366-385.

BIAN Y J, LOGAN J R. Market transition and the persistence of power: the changing stratification system in urban China[J]. American sociology review, 1996, 61(5): 739-758.

BIAN Y J. Institutional holes and job mobility process: guanxi mechanisms in China's emerging labour markets. [M]// GOLD T, GUTHRIE D, WANK D. Social connections in China: institutions, culture, and the changing nature of guanxi. Cambridge: Cambridge University Press, 2002: 117-136.

BIBB R, FORM W H. The effects of industrial, occupational, and sex stratification on wages in blue-collar markets[J]. Social forces, 1977, 55(4):974-996.

BIRLEY S. The role of networks in the entrepreneurial process[J]. Journal of business venturing, 1985,1(1):107-117.

BOURDIEU P, PASSERON J C. Reproduction in education, society and culture[M]. London: Sage, 1990.

BOYD M. Family and personal networks in international migration: recent developments and new agendas[J]. International migration review, 1989(23): 638-670.

BROWNING H L, NESTOR R. The migration of Mexican in document aldoses Settlement Process: Implications for Work[M]// GEORGE J B, MARTA T. Hispanics in the U.S. economy. New York: Academic Press, 1985.

BRYNA G. Native place, city, and nation: regional networks and identities in Shanghai, 1853—1937[M]. Berkeley: University of California Press, 1995.

BRUNI L. Reciprocity, altruism and civil society: in praise of heterogeneity[M]. London: Routledge, 2008.

BURAWOY M. The extended case method[J]. Social theory, 1998, 16(1):4-33.

BURT R S. Structural holes: the social structure competition[M]. Cambridge, MA: Harvard University Press, 1992.

BYGRAVE W, HOFER C. Theorizing about entreneurship[J]. Entrepreneurship theory and practice, 1990,16(2):13-22.

CHAGANTI R, GREENE P G. Who are ethnic entrepreneurs? a study of entrepreneurs' ethnic involvement and business characteristics[J]. Journal of small business management, 2002,40(2):126-143.

CHANDLER G N, LYON D W. Involvement in knowledge acquisition activities by venture team members and venture performance[J]. Entrepreneurship theory and practice, 2009, 33(3):571-592.

CROSS R, CUMMINGS J N. Tie and network correlates of individual performance in knowledge intensive work[J]. Academy of management journal, 2004, 47: 928-937.

DAVID B G. Social stratification: class, race, and gender in sociological perspective[M]. Colorado: Westview Press, 2001.

DAVID H. The condition of post-modernity: an enquiry into the origins of cultural change[M]. New York: Wiley Blackwell,1991.

DAVID P A. Why are institutions the carriers of history? path dependence and the evolution of conventions, organizations and institutions[J]. Structural change and economic dynamics, 1994, 5(2):205-220.

DAVIDSSON P. The domain of entrepreneurship research: some suggestions[J]. Social science electronic publishing, 2003, 6:315-372.

DEREK H T W, KEITH H, PETERS R J. 2002-Project alliancing vs project partnering: a case study of the Australian national museum project[J]// Supply chain management: an international journal, 2000, 7(2):83-91.

DIMAGGIO P, HUGH L. Socially embedded consumer trust: for what kinds of purchases do people use networks most? [J]. American sociological review, 1998, 63(5): 619-637.

DODDS P S, ROBY M, DUNCAN J W. An experimental study of search in global social networks[J]. Science, 2003, 301(5634).

DUNCAN O D. Ability and achievement[J]. Biodemography and social biology, 1982, 29(3-4): 208-220.

EDDIE W L, CHENG E, LI H. Development of A conceptual model of construction partnering[J]. Engineering construction and architectural management, 2010, 8(4): 292-303.

EISENHARDT K. Making fast strategic decisions in high-velocity environments[J]. Academy of management journal, 1989, 32(3): 543-576.

ELFRING T, HULSINK W. Networks in entrepreneurship: the case of high-technology firms[J]. Small business economics, 2003, 21(3): 409-422.

FICHMAN M, LEVINTHAL D A. Honeymoons and the liability of adolescence: a new perspective on duration dependence in social and organizational relationships[J]. The academy of management review, 1991, 16(2):442-468.

FIET J O, PISKOUNOV A. Still searching for entrepreneurial discoveries[J]. Small business economics, 2005, 25(5): 489-504.

GERBER T P, OLGA M. Getting personal: networks and stratification in the Russian labor market, 1985—2001[J]. American journal of sociology, 2010, 116.

GERBER T P. Paths to success: individual and regional determinants of self-employment entry in post-communist Russia[J]. International journal of sociology, 2001, 31(2): 3-37.

GIDDENS A. The class structure of the advanced society[M]. London: Hutchinson & Co (Publishers) Ltd., 1973.

GLODEN P A, DOLLINGER M. Cooperative alliances and competitive strategies in small manufacturing firms[J]. Entrepreneurship theory and practice, 1993, 17(4):43-56.

GOLD T, DOUG G, DAVID W. Social connections in China: institutions, culture, and the changing nature of guanxi[M]. New York: Cambridge University Press, 2002.

GOLD T, DOUG G, DAVID W. An introduction to the study of guanxi [M]//GOLD T, GUTHRIE D, WANK D. Social connections in China: institutions, culture, and the changing nature of guanxi. Cambridge: Cambridge University Press, 2002: 3-20.

GRANOVETTER M. The strength of weak ties[J]. American journal of sociology, 1973, 78(6): 1360-1380.

GRANOVETTER M, MCGUIRE P. The making of an industry: electricity in the United States[M]//CALLON M. The laws of the markets, Oxford: Blackwell,1998.

GRANOVETTER M. Economic action and social structure: the problem of embeddedness[J]. American journal of sociology,1985, 91(3): 481-510.

GREGOIRE D A, SHEPHERD D A. Technology market combinations and the identification of entrepreneurial opportunities: an investigation of the opportunity individual Nexus[J]. Academy of management journal, 2012, 55 (4): 753-785.

GULATI R. Alliances and networks[J]. Strategic management journal, 1998, 19: 293-317.

HAGAN J M. Deciding to be legal: a Maya community in Houston [M]. Philadelphia: Temple University Press, 1994.

HAMILTON G G, FEENSTRA R C. The organization of economies [M]//BRITOB M C, VICTOR N. The new institutionalism in sociology. New York: Russell Sage Foundation, 1998.

HAYEK F A. The use of knowledge in society[J]. American economic review,1945,35:56-58.

HEIDER F. Attitudes and cognitive organization[J]. Journal of psychology, 1946, 21(1): 107-112.

HILLS G, LUMPKIN T, SINGH R. Opportunity recognition: perceptions and behaviors of entrepreneurs[J]. Frontiers of entrepreneurship research, 1997(17): 168-182.

HITE J, HESTERLY W. The evolution of firm networks: from emergence to early growth of the firm[J]. Strategic management journal, 2001, 22(3): 275-286.

HUTCHENS R M. Do job opportunities decline with age? [J]. Industrial and labor relations review, 1988, 42(1): 89-99.

JAMES S. The moral economy of the peasants: rebellion and subsistence in southeast asia[M]. New Haven: Yale University Press, 1976.

JONES R C. Channelization of undocumented Mexican migrants to the US.[J]. Economic geography, 1982, 58(2): 156-176.

JENSSEN J I, KOENIG H F. The effect of social networks on resource access and business start-ups[J]. European planning studies, 2002, 10(8): 1039-1046.

JONES T M. Ethnic enterprise: the popular image[M]//CURRAN J, STANWORTH J, WATKINS D. The survival of the small firm. Aldershot: Gower Pub Co., 1986:197-219.

JUTTNER U, WEHRLI H P. Relationship marketing from a value system perspective[J]. International journal of service industry management, 1994, 5(5): 54-73.

KALLEBERG A L, AAGE B S. The sociology of labor markets[J]. Annual review of sociology, 1979, 5: 351-379.

KERCKHOFF A C, CAMPBELL R T, TROTT J M. Dimensions of educational and occupational attainment in Great Britain[J]. American sociological review, 1982,47(3):347-364.

KING Y-C. Kuan-hsi and network building: a sociological interpretation [J]. Daedalus, 1991, 120(2): 63-84.

KOURILSKY M L. Opportunity in search of curriculum[J]. Entrepreneurship education, 1995:11-15.

KUNEGIS J, ANDRESS L, CHRISTION B. The slashdot zoo: mining a social network with negative edges[C]// Proceedings of eighteenth international conference on World Wide Web (WWW 2009), Madrid, Spain. NewYork: ACM Press. Geography, 1982(58): 156-176.

LAZARSFELD P F, MERTON R K. Friendship as a social process: a substantive and meethodological analysis[M]//BERGER M, ABEL T, PAGE C H. Freedom and control in modern society. New York: Van Nostrand. 1954: 18-66.

LEDENEVA A. Russia's economy of favours: blat, networking and informal exchanges[M]. New York: Cambridge University Pres, 1998.

LI H Y, ZHANG Y. The role of managers' political networking and functional experience in new venture performance: evidence from China's transition economy[J]. Strategic management journal, 2007, 28(8): 791-804.

LIGHT I. Ethnic enterprise in America: business and welfare among Chinese, Japanese, and Blacks[M]. Berkelley: University of California Press, 1972.

LIN N. Social resources and instrumental action[M]// MARSDEN P, LIN N. Social structure and network analysis. Newbury Park, CA: Sage Press, 1982: 131-145.

LINDH A. Attitudes towards the market and the welfare state: incorporating attitudes towards the market into welfare state research[D]. Västerbotten: UMEA Universitet, 2014.

MA R, HUANG Y C. Social network and opportunity recognition: a cultural perspective[J]. Academy of management proceedings, 2008, 1(6): 1-6.

MARK A H, GALASKIEWICZ J, LARSON J A. Structural embeddedness and the liability of newness among nonprofit organizations[J]. Public management review, 2004, 6(2): 159-188.

MCFARLAND D A, JAMES M, DAVID D, et al. Network ecology and adolescent social structure[J]. American sociological review, 2014, 79(6): 1088-1121.

MCPHERSON J M, LYNN S L, JAMES C. Birds of a feather: homophily in social networks[J]. Annual review of sociology, 2001, 27: 415-444.

MENZIES T, DIOCHON M, GASSE Y, et al. A longitudinal study of the characteristics, business creation process and outcome difference of Canadian female vs. male nascent entrepreneurs[J]. International entrepreneurship and management journal, 2006,2(4):441-453.

MEYER J W, SCOTT R. Organizational environments: ritual and rationality[M]. Beverly Hills, CA: Sage Publications, 1983.

MICHAILOVA S, VERNER W. Personal networking in Russia and China: blat and guanxi European management journal, 2003, 21(4): 509-519.

MILGRAM S. The small world problem[J]. Psychology today, 1967, 2(1): 60-67.

MILLER C. PAVKHAM G, THOMAS B. Harmonization between main contractors and subcontrantors: a prerequisite for lean construction [J]. Journal of construction research, 2002,3(1):67-82.

NICOLE W B, THOMAS D B. The economic sociology of conventions: habit, custom, practice, and routine in market order[J]. Annual review of sociology, 2003, 9(1): 443-464.

OSTGAARD G B, TRAILER J W. Measuring performance in entrepreneurship research[J]. Journal of business research, 1996, 36(1): 15-23.

PAGE S E. Path dependence[J]. Quarterly journal of political science, 2006, 1(1): 87-115.

PITIRIM A S. Social and cultural mobility[M]. New York: The Free Press, 1959.

PODOLNY J, PAGE K. Network forms of organization[J]. Annual review of sociology, 1998, 24(1): 57-76.

POLANYI K. The great transformation[M]. Boston: Beacon Press, 1957.

POLANYI M. Personal knowledge: towards a post-critical philosophy [M].London: Routledge & Kegan Paul, 1958:91-92.

RAHMAN M M, KUMARASWAMY M M. Contracting relationship trends and transitions[J]. Journal of management in engineering, 2004, 20(4): 147-161.

RENBER A R, FISCHER E. Understanding the consequences of founders experience[J]. Journal of small business management, 1999, 37: 30-45.

ROBERT E S. Qualitative case studies[M]// NORMAN K D, LINCOLN Y. The sage handbook of qualitative research. London: Sage Publications, 2005.

ROBERT K L. Project specific partnering[J]. Engineering, construction and architectural management, 1994, 1(1): 5-16.

ROBERT P. Making democracy work: civic traditions in modern Italy [M]. Princeton, N. J.: Princeton University Press, 1993.

RONO-TAS A. The first shall be last? Entrepreneurship and communist cadre in the transition from socialism[J]. American journal of sociology, 1994, 100(1): 40-69.

SAKAMOTO A, TZENG J, et al. A fifty-year perspective on the declining significance of race in the occupational attainment of white and black men[J]. Sociological perspectives. 1999, 42(2): 157-179.

SCHELLING T C. Dynamic models of Segregation[J]. Journal of mathematical sociology, 1971, 1(2): 143-186.

SEIBERT S E, CRANT J M, KRAIMER M L. Proactive personality and career success[J]. Journal of applied psychology, 1999, 84(3): 416-427.

SEQUEIRA J M, RASHEED A A. Start-up and growth of immigrant small business: the impact of social and human capital[J]. Journal of developmental entrepreneurship, 2006, 11(4): 357-375.

SEWEEL W H, ARCHIBALD O H, ALEGANDRO P. The educational and early occupational attainment process[J]. American sociological review, 1969, 34(1): 82-92.

SEWEEL W H, HAUSER R M. Causes and consequences of higher education: models of the status attainment process[J]. American journal of agricultural economics, 1972, 54(5): 851-861.

SEWELL W H, SHAH V P. Socioeconomic status, intelligence, and the attainment of higher education[J]. Sociology of education, 1967, 40(1): 1-23.

SHLEIFER A, VISHNY R. Politicians and firms[J]. Quarterly journal of economics, 1994, 109(4): 995-1025.

SIRMON D G, MICHAEL A, HITT R, et al. Managing firm resources in dynamic environments to create value: Looking inside the black box [J]. Academy of management review, 2007, 32(1): 273-292.

SIU W, BAO Q. Network strategies of Chinese high-technology firms: a qualitative study[J]. Journal of product innovation management, 2008, 25(1): 79-102.

STEINMETZ G, ERIK O W. The fall and rise of the petty bourgeoisie: changing patterns of self-employment in the postwar United States [J]. American journal of sociology, 1989, 94(5): 1134-1149.

STEVEN G A. Unionized construction workers are more productive [J]. The quarterly journal of economics, 1984, 99(2): 251-274.

STOKEY N L. Learning by doing and the introduction of new goods [J]. Journal of political economy, 1988, 96(4): 701-717.

SZELENYI I, KOSTELLO E. The market transition debate: toward a synthesis? [J]. American journal of sociology, 1996, 101(4): 1082-1096.

SZELENYI I. Socialist entrepreneurs[M]. Madison, WI: University of Wisconsin Press, 1988.

TAO Z, TIAN Z. Agency and self-enforcing contacts[J]. Journal of comparative economics, 2000, 28(1): 80-94.

THORNHILL S, AMIT R. Learning from failure: organizational mortality and the resource-based view[J]. Analytical studies branch research paper, 2003, (2): 11F0019M IE.

TIGGES L M. Age, earnings, and change within the dual economy [J]. Social forces, 1988, 66(3): 676-698.

TREIMAN D J, KERMIT T. Sex and the process of status attainment: a comparison of working women and men [J]. American sociological review. 1975, 40(2): 174-200.

TOLBERT C, HORAN P M, BECK E M. The structure of economic segmentation: a dual economy approach [J]. American journal of sociology, 1980, 85(5): 1095-1116.

WALDER A G. Elite opportunity in transitional economies[J]. American sociological review, 2003, 68(6): 899-916.

WALDINGER R, HOWARD A, ROBIN W, et al. Ethnic entrepreneurs: immigrant business in industrial societies[M]. Newbury Park: Sage Publications, 1990.

WEBER M. Economy and society[M]. Berkeley: University of California Press, 1978: 45-61.

WEGENER B. Job mobility and social ties: social resources, prior job, and status attainment[J]. American sociological review, 1991, 56(1): 61-71.

WONG Y H, CHAN R Y. Relationship marketing in China: guanxi, favoritism and adaptation[J]. Journal of business ethics, 1999, 22(2): 107-118.

WU L, DONG B B. Whether dynamic capability can be regarded as the mediator between network and competitive advantage[J]. Journal of entrepreneurial development research, 2010, 2(2): 103-117.

WU X G, XIE Y. Does market pay off? earnings returns to education in urban China[J]. American sociological review, 2003, 68(3): 425-442.

XIAO H, PROVERBS D. The performance of contractors in Japan, the UK and USA, an evaluation of construction quality[J]. International journal of quality & reliability management, 2002, 19(6): 672-687.

YAN Y X. The Individualization of Chinese society [M]. London: Routledge, 2009.

YANG. The resilience of guanxi and its new deployments: a critique of some new guanxi scholarship[J]. China quarterly, 2002, 170: 459-476.

YANG M H. Gifts, favors, and banquets: the art of social relationships in China[M]. Ithaca: Cornell University Press, 1994.

ZHU X, CUMMINGS J N. A conceptual model of prior experience diversity, knowledge processes and group performance[J]. Academy of management, 2007, 11(2): 1-6.

ZUKIN S, DIMAGGIO P. Introduction[M]//ZUKIN S, DIMAGGIOP. Structures of capital: the social organization of the economy. New York: Cambridge University Press, 1990: 15-17, 20.

附录　调查对象基本情况

调查对象基本情况统计表

序号	编号	年龄	从业时间	业务范围	挂靠情况
1	Deng	49	12 年	劳务清包	新洲春光土建工程有限公司
2	CHeng	44	8 年	水电暖通	盛佳兄弟装饰工程公司
2	CHen	46	16 年	双包	中际建筑公司
3	Wang	53	20 年	双包	一业建筑公司
4	Yang	51	24 年	大清包	一业建筑公司
5	Yang	57	18 年	双包	华远建设工程集团有限公司
6	Sun	46	12 年	木工	未挂靠
7	Zeng	41	9 年	架子、模板	未挂靠
8	ZHou	53	11 年	劳务清包	楚鑫建筑劳务有限公司
10	Gong	36	5 年	劳务清包	未挂靠
11	Liu	37	6 年	泥瓦班组	未挂靠
12	Peng	44	17 年	劳务清包	新洲物资建筑工程有限公司
13	Li	50	13 年	劳务清包	培源建筑有限公司
14	ZHang	39	4 年	水电暖通	阳逻第二建筑工程公司
15	Lin	43	14 年	室内装修	辛骏建筑装潢工程公司
16	Meng	37	5 年	双包	华远建设工程集团有限公司
17	Ding	33	4 年	泥瓦班组	未挂靠
18	ZHang	46	11 年	劳务清包	华远建设工程集团有限公司
19	Qin	46	9 年	劳务清包	峰云土建工程有限公司
20	CHen	49	12	水电暖通	井冈山建筑公司
21	Xiong	41	7 年	模板	达宏远建筑劳务有限公司
22	Ma	53	16 年	双包	恒宇建筑劳务有限公司
23	Wang	40	6 年	混凝土	未挂靠
24	Huang	42	11 年	劳务清包	联华建筑劳务有限公司

续表

序号	编号	年龄	从业时间	业务范围	挂靠情况
25	Deng	33	3 年	砌砖	未挂靠
26	Hu	51	16 年	木工	武汉第四建筑劳务有限公司
27	Jiang	44	10 年	劳务清包	联华建筑劳务有限公司
28	Luo	48	12 年	双包	黄埔第十建工集团劳务公司
29	Ci	42	6 年	钢筋	联华建筑劳务有限公司
30	Hong	33	4 年	砌砖装修	未挂靠
31	Xue	40	7 年	抹灰/泥墙	未挂靠
32	Liu	36	9	水电装修	独立主体
33	Gu	39	17	水电装修	独立主体
34	Bu	43	11	水电装修	独立主体
35	Ren	40	16	水电装修	独立主体
36	Liu	50	21	水电装修	独立主体
37	Li	47	16	水电装修	独立主体
38	Xiang	36	7	水电装修	独立主体
39	Li	47	17	木工装修	独立主体
40	Xie	35	8	木工装修	独立主体
41	Jiang	41	11	木工装修	独立主体
42	Liu	48	24	木工装修	独立主体
43	Guo	50	31	木工装修	独立主体
44	Tian	41	16	木工装修	独立主体
45	Leng	40	15	木工装修	独立主体
46	Lei	39	13	瓷砖装修	独立主体
47	Lu	42	17	瓷砖装修	独立主体
48	Jiang	42	20	瓷砖装修	独立主体
49	Hu	48	12	瓷砖装修	独立主体
50	Zhou	53	26	瓷砖装修	独立主体
51	Nie	33	8	瓷砖装修	独立主体